依据最新课程标准 紧扣学科核心素养

中小学实验教学指导与创新案例

高中生物学

中国教育装备行业协会 编

教育科学出版社
·北京·

出 版 人 郑豪杰
责任编辑 周 霄
版式设计 京久科创 郝晓红
责任校对 贾静芳
责任印制 叶小峰

图书在版编目（CIP）数据

中小学实验教学指导与创新案例. 高中生物学 / 中
国教育装备行业协会编. -- 北京 : 教育科学出版社,
2024. 6. -- ISBN 978-7-5191-4066-3

Ⅰ. G633

中国国家版本馆CIP数据核字第2024KY1798号

中小学实验教学指导与创新案例 高中生物学
ZHONGXIAOXUE SHIYAN JIAOXUE ZHIDAO YU CHUANGXIN ANLI GAOZHONG SHENGWUXUE

出 版 发 行	教育科学出版社				
社 址	北京·朝阳区安慧北里安园甲9号		邮 编	100101	
总编室电话	010-64981290		编辑部电话	010-64989438	
出版部电话	010-64989487		市场部电话	010-64989009	
传 真	010-64891796		网 址	http://www.esph.com.cn	
经 销	各地新华书店				
制 作	北京京久科创文化有限公司				
印 刷	河北鹏盛贤印刷有限公司				
开 本	720毫米×1020毫米 1/16		版 次	2024年6月第1版	
印 张	21.5		印 次	2024年6月第1次印刷	
字 数	270千		定 价	64.00元	

编 委 会

丛书主编

夏国明

丛书副主编

李梦莹

本书主编

荆林海　鲍亚培

本书编委

李　霞　田树青　王琼霞

王　宇　王岳琼　李　孟

目录

第三部分　结语 \ 331

第 一 部 分

高中生物学实验教学
设计原则与理论指导

实验教学的发展

（一）科学与实验

科学是指人与外部事物打交道的理论知识。实验作为一种认识自然的方法，它与知识产生方式紧密相关。历史上知识生产方式一般分为哲学思辨式与工匠实践累积式[①]。两种知识生产方式区别明显，哲学思辨式的知识产生方式通常由理论通过演绎推理而得到知识，而工匠实践累积式是由实践中的经验的累积而获得知识。科学实验是在人工控制的条件下，研究自然规律的实践形式。科学实验的产生标志着最初的经验性知识产生向近代实验性知识产生的转变。"采用有计划实验的人工事件之后，自然中的复合事件就可以被分解为各个构成部分。这就是为什么实验成为现代科学的工具的道理"[②]。近现代通过实验获得了大量的知识，极大地促进了生产力的发展。实验是科学知识的重要来源。科学知识产生的途径可以分为观察、实验两种方式，即使是观察也要依靠复杂的实验仪器。实验在科学研究中发挥着重要作用。

现代科学实验不仅是获取知识、揭示自然规律的方法，同时也与创新能力关联。各种实验技术、器材的发明极大地促进了科学的发展。从最初产生的核心目的角度来看，实验用于揭示自然规律或验证科学假说。实验这一方法被广泛应用后，实验的功能被拓展了，实验可以促进技术的发展，是创新能力的载体。从以上分析可见，科学实验有两个主要的功能，发现和发明。

实验在科学研究中的优势明显。实验要对各种要素组合，并构建要素之间的内在关联。通过实验可以探究在自然条件下难以实现的过程，从而

① 闫坤如，李光.对科学研究中实验可重复性的反思［J］.长沙理工大学学报（社会科学版），2018，33（06）：1-6.
② ［德］赖欣巴哈.科学哲学的兴起［M］.伯尼，译.北京：商务印书馆，2004.

为科学理论的产生、科学知识的积累提供极大的便利。但对于某一具体的实验，因实验的进行受到诸多因素的制约，如实验条件的可控性、实验结果的客观性等，为了保证实验结论的准确性，就要求实验具有可重复性，以增强其可靠性。同时自然规律也具有确定性，实验的可重复性也在一定程度上反映出自然规律的确定性。实验是具体的，而理论或知识是概括的，通过实验得到的知识又会将具体的向外延展变为概括，因此通过实验获得的知识会出现在某些不符合实际的情况下。某一概念或理论总是有其适用范围，或者有例外，此类情况在生物学中是非常常见的。

从以上论述可以看出，科学实验与现代科学知识的产生息息相关。在实验教学中，实验的内容、过程和目的要有利于学生积累科学知识、形成科学概念、认识自然规律。通过实验引导学生实践，在实践中体会"发现"与"发明"的过程，培养创新能力，提升学科核心素养。

（二）实验与实验教学

实验设计是在进行科学研究工作之前，对研究目的和方法、实验对象的选择、实验分组、观察指标、测定手段、误差的来源与控制、合理对照的选择、可能出现的研究结果等制订的整个研究工作计划。良好的实验设计是顺利进行实验和获得可靠结果的重要保证。实验设计指导实验的开展，实验开展过程要以实验设计为蓝本，并根据具体开展的情况及时反思与改进。实验的结果与结论的得出是建立在实验设计与实验开展的基础上的。通过对实验结果的分析得出结论，并对结论展开讨论，进一步归纳出实验相关要素之间的内在联系，从而获得知识，形成概念并培养创新能力。

实验教学即教师通过开展实验的方法进行人才培养的活动。我们这里探讨的"实验"主要侧重学生可以动手实践的实验，而非仅对已有的实验进行分析、推理。教师有目的、有计划地组织学生通过开展实验的方式来学习知识或对实验中的要素进行创新。将实验与教学相结合，有几个要点。首先，实验内容的选择利于学生形成生物学大概念。高中生物学的课程内容是以大概念的形式呈现的，这些大概念是发展学科核心素养的载体，是落实立德树人根本任务的抓手。其次，实验的主题利于学生参与实验的全过程。实验过程要利于高中学生亲自开展，在教师的引导下，发挥学生的主观能动性，结合不同学生的特点，引导学生深度参与到实验的开展过程中。再次，实验符合高中学生的认知且具有一定的开放性，利于引导学生开展探究性的学习活动。最后，教师在实验教学开展过程中要通过设置学习任务、开展讨论、质疑反思等学习活动引导学生全身心参与。有时在教学中开展实验时，会出现教师讲理论和操作，学生在实验的开展过程中仅停留在模仿操作层面，而通过实验教学设计可以避免上述现象。

（三）实验教学的政策背景

教育部办公厅印发的《基础教育课程教学改革深化行动方案》中指出，落实党的二十大关于教育、科技、人才三位一体布局战略要求，针对讲得多做得少，学生对科学技术缺乏内在兴趣等问题，深化中小学科学教育改革，强化做中学、用中学、创中学，激发青少年好奇心、想象力、探求欲，提升学生解决实际问题的能力，发展学生科学素养。加强实验教学，强化学生动手操作实验能力，组织学生在实践探究中学习。

《教育部关于加强和改进中小学实验教学的意见》中指出，实验教学是国家课程方案和课程标准规定的重要教学内容，是培养创新人才的重要途径。提出了全面贯彻党的教育方针，落实立德树人根本任务，发展素质教育，努力构建与德智体美劳全面培养的教育体系相适应、与课程标准要求相统一的实验教学体系的总体要求。强调实验教学在拓展创新，不断将科技前沿知识和最新技术成果融入实验教学，丰富内容，改进方式；注重实效，强化学生实践操作、情境体验、探索求知、亲身感悟和创新创造，着力提升学生的观察能力、动手实践能力、创造性思维能力和团队合作能力，培育学生的兴趣爱好、创新精神、科学素养和意志品质。

《中国高考评价体系》中提出"学科素养"包含"学习掌握、实践探索、思维方法"3 个一级指标。其中"实践探索"包括认知操作和行动操作两个方面，是个体改造世界的核心品质，明确了实验教学在科学教育中的地位。

立德树人是教育的根本任务，也是高中的实验教学的目标指向。生物学实验的产生与人们对自然的认识分不开，立德树人体现在实验教学中，要引导学生在实验活动中感悟实事求是、开拓创新的精神。在实验教学中渗透五育，培养德智体美劳全面发展的社会主义建设者和接班人。

实验教学在发展学生科学素养、激发学生学习科学的兴趣、解决当前教学中的问题等方面发挥碰上重要的作用。实验教学要关注情境体验，在内容选择中关注科技前沿知识和最新技术成果。在教学实施过程中，促进学生在真实情境中解决问题，引领学生动手实践，在实践中探究，在观察、思考中感悟和创造，发展科学素养和创新能力。

实验教学服务于学科素养的提升，为学生提供了认知操作和行动操作相结合的学习形式。教师引导学生开展实验的过程，也是学生合理地组织、调动各种相关知识与能力，实施探究实验活动，寻求解决真实问题的方法的过程。通过开展实验教学，教师引导学生运用动手操作的方法，在实践中生成知识或检验自己的认知，综合各种技术方法进行组合创新、改进优化已有物品，提高创新能力。开展实验的过程中，锻炼学生根据具体情境，选用不同的表达方式，运用多种方法表达自己的观点，锻炼语言表达能力。

二　课程标准与实验教学

（一）课程标准对实验教学的要求

《普通高中课程方案（2017 年版 2020 年修订）》（以下简称《课程方案》）中要求，课程教学内容重视以学科大概念为核心，使课程内容结构化，以主题为引领，使课程内容情境化，促进学科核心素养的落实，充实丰富培养学生的创新精神、实践能力相关内容。课程目标要培养德智体美劳全面发展的社会主义建设者和接班人。推进教学改革要关注学生的学习过程，促进学生自主、合作、探究地学习，注重对学生学习过程的评价。营造民主、开放、共享的教学研究文化，鼓励和支持教师进行教学方式改革的探索，形成教学风格和特色。提倡统筹各方力量，创设课程实施条件和环境，开发课程实施所需的资源，为学生提供丰富、便利的实践体验机会。

《普通高中生物学课程标准（2017年版2020年修订）》（以下简称《课程标准》）中要求，课程关注学生个性化、多样化的学习和发展需求，促进人才培养模式的转变。高中生物学课程既要让学生获得基础的生物学知识，又要让学生领悟生物学家在研究过程中所持有的观点以及解决问题的思路和方法，要求学生主动地参与学习，在亲历提出问题、获取信息、提出假设、寻找证据、检验假设、发现规律等过程中习得生物学知识，发展终身学习及创新实践能力。高中生物学课程高度关注学生学习过程中的实践经历，强调学生学习的过程是主动参与的过程，通过探究性学习活动加深对生物学概念的理解，提升应用知识的能力，培养创新精神。生物学学科核心素养之一科学探究，强调学生能针对特定的生物学现象，进行实验设计、方案实施以及对结果的交流与讨论的能力。生物学课程目标是学生通过学习善于从实践的层面探讨或尝试解决现实生活问题。课程内容要求教学中要高度重视学生的实践环节，力求为学生提供更多的动手实践机会。在教学中教师要组织好观察、实验等探究性学习活动，使学生领悟科学研究的方法并习得相关的操作技能，引导学生发现和提出问题，应用有关知识分析和解决实践中的问题。

《课程标准》在"实施建议"中提出教师应该提供更多的机会让学生亲自参与和实践。鼓励学生自己观察、思考、提问，并在提出假设的基础上进行探究活动方案的设计和实施。加强和完善生物学实验教学，实验教学是生物学课程的特点，也是生物学教学的基本形式之一，实验教学是促成学生达成生物学学科核心素养的重要支撑。教师应关注实验设计的多样化，重视定性、定量实验，关注实验安全教育，创造条件、就地取材，开设好生物学实验。

从课程方案和生物学课程标准的要求来看，课程改革要求在教学中五育并举，落实学科核心素养。而学科核心素养的落实的重要途径是增加学生的实践经历。教师创造条件，为学生提供动手实践机会，加深对生物学概念的理解，领悟科学研究的方法，同时习得相关操作技能，培养学生的创新能力。

（二）实验教学与生物学学科核心素养

核心素养是指学生应具备的、能够适应终身发展和社会发展需要的必备品格和关键能力，综合表现为九大素养，具体为社会责任、国家认同、国际理解；人文底蕴、科学精神、审美情趣；身心健康、学会学习、实践创新[①]。生物学学科核心素养包括生命观念、科学思维、科学探究、社会责任四个方面。实验教学关注在实践的基础上发展学科核心素养。

1.实验教学与生命观念的形成

"生命观念"是指观察到的生命现象及相互关系或特性进行解释后的抽象，是人们经过证实后的观点，是能够理解或解释生物学相关事件和现象的意识、观念和思想方法。实验教学通过创设真实情境，用实验引导学生获取知识形成观念。在实验设计、实施过程中亲自体会知识生成过程蕴含的理性、自由的科学精神。实验教学引导学生在开展实验的过程中构建实验要素之间的因果关系，促进学生形成理解或解释生物学现象的意识、思想，在实践中解决问题，形成科学的自然观和世界观。

2.实验教学与科学思维的养成

"科学思维"是指尊重事实和证据，崇尚严谨和务实的求知态度，运用

---

① 林崇德.21 世纪学生发展核心素养研究［M］.北京：北京师范大学出版社，2016.

科学的思维方法认识事物、解决实际问题的思维习惯和能力。实验教学中，利用实验引导学生解决实际问题，培养理性思维，促进学生理解尊重事实和证据在探索自然、获取知识过程中的重要性。实验进行过程中，实验要素多样、相互影响有内在关联。学生设计实验并实施的过程中，有严谨务实的态度才能得到客观的实验结果与结论。分析实验结果得出实验结论的过程能引导学生自觉运用归纳、概括、反思、质疑等思维方法和态度。故实验教学有利于培养学生的科学思维。

3. 实验教学与科学探究

"科学探究"是指能够发现现实世界中的生物学问题，针对特定的生物学现象，进行观察、提问、实验设计、方案实施以及对结果的交流与讨论的能力。实验本身即探究过程，在教学中，引导学生在观察生物学现象中发现问题，进而形成可探究的科学问题。结合科学问题剖析实验所涉及的各种要素及各个要素间的关系继而进行实验设计，在开展实验设计过程中逐步掌握科学探究的思路和方法。实验设计过程还要充分考虑实验条件、可操作性等，提高实践能力。通过实验结果分析和结论得出的讨论，培养团队合作精神。在实验实施过程中，不断发现新问题、解决新问题，培养创新能力。

4. 实验教学与社会责任

"社会责任"是指基于生物学的认识，参与个人与社会事务的讨论，作出理性解释和判断，解决生产生活问题的担当和能力。实验是在科学问题引导下开展的，实验各要素因果关系的建立是在科学采集实验数据并对实验结果进行分析后得出的，具有客观性。教学中采用实验的方法引导学生进行学习活动，学生在亲自实践过程中逐步养成理性思维习惯，从而将此思维习惯运用到个人与社会事务的讨论中，自觉运用生物学知识辨别迷信和伪科学。运用理性思维解决问题，增强解决问题的能力进而更有利于学生运用生物学知识和方法参与到社会事务的讨论中，增强责任担当意识。故实验教学更有利于培养学生的社会责任，有利于学生成为健康中国的促进者和实践者。

 实验教学在生物学学科核心素养培养方面的作用

（一）实验教学在生命观念培养方面的作用

生命观念是学生在较好地理解生物学概念的基础上形成的，可指导学生探究生命活动规律，解决实际问题。"纸上得来终觉浅，绝知此事要躬行"，与教师直接讲授相比，学生亲自参与生物学实验能够获得更加深刻的感受与认识，促进其对生物学概念的深刻理解与内化，并促进生命观念的形成，进而利用生命观念进一步理解与探索生物学现象的本质，达成课标的要求。

在"探究植物细胞的吸水和失水"的实验教学中，学生借助实验观察到的紫色洋葱鳞片叶外表皮细胞质壁分离及质壁分离复原现象，得出当外界溶液浓度高于细胞液浓度时，细胞就会失水，当外界溶液的浓度低于细胞液的浓度时，细胞就会吸水的结论，并进一步构建起"渗透作用"的概念性知识。结合原生质层、细胞壁的伸缩性以及两者对水、蔗糖分子的通透性等知识强化对"结构与功能观"的认识，进而在教师的指导下利用"结构与功能观"的生命观念去解释植物细胞、动物细胞发生吸水或失水时呈现的差异，即动物细胞会出现膨胀（胀破）或皱缩现象；去探究用一定浓度的 KNO_3 溶液替换蔗糖溶液会出现的现象，即植物细胞先出现质壁分离，随后质壁分离自动复原；去探究用不同浓度蔗糖溶液测量某种植物细胞的细胞液浓度；去思考不能用甘油替换蔗糖溶液开展实验的原因等。教师通过开展基础实验及拓展实验使学生充分认识到多样的生物学现象在本质上可能具有一致性，不同的生命现象可以利用结构与功能观并结合生物学知识进行解释。在"影响酶活性的条件"的实验教学中，学生通过实验获取的数据构建出温度、pH、离子等对酶促反应速率影响的多个模型，让学生在数据的变化中了解本质，会较为容易理解"酶活性会受到环境因素的影响"这一学科概念。再结合酶的本质等内容掌握细胞代谢需要合适的温度、pH 等外界条件的原因，认同酶对生物的重要性，形成科学的物质观、结构与功能观。"影响酶活性的条件"实验教学的开展也便于学生后续学习和理解温度等环境因素对细胞呼吸速率、光合作用强度影响的本质，通过该实验形成的生命观念可以作为认识其他生命现象的重要依据。

实验教学是帮助学生树立生命观念的一条重要途径。生命观念的形成需要经历从事实到概念，再到观念的过程，也是一个循序渐进、不断完善的过程。实验教学可以为学生搭建研究、探索的真实平台，便于学生通过亲身的体验感受概念性知识的获取过程，在教师的引导下实现概念的整合与提升，建立生命观念。在问题的解决和后续的学习中，生命观念又可作为进一步整合串联其他相关概念的线索，实现生命观念的不断发展与强化。

（二）实验教学在科学思维培养方面的作用

探索和实践是培养学生科学思维的主要途径，杜威曾说："情境教学是思维训练很重要的条件"，实验教学就是在真实的情境中开展的探索与实践活动，通过教师创设的实验情境带领学生开展对生命现象的探索与实践是培养科学思维的有效途径。实验教学中学生的实验操作、实验现象概括、实验数据处理、相关问题分析阐释等无不体现着学生的科学思维品质。出现与预设不一致的实验结果或个别误差较大的实验数据也成为培养批判性思维、创造性思维等高阶科学思维的良好素材，师生面对上述情况时，教师可通过引导学生分析、探讨、再实验等，帮助学生审视实验设计的科学性、实验操作的准确性、实验数据的可靠性等，从而进一步有效提升学生严谨、求实、创新等思维习惯与品质。

在"探究植物生长调节剂的应用"实验教学中，在不告知学生需要通过预实验初步确定萘乙酸溶液浓度的情况下，大多数学生可能会查阅资料或向教师询问。此时，教师引导学生对该问题进行讨论，并组织一部分学生进行预实验摸索出萘乙酸的大致浓度范围，结合预实验的结果再开展正式实验，这样可以使学生充分认识到实验需要建立在可行性的基础上，使用萘乙酸的浓度过高或过低、浓度范围过小或过大，均无法呈现理想的实验结果。此外，在本实验中，大多数学生能够想到通过测量并统计根的数目体现不同浓度萘乙酸对植物生根的作用，但有的学生在实验中观察到各组间根的长度也存在较大差异，建议将根的长度也纳入检测指标。经过交流，对各组植物根的长度与数量均进行测量与统计，将数据绘制成两条曲线，两条曲线的趋势基本一致，为实验结论的得出提供更充分的证据支持。可以看出，学生通过不断思考与实践，体会了理论与实践之间的距离，并发展了尊重实验证据、发散、批判、创新等科学思维。在"检测生物组织中的糖类、脂肪和蛋白质"的实验教学中，教师可以启发学生自主选择实验材料检测所选材料中的糖类、脂肪、蛋白质。在实验过程中，学生很容易发现检测材料的颜色为白色或接近白色才便于观察实验结果，西瓜、西红柿、菠菜等不宜作为实验材料；利用掌握的检测方法探究如何区分椰汁、花生匀浆液和低脂牛奶等实际问题。在该实验中教师还可引导学生思考如何实现某一生物材料中糖类的定量测量，启发学生联想到血糖仪、分光光度计等。学生在开放的、具有启发性的实验课堂中，能够不断强化证据意识，提升逻辑推理、类比分析等科学思维。

实验教学促进学生亲自探索与实践，能够激发学生的内驱力，他们对实验各个环节就会具有更加深刻的记忆、更加充分的思考，更加深刻的认识，在此基础上就有更大的可能性迸发出思维的火花，产生创新的想法。"学源于思，思源于疑"，教师在实验教学中要善于启发学生质疑，不盲从。因为好问题可以作为思维的起点与动力，针对实验中预设性或偶发性的问题，教师应鼓励学生多多质疑，多多思索，突破定式思维的束缚与限制，拓宽思维的广度与深度，对于实验现象进行正确推理，在问题的解决过程中大胆尝试，认识到解决问题的方法并不唯一，提出新颖的、独特的解决方案，形成创造性思维，彰显出实验教学对科学思维发展的重要价值。

（三）实验教学在科学探究培养方面的作用

实验教学涵盖着许多探究类实验，探究实验可促进学生学会像科学家一样思考，成为独立的学习者和思考者，完成知识技能到科学探究素养的升华。教师依托教材实验或具有学校、学生特色的创新实验开展教学，启发与激励学生进行自主或合作探究实验活动，充分挖掘学生的潜能和创造力，使学生浸润在实验设计、实验方案实施、实验结果的交流与讨论等实验环节与操作流程中，不断改进探究方法或路径，体会科研人员的研究思路，领悟本学科的研究方法，提升团队合作的意识与精神，获得对生命现象持续探究的动力，达成科学探究的有效提升。

在"培养液中酵母菌种群数量的变化"实验教学中，当学生通过实验数据绘制的曲线不符合学生预期的"S"形时，教师应鼓励学生合理猜想，有的学生会认为实验步骤或数据统计存在问题，有的学生则认为是培养液中营养物质或氧气含量引起的，还有的学生认为是酵母菌的代谢产物造成的。教师需继续营造探究氛围，指导学生针对自己的猜想分组设计实验，并思考如何控制自变量、检测因变量、排除无关变量等具体的实验关键点，再组织小组讨论、评价方案，对方案进行调整、改进与优化。在教师不设限的实验教学课堂中，最大限度地激发学生的探究热情，学生各抒己见，针对提出的具有价值的问题开展实验设计、实施、分析，小组借助团队的力量集中智慧，并不断调整和改进探究方法和路径，成为问题的研究者与解决者，完成科学探究素养的提升。在"调查草地中某种双子叶植物的种群密度"实验教学中，教师可以因地制宜地组织学生探究校园或校园周边某种或几种植物或动物的种群密度，学生需要针对调查对象的差异，通过查阅资料、实地考察、教师指导等方式确定合适的调查方法、实验用具、样方大小、数据处理工具、小组分工任务等。完成实验后，还可以根据所调查生物的种群密度开展进一步的研究，例如影响其分布的非生物因素或生物因素、其种群密度随时间的变化规律、如何对该种群进行保护等，完成实验报告的撰写及展示交流。结合实际对课本实验进行适当的拓展与延伸，不仅可以提高学生的积极性，还便于进一步挖掘值得继续探究的实验课题，学生亲历探究的过程，取得科学探究素养长足的进步。

探究类实验的价值在于掌握解决问题的科学方法、提高动手动脑的实践能力、保持对生物学问题的求知欲等，这些对于提升科学探究是大有裨益的。在实验教学中，应该避免为追求满意的实验结果，让学生完全按照教材或教师的思路进行机械性操作，压制学生探究的欲望，使实验探究不深入、不到位。教师要创设激发学生好奇心的问题，最好是实验操作中生成性的问题或与学生自身联系密切的问题，从不同的角度、利用不同的方法进行深度探索，组织学生在小组合作下共同完成实验，在与小组成员进行头脑风暴的过程中，互相启发，开阔思路，体会团队合作的价值。将科学探究的种子深植于学生心中，让它在教师的指导与陪伴下，生根发芽，结出累累硕果。

（四）实验教学在社会责任培养中的体现

针对真实、鲜活的生命世界现象开展实验教学，启发学生从整体视角审视并讨论生命活动，进行理性解释和判断，解决现实生活中的相关问题，如涉及健康、环境、生态、农业等的问题，处理好资源、人、社会三者之间的关系，形成关注社会现象的正确态度及意愿，并在未来生活与学习中能够依据生物学知识进行正确选择，充分体现生物实验在培养社会责任中的价值和作用。教师在实验教学中要以润物细无声的方式促进学生完善自我修养、强化责任担当意识，将社会责任素养内化于心、外化于行。

在"制作传统发酵食品——泡菜"实验教学中，当学生完成泡菜的制作后，最关注的问题大概就是自己制作泡菜的口感如何，由于该实验成功率较高，大多数学生都能够获得成就感。随后，在教师的引导下学生继续探究泡菜在腌制过程中亚硝酸盐含量变化的影响因素，最终得出腌制时间、发酵温度、腌制方法等均会对亚硝酸盐含量产生影响。在实验教学中，通过构建模型直观呈现实验结果，再结合亚硝酸盐对人体健康危害资料的查阅，学生能够较科学地指导家人、朋友在食用自制泡菜的注意事项，即7~10天的腌制时长是泡菜安全食用的必要条件。该实验可充分使学生领悟生物学知识对自身生活、健康的指导作用，并主动向他人宣传健康生活方式，成为他人健康生活的促进者。在"土壤微生物的分解作用"实验教学中，教师可以利用该实验的原理，将实验情境创设为"探究微生物对厨余垃圾的分解作用"，将这一大众身边的社会性科学议题引入教学，唤起学生的责任感。特别是当教师展示我国每年产生约55万吨的厨余垃圾，约占生活垃圾总量的一半，不合理的处理方法容易引发食品安全、环境污染等问题的现状后，学生就会更加认真对待实验，通过实验探究清楚微生物对厨余垃圾的最适分解条件、分解产物类型等问题，并思考如何在科学利用厨余垃圾的同时化解其可能带来的风险，展开对社会议题的理性分析，相信学生在今后的生活中也能够将垃圾分类做得更加到位，承担起自己的社会责任。

实验教学可将许多社会性科学议题巧妙引入课堂，强化实验与实际生活的联系，建立起教材知识和生物科技的联系。在教学中，学生利用已有的生物学知识及掌握的研究方法，得出实验结论，再结合实验结论与对社会议题的科学调查资料，实现用科学的世界观和方法论思考社会性问题，摒弃陋习及伪科学观点，并在此过程中增强对实际生活中生物现象的关注程度，激起学生的担当意识。

总之，生物学实验教学不仅要让学生体验实验的操作过程，提高动手实践的能力，体现"做中学"的理念，更是要让学生在亲身体验的过程中实现构建科学概念、形成理性思维、掌握探究方法、完善社会责任，培养核心素养的逐步升华。实验教学能否在学科核心素养进行体现很大程度上依赖于教师的设计、引导及精准把握。对于学生而言，实验教学具有天然的吸引力，实验课很容易点燃他们的学习热情与探究动力。对于教师而言，不能把实验课作为教学的点缀，而是需要找准切入点与契合点，充分依据学情、学校或区域的资源定制个性化的实验方案，对教材实验内容进行拓展与延伸，建立起旧知识与新概念体验之间的关系，为学生搭建具有开放性、综合性的平台，用问题启发学生的智力，让学生在问题情境中展示自我，完善自我，充分彰显主体性、自主性，并不断改进优化实验教学模式，让学生感受生物学实验的深厚魅力。培养核心素养是新课改赋予教师的神圣使命，实验教学的各个设计环节与实施过程应该充分体现对核心素养各个方面的兼顾，以实验为载体潜移默化地培养学生的核心素养，以期满足学生终身发展的需求。

四 实验教学实施现状分析

当前，随着教育改革的推进、新课程标准的颁布，教师越来越理解和认同核心素养，也在教学中越来越注重培养学生的核心素养；同时随着考试改革的变化，试题也力图通过纸笔测试达成对学生实验探究以及科学思维能力的考查。这些引发了教师对于教育和学科本质的思考，理解生物学实验及实验教学在构建生物学概念以及培养学生生物学学科核心素养的地位和作用。因此，有越来越多的教师开始重视实验以及实验教学活动的开展，具有通过实验还原科学研究过程，拓展创新实验，进而落实生物学素养的意识。表现在有越来越多的教师开始尝试开展实验，带领学生进行实践，并在实验教学有效性、创新性方面进行着不断的探索和创新。

但受诸多客观因素的制约，生物学实验教学还存在一些问题，导致生物学实验教学效果不显著等，主要表现在以下几个方面。

（一）实验无法开展或没有真正开展

1.实验条件缺乏或教师重视程度不够，实验无法开展

当前，大部分学校都有生物学实验室，能够提供现有教材实验内容所需的实验仪器设备、材料等，教材必做的实验都能得以开展，但还有少部分学校由于缺乏实验条件，硬件设施不足，无法开展或只能开展实验的很少一部分。还有一种情况是教师对实验教学的功能认识不足，认为死记硬背实验结果及相关实验操作可以解答题目，不重视生物学实验的实践操作过程；或因为实验准备工作十分烦琐，教学中学生纪律不好控制，效果不好等原因，不能开展实验教学。

2.利用数字化资源或技术代替实验，实验没有真正开展

数字化资源和技术为生物学实验教学注入了新的动力和活力，充分激发学生的参与度、求知欲。一方面可以通过数字化资源，如视频、动画等演示实验过程，展示实验过程的实施步骤、关键操作要点等，帮助学生明晰操作过程，明确操作中需要注意的要点；或将静态内容动态化、微观内容宏观化帮助学生构建、深入理解概念。如探究酵母菌细胞呼吸方式，视频展示实验过程，包括有氧、无氧实验装置，实验操作过程，实验现象等；或通过展示某种植物或动物细胞有丝分裂的动态过程，将实验看到的静态的有丝分裂各时期联系起来，理解有丝分裂是一个连续的动态过程。

另一方面借助数字化技术和网络平台等将定性实验变为定量实验，或展示一些无法在课堂上进行的实验或过程，打破时空界限。如借助传感器探究酵母菌呼吸作用方式，探究环境因素对光合作用的影响等实验，通过传感器显示出呼吸或光合的数据，并通过数据转化成影响曲线，构建出氧气、二氧化碳、温度等对呼吸、光合作用的影响，学生能够通过真实的实验数据深入理解概念本质进而应用概念。也可以通过 AR 技术将学生带进细胞的三维结构开展学习，学生可以身处细胞中，身临其境地观察细胞、

细胞器的结构，了解相互间的位置关系等，进而分析其功能，对学生形成结构功能观有重要作用；或通过虚拟技术进行一些受设备、周期、安全等条件限制，无法开展的实验。如单克隆抗体制备，由于实验操作复杂、周期长、成功率较低等，在中学实验室基本没有条件实施。将"单克隆抗体制备"理论与虚拟仿真情境相结合，通过问题设置、实验演示、现象观察、结果分析等，促进学生主动学习实验操作，思考实验原理，将实验现象可视化，帮助学生理解单克隆抗体的本质和特点。

但受传统实验教学以及时间的限制，教师在教学中以讲解、观看视频动画以及演示为主，通过观看实验操作、过程等视频或用虚拟实验技术代替真实的实验过程，如利用虚拟实验技术探究植物细胞的吸水和失水，进行洋葱根尖分生区细胞质壁分离与复原的实验，包括临时装片的制作、滴加蔗糖、显微现象观察等基本实验操作，学生缺乏真实的实验操作过程，无法获得实验带来的真实体验和经历，也不清楚实验过程中可能发生什么，哪些因素会影响实验，纸上谈兵，缺乏对学生实验能力和思维习惯的培养，不能体现出生物学学科特点及科学本质。

（二）对生物学学科核心素养的重视和培养不到位

1.过多关注实验操作细节或实验的完成，偏离教学目标

教师如果把重点放在学生实验操作的细节或实验是否完成上，如在色素提取和分离实验中主要关注画滤液细线、怎样研磨充分等，而忽视引导学生思考为什么要提取色素，在光合作用概念构建中起到什么作用；或在观察洋葱根尖分生区细胞有丝分裂实验中，过多关注如何解离、染色、压片等，缺乏利用观察实验结果帮助学生深入理解有丝分裂在细胞生命历程中的意义，形成系统观、结构功能观等。这样只能使实验教学陷入简单的操作、模仿、浅层学习，偏离真正的教学目标，不能体现课标中聚焦大概念、落实核心素养等理念。

此外，在实验创新上有些教师也存在类似问题。一方面表现在实验改

进和创新上过分追求时间短，见效快，在教学中直接使用或呈现改进、创新后的实验，而忽视了前期对实验材料、装置、效果等多方面的探索过程中学生的参与，忽视此过程中科学思想和方法，批判性、创造性思维，严谨、求实、坚韧不拔的科学态度等的培养。

另一方面表现在忽视实验、模型、实践活动的原本目的，为创新而创新，如关于模型与建模，《美国国家科学教育标准》中提出"模型是与真实物体、单一事件或一类事物对应的而且具有解释力的试探性体系或结构"。模型通过实物、图画、文字等形式直观地表达认识对象特征或抽象概括出事物的本质特征，进而能够帮助学生更好地理解概念、理解学科本质。高中生物学课程中的模型建构活动，主要价值是让学生通过尝试建立模型，体验建立模型中的思维过程，领悟模型方法，并获得或巩固有关概念。但有些教师在模型设计中，过多关注模型与真实事物像不像的无足轻重的细节上，背离了模型方法简化、抽象出本质的要旨或弱化活动中必要的思维过程，以形成一个具体化的模型为唯一的目的追求。如减数分裂模型，主要是让学生通过模型建构理解减数分裂中染色体行为变化以及为什么会发生变化，进而理解在亲子代遗传信息如何保证稳定以及生物多样性形成等。但如过分关注模型"像不像"的改进，教学变成了主要探讨用各种材料制作模型的优缺点，把模型从静态改到动态，就偏离了活动本身的教育价值。

2. 关注实验的程序化操作，自主探究、开放性不够

探究性学习需要发挥学生的主动性和创造性，需要教师给予更多的时间和空间，让学生自主进行探究，经历科学探究过程，但一些教师对学生的能力不放心、不信任，对学生要求过细、过多，如要求学生按照统一的步骤、统一的模式去思考，对实验原理、实验步骤等都进行十分详细的讲解和指导，使学生缺乏主动探索、自由发展的时间和空间，减少了出错的概率，缺乏对实验中可能出现错误的分析以及原因的探究，不利于学生探究能力和思维能力的培养。如在"探究环境因素对光合作用强度的影响"

实验中，教材给予一定的开放性，可以让学生探究温度、二氧化碳浓度、pH 等对光合作用的影响，但在实际教学中，有些教师由于不放心学生，要求全班一起探究同一个实验变量，且按照统一的实验设计开展，甚至进行同步操作，这将不利于学生自主探究能力的开发。

此外，有些学校因课时有限，将实验进行整合。如高中必修一模块在人教版教材中共涉及 12 个实验，包括显微观察实验、物质鉴定实验、探究实验等，高一为必修内容，全体学生都参加，生物学实验室相对紧张，同时课时也比较紧张，有些学校就将必修一涉及的几个观察实验如"使用高倍镜观察几种细胞""用高倍显微镜观察叶绿体和细胞质的流动""探究植物细胞吸水和失水实验"集中在一节课完成，整个过程学生只是机械地操作、观察，缺乏对实验过程、出现问题原因以及原理、结果和结论的分析讨论，甚至将探究实验变成了验证实验，失去了探究学习过程，使得学生难以将实验与课堂所学的理论知识相结合，不能深入理解实验原理和方法、实验目的及意义；学生缺乏独立思考和解决问题的机会，对学生推理、论证、批判性、创新性等思维的培养以及科学探究能力的培养流于形式。

（三）对实验教学的评价不够重视，评价方式较单一

教学评价从本质上讲是对教学活动及其效果的价值判断，是教学活动不可缺少的基本环节。通过评价可以检验教学效果、诊断教学问题、反馈学生信息，充分发挥评价的诊断、导向、激励作用，促进教学质量的提升。实验教学评价是其中重要的部分，通过评价考核促进学生全面发展，发展学生实验探究能力，培养学生的生物学素养。如在实验教学中需要对操作步骤、结果以及参与实验的积极性、合作态度等进行评价。但长久以来，教师对评价重视程度不够，造成在实验教学中缺少评价环节，或教师在实验教学中有评价，但评价方法比较单一，主要以纸笔测试为主，且主要以关注实验结果为目的，而忽视对实验过程和学生的操作技能训练、态度方法等的评价；只关注师生评价，对生生评价、即时评价关注度相对缺乏；

且在评价中缺乏对学生的量化标准，如利用评价量规进行评价，因此在促进学生探究能力、价值取向的发展中受到限制。

（四）教师的教学理念及能力相对不足

1. 教师指导和组织实验教学的能力有一定欠缺

生物学学科核心素养之一就是科学探究，要求发挥学生的主体作用，尊重学生的兴趣爱好，让学生自己提出问题、进行假设、制订实施计划、得出分析结论等，培养学生的主动探究和学习能力，但由于长久以来对生物学实验教学缺乏重视，一些教师缺乏相应的科学探究能力，对科学研究的方法、范式等不是十分清晰，缺乏相应的专业理论支撑，如变量控制、复杂实验设计等，在实验教学中对学生思维和探究能力培养表现得较为吃力；此外，伴随着科学、技术和社会的进步，生物学发展也极为迅速，基因工程、蛋白质工程、细胞工程、发酵工程等现代生物技术及其应用在教材中都有体现，但是一些老教师，在上学期间甚至都没有见过这些技术和设备，操作和使用都比较困难，对现代化的一些设备及实验缺乏相应的专业知识，如 PCR 技术、电泳等。

再有，进入实验室学生都比较兴奋和好奇，难免会在教师未许可情况下乱动器具、仪器设备，或不认真听实验要领、注意事项等，造成实验不能有效开展，草草收场。探究性实验具有一定的自主性和开放性，需要给予学生足够的时间和空间进行探索，但又不能放任自流，这就需要教师进行有效的组织和指导。但一些教师尤其是年轻教师缺乏相应的组织和指导能力，导致实验不能有效开展。如"探究环境因素对光合作用强度的影响"实验，如何指导学生进行实验设计？如何体现学生的开放性？如何评价学生设计的方案？怎样分组实施？实验过程中可能会出现哪些情况？如何解决？等等，都需要教师提前进行设计和规划，这需要教师有较强的组织协调和指导能力。

2.实验改进和创新意识或能力不足

教材及课标建议实验是教学中必须要开展的实验，但有些时候由于原材料、设备、实验条件、时间等原因，不能得到良好的实验效果，就需要对实验进行改进或创新，重新摸索实验条件或改变实验方法等，以得到更好的实验效果。如"秋水仙素诱导细胞染色体加倍"实验，利用秋水仙素处理根尖，秋水仙素具有毒性，且用秋水仙素最后的实验效果并不十分理想，而利用二甲戊灵溶液进行适当处理，能够观察到较为理想的实验效果。像这类改进或创新实验有很多，如材料、试剂、实验装置等的创新，将定性实验改为定量实验等。还有就是对教材或课标中没有涉及的实验的拓展和开发，如还原科学史实验，通过梯度离心将细胞质基质与线粒体分离，探究"有氧呼吸各阶段发生了哪些变化？在什么场所进行？"；如利用坐骨神经—腓肠肌标本探究兴奋在神经纤维上的传导方向、路径等；此外还包括一些实践活动或项目式活动的设计与开发，如进行果蝇、豌豆、秀丽隐杆线虫等模式生物的杂交实验，真正让学生观察这些生物的性状、理解显隐性、开展杂交和测交实验，统计分析实验数据，得出比例，进而分析得出基因分离和自由组合定律。这些都是学生在实践中分析、摸索得出的，是学生最真实的体验，也是终生难忘的，对深入理解遗传、进化；形成信息观，培养学生的实验探究能力和科学思维能力、科学精神、社会责任等起到至关重要的作用。

但有一些教师拘泥于教材中的实验方案，或因工作比较繁重，专业能力限制等，缺乏对实验进行改进、对实验有效性等的思考和摸索。尤其是对于不易成功或较复杂的实验，不会动脑筋改进装置或参阅各种资料设计解决方案，只能照本宣科，"教教材"而不是"用教材教"，进而也会导致学生的创新性思维、批判性思维、科学探究能力得不到有效训练。

五 实验教学实施中的问题与困惑分析

实验教学是高中生物学课程中至关重要的组成部分，有助于发展学生科学探究和实践能力，有助于学生获得一手资料用于支撑概念构建的过程，有助于学生理解生物学科内容体系，有助于发展学生思维能力和创新能力，是发展核心素养的重要途径之一。然而，当前高中生物学科的实验教学实施过程中存在一些问题，给教师带来不少困惑，大致可以概括为五个方面。

（一）实验教学与概念教学脱节

1.问题概述

高中生物学实验教学旨在帮助学生将生物学知识和原理应用于实验设计，并有效开展实验操作，从而深化对生物学概念的理解。然而，在实际教学过程中，常常出现实验教学与概念教学脱节的问题。这种现象会导致学生在实验过程中，难以将理论知识与实践操作相结合，实验教学的效果大打折扣。

脱节现象具体表现在三个方面。首先，部分教材中的实验方案较为简略，目的是给教师提供更加开放的自主设计空间，未能深入探讨每一项实验结论与生物学概念之间的复杂关系。其次，一些实验安排与课程内容进度不匹配，导致理论教学和实验教学脱节。受到实验室数量和学校各年级实验统筹安排的限制，可能出现实验教学被集中排课，未与新课学习的内容完全对应，这种时间上的错位不利于学生利用实验的一手资料构建概念。最后，实验教学缺乏连贯性和系统性设计，实验课大多还是以独立的课时存在，未能整合到单元教学设计中，未能在概念构建中利用连续多课时完成。

2. 教师困惑分析

针对实验教学与概念学习脱节这一问题，教师面临的困惑主要包括以下三点。首先，认为实验内容缺乏挑战性，无法满足学生对生物学概念复杂性的探究需求。例如，在进行植物光合作用实验时，以小圆叶片的沉降速度反映环境因素对光合速率的影响，实验等待时间长，在实验室不易组织有效的概念学习，所以多转为居家实验或与其他实验合并完成。其次，为压缩实验课时长，将实验变成单纯的动手操作，缺乏理论指导意义，在课程进度较快的情况下，很难找到合适的实验来配合概念学习。最后，教师常常感到，在设计实验教学方案时，难以将各个实验有机地串联起来，形成一个系统的教学模块，割裂实验教学和概念教学，不仅影响了学生的实验体验，还影响了实验教学的整体效果。

3. 解决建议

（1）加强实验设计的系统性和科学性。教师在设计实验时，应充分考虑课标要求和学生的认知水平，确保实验内容与理论教学紧密结合。为了提升实验教学效果，教师可以设计综合性、探究性实验，鼓励学生自主探究和发现问题。这样不仅能激发学生的学习兴趣，还能培养学生的科学探究能力和实践操作技能。

（2）关注在单元设计中整合实验教学方案。充分考虑教学进度，力争实验教学与概念学习同步进行。这样，学生可以通过实验实践，进一步巩固和加深对理论知识的理解。在单元备课研讨时，关注系列实验的设计，厘清每一个实验内容与单元学习内容之间的关系。尝试利用现代化教学手段提升实验教学效果。

（二）学生实验技能和兴趣的培养不足

1. 问题概述

在高中生物学教学中，实验教学是培养学生实践能力和科学素养的重要环节。然而，实际教学中常常发现学生的实验技能普遍较弱，动手操作能力不足。这一现象的背后，有着多重因素的影响。由于实验教学时间有限，教师在课堂上难以给予每个学生充分的操作机会，导致学生缺乏实际操作的经验和技能。实验课程设计中，许多实验过程较为枯燥，缺乏趣味性和挑战性，学生在操作过程中容易感到乏味，逐渐失去兴趣。部分实验难度较大，步骤烦琐，学生在操作中遇到困难时容易产生畏难情绪，从而影响实验的效果和教学目标的实现。

2. 教师困惑分析

针对学生实验技能和兴趣的培养不足这一问题，教师面临的困惑主要包括以下四点。首先，实验教学时间有限，给实验课分配的课时相对较少。教师在有限的时间内需要完成既定的实验教学任务，往往顾此失彼，无法兼顾学生的动手能力培养和实验兴趣的激发。其次，实验过程烦琐枯燥，部分生物学实验步骤复杂且缺乏趣味性，学生在操作过程中容易感到枯燥无聊，导致实验教学效果不佳。再次，实验的挑战性对于不同层次的学生来说存在适应性差异。对于基础较弱的学生来说，复杂实验的难度过高，容易对实验产生抵触心理；而对于基础较好的学生来说，简单实验无法满足他们的探究欲望，导致实验教学的吸引力下降。最后，如何激发学生对实验的兴趣，使其主动参与并乐于探究，是教师面临的一大难题。在实际教学中，教师常常发现即使通过多种方式进行实验引导，部分学生仍然缺乏实验兴趣，无法积极参与。

3. 解决建议

（1）关注实验探究的质量，将学生卷入实验方案设计和讨论活动中。为激发学生的实验兴趣，教师可以设计和引入一些趣味性强、探究性高的实验，也可以引导学生进行小组探究实验，通过设置开放性问题，鼓励学生自主设计实验方案，激发他们的探究欲望和创造力。

（2）提供多样化的实验资源和支持，让实验室成为激发学生创新思维能力的主阵地。在实验室，为学生提供开放的研究环境，保证基础实验仪器的供应，并适当提供虚拟实验平台和多媒体资源。引导学生发现生物学问题，依据相关原理完成实验操作，观察实验现象，分析实验数据，探讨实验结果，改进实验方案等。关注学生在实验中的思维过程和操作细节，帮助学生及时发现和改进问题，提高实验技能和科学素养，培养他们的实践操作能力和科学探究精神，为未来的专业学习和职业发展打下坚实基础。

（三）实验教学资源不足或不均衡

1.问题概述

实验教学资源不足或不均衡是当前高中生物学教学中普遍存在的一个问题，这种情况会影响实验教学的质量和效果。具体表现为教学进度与活体实验材料获得时间不匹配，实验设备和耗材管理手续烦琐，实验室空间有限等方面。有些学校的实验室设备长期未更新，导致一些关键仪器，如显微镜、离心机、培养箱等功能下降，无法满足正常的实验需求。此外，实验耗材的采购和补充也存在问题，常常不能及时到位，使得计划中的实验无法按时进行。实验室空间有限导致学生的实际操作机会减少，无法充分锻炼动手能力。这些问题不仅限制了实验教学的实施，也对学生的学习体验和兴趣产生了负面影响。再有，一些学校缺乏专职实验员也会给实验教学准备造成一定的困难。

2.教师困惑分析

针对实验教学资源不足或不均衡这一问题，教师面临的困惑主要包括以下三点。第一，实验器材不够用或无法正常使用，难以满足分组实验或全年级教学班同时进行实验的需求。第二，实验试剂和耗材的采购和补充手续烦琐，不能及时到位，很多时候，教师在计划实验教学时，由于试剂或耗材的短缺，不得不临时调整实验内容或推迟实验进度，例如，酒精还有一些染色试剂的购买，实验产生的废液处理等，会耗费教师和实验员很大精力。第三，实验室空间有限也制约了实验教学的实施。在一些学生人数较多的学校，实验室无法容纳全班学生同时进行实验，教师只能采取分组轮流实验的方式，这不仅增加了教师的工作量，还降低了实验教学的效率和效果。

3. 解决建议

（1）理顺实验室管理流程，定期更新和补充实验器材和试剂，确保实验设备的正常使用。同时，应建立健全的耗材采购和补充机制，确保实验试剂和耗材的供应及时、充足。优化实验室空间和设施，确保实验教学的顺利进行。配备现代化的实验室管理系统，提高实验室管理的规范性和科学性。

（2）关注教师实验教学培训，建立全国的实验资源共享机制。学校应加强实验教师的专业培训，设置专职实验员，提高教师和实验员的实验教学能力和水平。例如，定期组织教师参加实验教学培训班来观摩优秀实验教学案例，与周边高校或科研机构合作以建立实验教学资源共享平台，推进教育资源均衡发展，改善实验教学条件薄弱的学校设施等。

（四）实验评价体系不完善

1. 问题概述

在当前的高中生物学实验教学中，评价体系相对单一，主要以实验操作或实验报告作为评估的依据。这种单一的评价方式忽视了学生在实验过程中综合素质和科学素养的表现，无法全面反映学生的真实能力和发展潜力。实验报告虽然能够记录实验结果和数据，但仅靠这些静态的记录很难体现学生在实验过程中的实际操作能力、思维过程和科学态度。

这种评价体系的局限性不仅影响了学生对实验教学的理解和投入，还限制了他们综合素质的发展。例如，学生可能为了完成实验报告而忽视实验过程中的思考和探究，或者在实际操作中遇到问题时缺乏解决问题的能力和创新思维。长此以往，学生可能会对实验教学失去兴趣，甚至对生物学科产生抵触情绪，从而影响其学业表现和核心素养的培养。

2. 教师困惑分析

针对实验评价体系不完善这一问题，教师面临的困惑主要包括以下四点。首先，实验报告虽然能记录实验结果，但无法全面反映学生的实际能力，一份完美的实验报告可能掩盖了学生在实验过程中遇到的困难和错误，而这些恰恰是评价学生科学素养的重要依据。其次，实验评价标准较为单一，主要集中在实验是否成功、操作是否规范等方面，忽略了对学生综合素质的考查。再次，实验教学需要大量的时间和精力，教师在实际操作中常常难以顾及每一个学生的表现，特别是在大班教学中，教师难以详细记录每个学生的实验过程和表现，只能通过实验报告和操作结果进行评估。最后，由于实验评价体系的单一性，学生的评价结果往往具有较大的主观性和不公正性，需要更加关注课标中对于评价的建议，如学生自评、互评甚至相关领域专家的第三方评估等。

3. 解决建议

（1）关注实验教学的目标和要求，构建多元化的评价指标体系，全面评估学生的实验能力和科学素养。可以将实验设计的合理性、操作的规范性、数据分析的准确性和科学态度等纳入评价指标中。通过多元化的评价指标，教师可以全面了解学生在实验过程中的综合表现，帮助学生发现和改进自身的不足。为了全面评估学生的实验能力，教师可以引入多种评价形式，如实验项目展示、实验过程记录和小组讨论等。

（2）注重对学生实验过程的评价，关注学生在实验中的思维过程和操作步骤。可以通过实验日志、实验记录表等形式，让学生记录实验过程中的详细步骤和思考过程，帮助教师了解学生的实际操作和思维。为了提高学生的参与度和自主性，教师可以开展学生自评和互评活动，还可以利用现代信息技术手段，提升实验评价的效果，比如通过在线评价系统，学生可以随时查看自己的评价结果和教师的反馈，及时改进自己的实验操作和方法。信息技术手段不仅可以提高评价的效率和准确性，还可以增强评价的互动性和透明度。

（五）实验安全和管理方面不够规范

1. 问题概述

在高中生物学实验教学中，应特别重视实验安全和管理规范这一问题。这不仅影响实验教学的顺利进行，还对学生的安全构成潜在威胁。不规范的情况具体表现在以下三个方面：首先，实验室管理不够规范，存在实验器材摆放混乱，实验废弃物处理不当等问题。其次，学生在实验操作中不遵守安全规程，存在随意操作、违规使用仪器等现象。特别是在涉及使用危险化学品或生物材料的实验中，如果管理不善或操作不当，极易发生安全事故。最后，一些学校缺乏完善的实验安全规章制度，实验室安全责任不明确，安全教育和监督不到位，这些都增加了实验教学中的安全隐患。

2. 教师困惑分析

针对实验安全和管理方面不够规范这一问题，教师面临的困惑主要包括以下四点。第一，教师在实验教学中需要花费大量时间和精力进行安全教育和监督，但仍难以完全避免安全事故的发生。例如，有一定毒性的试剂或燃料，教师需要详细讲解其化学性质、使用方法和注意事项，并在实验过程中全程监督学生的操作。然而，由于学生人数较多，教师难以面面俱到，往往无法及时发现和制止不规范操作，从而存在安全隐患。第二，实验室管理涉及实验器材的保养、耗材的补充、废弃物的处理等多个方面，管理工作烦琐且复杂。若无专职实验员负责，教师兼顾实验室的日常管理，常常感到力不从心。第三，学校制订了详细的实验安全规章制度，但是一些学生对安全规程缺乏足够的重视，认为安全教育只是形式，实际操作中依然我行我素。教师在实际教学中发现，要让学生真正理解并遵守安全规程，培养他们的安全意识和责任感，需要长期的教育和反复的强调。第四，在实验过程中，突发事故的应急处理是保证实验安全的重要环节。然而，许多学校的应急处理措施和预案不够完善，教师和学生对突发事故的应对能力不足，易在突发情况发生后陷入混乱和恐慌，无法保障实验室安全。

3. 解决建议

（1）建立完善的实验室安全管理体系，明确各级人员的安全责任。可以设立专职的实验室安全管理人员，负责日常管理和安全检查，确保实验器材和耗材的正确使用和维护。定期组织安全培训，提高教师和学生的安全意识和应对能力。利用现代化管理工具提高管理效率，通过监控设备实时监督实验室，及时发现和处理安全隐患。此外，可以采用电子标签和物联网技术等智能管理手段，提高安全管理的科学性和有效性，发挥新质生产力的作用。

（2）全程监督学生操作，及时纠正不规范行为，确保实验按规程进行。制订详细的应急处理预案，明确突发事故的应对措施和流程，并定期进行应急处理演练，提高教师和学生的应对能力。同时，学校应制订实验室废弃物处理规程，确保废弃物的安全处理，避免对环境和人员造成危害。

综上所述，高中生物学实验教学实施中的问题给教师带来了诸多困惑，会影响实验教学的质量和效果。解决这些问题需要相关主管部门、学校和教师的共同努力，通过优化实验设计、培养学生实验兴趣和技能、提高实验资源投入、完善实验评价体系以及强化实验安全管理等措施，从而提升高中生物学实验教学的整体水平。

实验教学的设计策略与思路

（一）教学中"做真实验、真做实验"

1.避免用看实验和模拟实验取代"做实验"

观看实验视频或者教师演示实验，可以解决实验器材不足或教学时间不足等现实问题，提高教学效率，但学生无法亲自体验实验的过程，习得的知识也是感性的，并且无法体会试错的过程。利用各种信息化资源进行模拟实验，可以解决线下实验受时间、空间和设备的限制等问题，但实验教学必须立足"真实"，单纯的数字化模拟实验很难实现。例如，很多虚拟化实验平台存在过于理想化的情况，操作者进行错误操作时，往往不能进入下一步实验，只有按照程序设定方式操作后才能够完成，实验平台也很难按照实验者的错误操作呈现实验现象。因此即使使用虚拟实验的方法，也需要与实际操作相结合。

2.实验教学应避免单纯进行重复模拟实验

在日常的教学中，实验教学往往与理论教学截然分开，教师在教室中完成理论部分的讲解，在实验室中讲解完整的实验流程和注意事项。学生按照教师给定的步骤进行操作，基本能够达到教师预设的实验目标，但按照既定步骤进行的机械式的实验操作，以记忆取代实验体验过程，没有科学探究的过程，没有渗入科学的思维，是无法达到课标中对于科学探究能力的要求的。

因此教师在实验教学的设计时，需要注意将简单的重复性实验向探究性实验转化。例如，人教版普通高中教科书生物学必修1第4章的探究·实践"探究植物细胞的吸水和失水"这一内容，如果采用重复实验的教学策略，则学生主要完成制作洋葱鳞片叶外表皮临时装片、滴加蔗糖溶液、观察、滴加清水、观察等步骤，被动接受植物细胞可以通过渗透作用吸水和失水，植物细胞的原生质层充当半透膜等内容。但如果采用探究实验的教学策略，学生需首先提出问题并进行假设，分析原生质层是否具有半透膜的特征，分析用什么溶液提供发生渗透作用所需的必要条件——浓度差，进而通过实验操作进行验证。在探究的过程中深入体会渗透作用原理，也可以进一步提出问题继续探究。例如选用不同浓度的蔗糖溶液，会对细胞失水的速度造成怎样的影响？如果蔗糖溶液浓度过高，细胞过度失水，当滴加清水后细胞还能否发生质壁分离复原？如果换用葡萄糖溶液、硝酸钾溶液等，与使用蔗糖溶液相比，产生的结果有何不同？为什么会造成结果的不同？这些问题可以为下一步理解协助扩散和主动运输方式进行铺垫。

3. 实验教学需要提供给学生试错和改正的机会

实验中会出现操作失误、试剂使用错误、实验数据偏离和与预期不相符合的结果等，这都是学生在进行实验操作时的正常现象，教师应如何面对这些问题？是通过实验教学前反复的讲解杜绝"错误"的出现？还是接纳这些"不完美"的结果[①]？通过反复讲解和重复能够显著降低学生出错的机会，但是试错往往能给学生留下更为深刻的印象。教师进而引导学生对这些错误进行分析，寻找产生问题的原因，进行拓展延伸，体会真正的探究过程。例如，人教版普通高中教科书生物学必修 1 第 5 章的探究·实践"影响酶活性的条件"这一内容，学生在进行实验操作时往往会出现先将酶与底物进行混合，再置于设定的反应条件下（不同的温度或 pH），在实验教学中可以引导学生比对这种操作与先将酶和底物分别置于设定条件下一段时间后再混合操作的结果，理解如何保证实验始终在设定的条件下进行。在实验教学中引导学生正确的面对科学研究过程中的失败，认同实事求是的科学研究态度。

---

① 李庆媛. 浅谈对中学生物实验教学改进的思考［J］. 中学生物教学，2019，（14）：26—27.

在帮助学生分析清楚问题之后，还需要给学生提供改正的机会。例如，绿叶中色素的提取和分离，因绿叶研磨不充分，或划线次数不足导致色素条带不清楚；又如观察根尖分生区细胞的有丝分裂，因解离不充分导致细胞不能很好分散成单层细胞，都可以利用课下时间给学生再次实践的机会。

（二）实验教学需为重要概念的构建服务

实验教学的意义在于为概念形成与构建提供一手的事实依据，让学生亲历事实获取的过程。例如，人教版普通高中教科书生物学必修1第5章的探究·实践"比较过氧化氢在不同条件下的分解"这一内容，可以帮助学生构建"绝大多数酶是一类能催化生化反应的蛋白质"这一概念。将实验装置进行适当的改进，实现氧气产生量的定量检测。通过比较过氧化氢溶液组、过氧化氢溶液 +$FeCl_3$组和过氧化氢溶液 + 肝脏研磨液三组的氧气产生速率，可以发现酶具有高效性的特点；反应足够长的时间后，三组氧气产生量基本一致，可以说明酶不改变化学反应的结果；在过氧化氢溶液 + 肝脏研磨液组中继续添加新的过氧化氢溶液，仍能观察到大量气泡产生，可以发现酶在反应前后不变。

刘海金等[1]在《简单易行的离子跨膜运输实验》一文中描述利用钼酸钠可跨膜运输的特点，通过洋葱外表皮细胞中花青素的变色规律，反应钠离子跨膜运输程度，直观呈现钠离子跨膜运输的事实，为细胞的主动运输实验教学提供了很好的案例。陈菲菲等[2]在《再探钼酸钠跨膜运输实验》一文中描述了在已有研究的基础上，进一步探究呼吸抑制处理是否影响钼酸钠通过紫色洋葱外膜运输，并得出钼酸钠进入洋葱外表皮的跨膜运输需要能量这一结论，有助于学生对主动运输特点的理解。

赵萌等[3]用蝗虫和韭菜进行动植物细胞减数分裂观察的尝试，发现了观

① 刘海金，印莉萍.简单易行的离子跨膜运输实验［J］.生物学通报，2016，51（01）：49-51，64.
② 陈菲菲，虞驰.再探钼酸钠跨膜运输实验［J］.生物学通报，2021，56（02）：58-59.
③ 赵萌，徐捷.用蝗虫和韭菜进行动植物细胞减数分裂观察的尝试［J］.中学生物教学，2016，（17）：28-31.

察动植物细胞减数分裂的理想材料，改进了临时装片的制片方法，使得教师和学生能够在普通光学显微镜下更加清晰地观察到减数分裂过程。通过动手操作可以训练学生的实验技能，引导学生在观察中发现和思考，在实验观察过程中辨认减数分裂的各个时期，识别不同时期染色体的形态、数目和位置，也能加深学生对减数分裂过程的理解，从而构建减数分裂的动态过程图。王宇等[①]采用了构建模型的方式模拟减数分裂过程中染色体变化，呈现学生的推测。在构建模型的过程中，学生会发现暂时不能解决的问题。例如，在第一次模型构建时，对减数第一次分裂时到底是同源染色体分离还是姐妹染色体分离存在疑问。学生带着问题通过分析点评其他组同学的模型、分析教师提供的证据对问题进行解释，再进一步对模型进行修正。学生在"分析问题—构建模型—发现问题—完善模型"的过程中学习，逐步构建减数分裂的概念。

（三）利用多种方式解决实验教学的困难

在教学中，实验教学不能得以正常开展的重要原因是课时紧张。无论义务教育阶段还是高中阶段，生物学科安排的课时时间都相对紧张，在高中阶段更为明显。教师为完成教学进度，往往都会缩减实验教学的时间。如何解决这一问题成为实验教学顺利开展的保证。

1. 进行单元备课，合理安排实验目标侧重点

单元整体备课通过对单元教学内容进行整体分析和深度挖掘整合，使教学情境、教学内容和教学目标整体化、系统化。将实验教学作为单元教学的一部分，在单元整体备课时梳理每个实验的侧重点，而重复的内容可以简略处理，在一定程度上可以缓解课时紧张的问题。下面以人教版普通高中教科书生物学必修1第5章的3个探究·实践活动为例，对需要发展的科学探究素养的侧重点进行梳理。

---

① 王宇,孙颖."建立减数分裂中染色体变化的模型"教学设计[J].生物学通报,2016,51(10): 21-23.

序号	探究·实践活动	需要发展的科学探究素养侧重点
1	比较过氧化氢在不同条件下的分解	1. 实验中变量的类型（自变量、因变量、无关变量），如何控制无关变量 2. 设计对照实验（主要是空白对照） 3. 分析实验结果得出实验结论
2	淀粉酶对淀粉和蔗糖的水解作用	1. 因变量如何检测 2. 进行假设并预期实验结果
3	影响酶活性的条件	1. 设计对照实验（主要是相互对照） 2. 实验材料的选择对于实验可靠性的作用 3. 如何确保酶催化的反应在设定的温度（或pH）下进行 4. 预实验的作用

2.合理安排实验周期，课上课下结合教学

在生物学教材中，很多实验所需的实验周期比较长。例如，人教版普通高中教科书生物学选择性必修3第1章中的三个探究·实践活动：制作传统发酵食品、酵母菌的纯培养和土壤中分解尿素的细菌的分离与计数都需要数日或数周才能完成。教师可通过合理安排，课上集体实验和课下实验相结合。如制作传统发酵食品可以安排在十一假期或暑假期间，指导学生在家完成，利用照片、小视频、实验报告等方式展示实验成果，在课上进行交流讨论。又如酵母菌的纯培养和土壤中分解尿素的细菌的分离与计数，可以安排前一个班级完成培养基制备和灭菌等程序，供下一个班级进行接种等操作。

3.教师做好实验课前准备工作

实验教学之前，教师进行充分的课前准备也有利于解决课时紧张的问题。例如，人教版普通高中教科书生物学选择性必修2第1章中的探究·实践"调查草地中某种双子叶植物的种群密度"，学生在实际实验过程中常遇到的困难包括：量取特定面积的样方、辨认样方中的双子叶植物。教师可以在课前准备好易于测量的标尺，做好预调查工作。预调查时可以提前整理调查地块常见植物图片并进行分类，作为手册发放给学生。

随着教育信息化改革逐渐深入，虚拟仿真实验逐渐成为实验教学中的重要手段和方法。虚拟仿真实验在操作中具有安全、灵活、可重复等特点，并且不受时空的限制，因此，可以将真实的实验教学与虚拟网络环境相结合，两者取长补短①。例如，在"显微镜使用"这一内容的时候，基于学生是第一次接触生物学实验课堂的学情，教师在上课之前借助信息化平台帮助学生熟悉显微镜的构造和使用方法。

此外，教师也可以制作微课，在微课实验演示中，将实验仪器、实验原理和比较复杂的操作步骤等形象地展现出来，同时教师可以设置文字与图片相互结合的方式来加深学生的理解。学生在完成课堂实验内容后，教师还可以将微课发给学生，或者上传到公共平台上，让学生在课后根据自己的学习情况，自主观看微课内容，从而巩固对实验的认知②。

（四）对实验方案进行改进和适当拓展

为了实验教学能顺利、有效地开展，教师应发挥主观能动性，对实验方案进行改进和适当拓展。

1. 创新实验方案，提升探究能力

实验教学是培养学生实践和创新能力，全面提升科学探究能力的最佳途径。挖掘高中生物学教材验证性实验中可以开展探究活动的部分，变验证性实验为探究性实验，注重学生主动发现与探索，科学有效地引导学生自主设计实验并在实验探究中获得实证，是培养学生科学素养行之有效的方法。

---

① 邓可.基于虚拟仿真实验及测评的混合式教学实践：以"中学生物实验教学研究"为例［J］.教育教学论坛，2022，（07）：145-148.
② 邢超.例谈微课在中学生物实验教学中的应用［J］.高考，2019，（17）：125.

2. 创新实验装置和材料，巧妙突破难点

在历年全国中小学实验教学说课活动中都有很多教师对现有的实验装置进行改进，使实验高效完成，并取得更好的效果。例如，利用注射器测量过氧化氢分解产生氧气的多少，利用传感器检测植物对 CO_2 的消耗量和 O_2 的产生量，利用 LED 灯设置不同的光照强度和光质等。

3. 拓展教材实验，更好为重要概念服务

除了课标和教材中明确指出的探究实践活动外，教师也可以根据教学内容进行开发和拓展。例如，教师还原神经调节发现史中的经典实验，以牛蛙坐骨神经—腓肠肌标本为实验材料，用电池组、镊子等组装为电刺激装置在中学实验室中完成实验，将兴奋传导过程中抽象的生物体内电流外显，实现定量研究，让学生有更加直观的认识，同时从探讨兴奋传导与传递方向的定性实验过渡到定量实验，一方面提升实验结论的可信度，另一方面培养学生在实验数据处理方面的能力，又为兴奋的传递的学习奠定基础[①]。

（五）做好实验教学评价

在实验过程中，教师可通过实验报告和评价量规等进行评价，从课堂效果、问题反馈等层面建立科学高效的评价体系。除此之外，还应加入学生互评的方式，从多种维度对学生进行客观的评价。在实验课教学结束后，还应鼓励学生进行自我评价和自我反思，有针对性地进行改进和完善，并通过再实践完善实验。

---

① 刘伟华，司世杰，王宇. 高中生物学"神经调节"实验开发与教学实践 [J]. 中学生物教学，2023，（04）：9-12.

第二部分

实验教学创新案例

案例 1　基于 Photoshop 软件的简易比色法
——以定量测定还原糖、蛋白质含量为例

温州市第八高级中学　张伟健

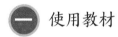 **使用教材**

浙江科学技术出版社，普通高中教科书·生物学必修 1 分子与细胞，第一章细胞的分子组成，第二节生物大分子以碳链为骨架。

二　实验器材

试管、试管架、烧杯、恒温水浴锅、分光光度计、漏斗、不同品牌的智能手机、电脑、黑箱、双缩脲试剂、DNS 试剂（3，5- 二硝基水杨酸）、活性炭、葡萄糖、酪蛋白、蒸馏水、NaOH 溶液、稀释的蛋清液、苹果、西瓜。

三　实验创新要点

1. 将定性实验转变为定量实验，培养学生数据收集、统计、结果分析等科学探究能力。

2. 利用活性炭解决有色生物组织样品对显色实验的干扰，拓宽还原糖、

蛋白质含量定量测定的生物组织样品选择范围。

3. 利用手机拍照 Photoshop 软件替代分光光度计，完成比色，突破校内器材（如分光光度计）的限制。

四 实验原理

1. 还原糖定量测定原理

还原糖在加热条件下，可与 DNS 试剂中的 3，5- 二硝基水杨酸反应，生成棕红色产物，且颜色的深浅与还原糖溶液的浓度呈正相关。

2. 蛋白质定量测定原理

在碱性溶液中，双缩脲试剂中的 Cu^{2+} 能与蛋白质中的肽键发生反应，产生紫色络合物，紫色络合物颜色的深浅与蛋白质浓度呈正相关。

3.Photoshop 软件比色原理

将实验显色结果拍照导入电脑，利用 Photoshop 软件将图片处理为灰度图片，并用"吸管工具"读取图片的灰度值，利用 Excel 软件处理照片灰度值与标准液浓度之间的关系，构建标准曲线。

五 实验教学目标

1. 认同细胞中含有还原糖、蛋白质等物质。

2. 对实验操作各步骤进行分析，能够说出操作要点及定量测定还原糖、蛋白质含量的原理。

3. 能够基于给定的问题情境，结合生物学知识，设计实施探究实验。具有通过多种技术手段记录、分析实验结果并得出实验结论的能力。

六 实验教学内容

（一）实验教学流程

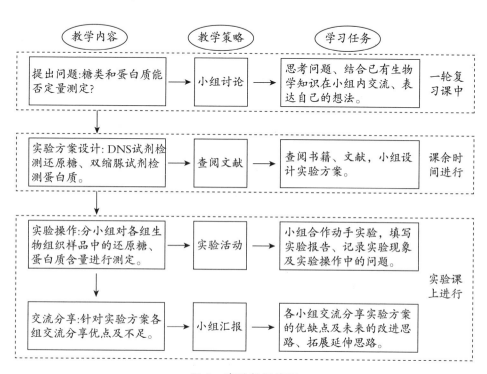

图 1 实验教学流程

（二）实验方案完善流程

面临的问题	学生提出的解决方案
问题1：定量测定还原糖、蛋白质的方法。	方案1：测定方法：光电比色法；显色试剂：本尼迪特试剂、双缩脲试剂。
问题2：本尼迪特试剂鉴定还原糖会产生沉淀；配制双缩脲试剂先添加A液、再添加B液的操作较慢。	方案2：用DNS试剂鉴定还原糖，产物透明；更换双缩脲试剂配制方法，一次添加。
问题3：校内分光光度计仅1台，难以满足多个学生小组实验。	方案3：依据光电比色法原理，尝试拍照并用电脑软件处理，寻找标准液浓度与照片之间的关联。
问题4：拍照时环境不同、实验者不同等因素导致同一实验结果照片颜色不一样。	方案4：将显色结果置于黑箱中进行拍照，用手机拍照时的闪光灯作为光源。

图 2　学生为主体参与的实验方案完善流程

（三）实验步骤

1. 还原糖含量的定量测定

（1）葡萄糖标准曲线制作。

①利用分光光度计制作标准曲线（学生小组 1~3）：取 0 mL、0.2 mL、0.4 mL、0.6 mL、0.8 mL、1.0 mL、1.2 mL、1.4 mL 的 1.0 mg/mL 葡萄糖标准溶液分别加入试管中，再加入蒸馏水 2.0 mL、DNS 试剂 1.5 mL，摇匀。沸水浴加热 5 min，取出后冷却至室温，然后向各试管中加入蒸馏水至 25.0 mL，摇匀，以 0 mL 组为空白对照，用分光光度计在 520 nm 处测定吸光度（A）。

②利用 Photoshop 软件、Excel 软件制作标准曲线（学生小组 4~6）：标准溶液显色过程同上。将显色结果（试管），置于简易黑箱中，用手机借助闪光灯拍照。将照片导入电脑利用 Photoshop 软件转变为灰度模式，并用"吸管工具"检测照片液体处灰度值。

（2）样品测定。

①分别榨取适量苹果汁、西瓜汁，将果汁倒入装有活性炭的漏斗内过滤，得到滤液。

②将经活性炭脱色后的果汁样液稀释 100 倍。取样液 2.0 mL、DNS 试剂 1.5 mL，摇匀后沸水浴加热 5 min，取出后冷却至室温。然后加蒸馏水至 25.0 mL，摇匀，在 520 nm 波长处测定吸光度（A）。置于黑箱中拍照，利用 Photoshop 软件测定照片液体处灰度值。

2. 蛋白质含量的定量测定

（1）酪蛋白标准曲线制作。

①称取 1.0 g 酪蛋白，溶解于 100 mL 0.1 mol/L 的 NaOH 溶液中配制成 10 mg/mL 的酪蛋白标准溶液。

②分别取 0 mL、0.2 mL、0.4 mL、0.6 mL、0.8 mL、1.0 mL 的 10 mg/mL 酪蛋白标准溶液，各试管加入蒸馏水至 1 mL，然后加入 4 mL 双缩脲试剂。充分摇匀后，在室温下放置 20 min。

③（学生小组 4~6）以 0 mL 组为空白对照，在 540 nm 处测定吸光度（A）。（学生小组 1~3）置于黑箱中拍照，利用 Photoshop 软件测定照片液体处灰度值。

（2）样品测定。

①取 1 mL 稀释的蛋清液加入试管中，然后加入 4 mL 双缩脲试剂，充分摇匀后，在室温下放置 20 min，在 540 nm 处测定吸光度（A）。

②将显色结果置于简易黑箱中拍照，利用 Photoshop 软件测定照片液体处灰度值。

七　实验教学过程

1. 实验教学各环节（如下表所示）

表 1　教学环节

环节	教师活动	学生活动
提出问题	【提出问题，引发思考】 问题1：生物组织中的糖类和蛋白质能否定量测定？	【思考并回答问题】 答1：利用双缩脲试剂、本尼迪特试剂发生显色反应，根据显色深浅

续表

环节	教师活动	学生活动
提出问题	问题2：西瓜等具有干扰颜色的生物组织材料如何测定？	定量测定 答2：去除组织样液的颜色后再进行测定
实验方案设计	【提供资料】 提供文献资料、指导方案设计	【查阅资料、设计方案】 各小组查阅资料，设计实验方案解决问题1、问题2
实验操作：还原糖、蛋白质含量定量测定（分光光度计、Photoshop比色）	指导学生进行实验操作，及时发现并记录学生操作中的问题。引导各个小组积极发表看法	【动手实验、分享交流】 1. 制作还原糖、蛋白质标准曲线 2. 对生物组织样品进行测定 3. 分别利用分光光度计、Photoshop软件两种方法进行比色、计算 4. 对比两种方法测算结果，计算Photoshop软件比色相较于分光光度计的优缺点 5. 小组分享实验结论
小结	总结学生实验情况	整理桌面，清洗实验器材

2. 实验结果

（1）活性炭脱色。

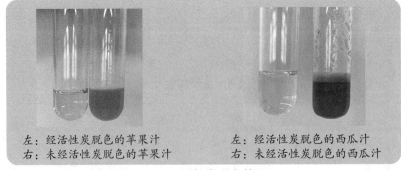

左：经活性炭脱色的苹果汁　　左：经活性炭脱色的西瓜汁
右：未经活性炭脱色的苹果汁　　右：未经活性炭脱色的西瓜汁

图3　活性炭脱色效果

（2）Photoshop 软件比色替代分光光度计。

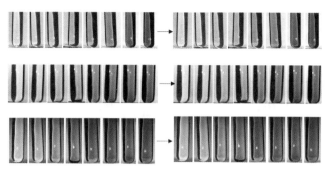

图 4　不同手机型号拍照结果及转变为灰度模式后的结果

（从上至下分别为 A 品牌、B 品牌、C 品牌手机拍照结果）

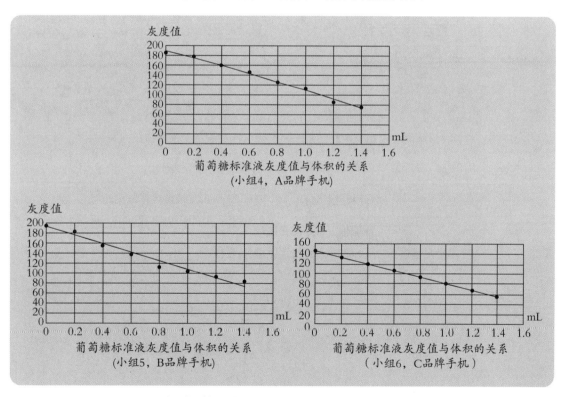

图 5　不同手机型号拍照结果——葡萄糖标准液灰度值与体积的关系

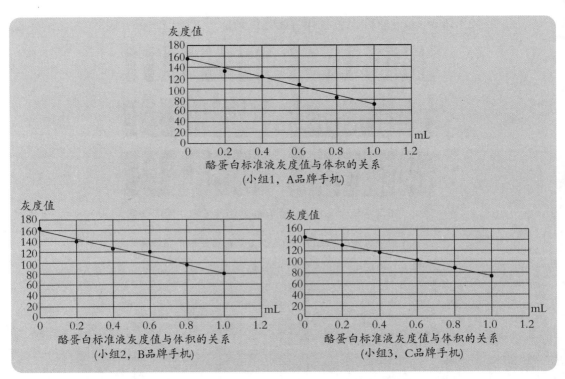

图 6　不同手机型号拍照结果——酪蛋白标准液灰度值与体积的关系

表 2　还原糖定量测定实验结果

小组	稀释脱色西瓜汁			稀释脱色苹果汁		
	灰度值平均值	还原糖含量（mg/mL）	分光光度计测得还原糖含量（mg/mL）	灰度值平均值	还原糖含量（mg/L）	分光光度计测得还原糖含量（mg/mL）
小组 4（A 品牌手机）	64.67	0.0606	0.0643	160.67	0.0136	0.0129
小组 5（B 品牌手机）	79.67	0.0533		163.67	0.0134	

续表

小组	稀释脱色西瓜汁			稀释脱色苹果汁		
	灰度值平均值	还原糖含量（mg/mL）	分光光度计测得还原糖含量（mg/mL）	灰度值平均值	还原糖含量（mg/L）	分光光度计测得还原糖含量（mg/mL）
小组 6（C 品牌手机）	60.67	0.0526	0.0643	125.00	0.0126	0.0129

表 3　蛋白质定量测定实验结果

小组	稀释的蛋清液	
	灰度值平均值	蛋白质含量（mg/mL）
小组 1（A 品牌手机）	107.67	1.106
小组 2（B 品牌手机）	115.33	1.130
小组 3（C 品牌手机）	107.00	1.138
小组	稀释的蛋清液	
	吸光度	蛋白质含量（mg/mL）
小组 4	0.349	
小组 5	0.339	1.188
小组 6	0.347	

八 实验效果评价

表 4　实验创新项目效果评价

改进项目	目的	效果
活性炭脱色	去除生物组织样品的颜色干扰	拓宽了生物组织样品选择范围
生物组织样品中的还原糖、蛋白质含量定量测定	将定性实验转变为定量实验，培养学生数据收集、统计、分析等科学探究能力	学生参与实验方法讨论、制定、实施及分析，实验过程中通过评价量表测定，在一定程度上提高了科学探究能力
Photoshop 软件比色	替代分光光度计，一定程度上减少校内实验仪器对学生实验开展的限制	能在一定程度上替代光电比色法，但 Photoshop 软件比色计算结果仍存在一定误差

通过本实验的探究，学生实验设计、操作及结果分析能力有所提升，而创新的 Photoshop 软件比色法可以在一定程度上替代分光光度计，为不具备完备实验设备（如分光光度计）的学校提供了新的开展学生探究实验的思路，具有较好的可操作性和可推广性。同时本实验中 Photoshop 软件比色计算结果存在误差的问题，也为学生后续进一步完善和优化实验方案留下了可探究的新问题。

点评

教材中的生物组织中还原糖和蛋白质的鉴定是定性实验，本实验案例巧妙地利用了 Photoshop 软件，在不增加实验仪器成本的前提下，实现了将定性实验转变为定量实验。为不具备完备实验器材的学校提供了新的开展学生探究实验的思路，具有较好的可操作性和可推广性。

实验利用 Photoshop 软件替代分光光度计，完成比色，解决器材（分光光度计）限制问题。制作葡萄糖、蛋白质含量测定的标准曲线，并对待测样品进行显色处理。用手机对显色结果进行拍照，将照片导入电脑，利用 Photoshop 软件将图片灰度化处理，并用"吸管工具"读取图片的灰度值，利用 Excel 软件处理照片灰度值与标准液浓度之间的关系，构建标准曲线并进行比色。

在实验探究过程中，学生发现问题，并尝试提出解决问题的方案，锻炼了其科学思维能力。例如，待测样品本身带有颜色，会对实验显色结果造成干扰，使用活性炭对有色生物组织样品脱色，可解决样品颜色对显色结果造成的干扰，拓宽还原糖、蛋白质含量定量测定的生物组织样品选择范围。又如，使用本尼迪特试剂鉴定还原糖会产生沉淀，不利于使用 Photoshop 软件进行灰度转化，经过查找资料，确定了使用 DNS 试剂进行替代。再如，照片拍摄时，会因环境和拍摄者等因素造成误差，学生提出了在暗箱中拍摄，使用手机闪光灯作为光源的解决方案，排除了无关变量的干扰。同时，教师还引导学生使用了不同品牌和型号的手机进行实验，均取得了很好的效果。

本实验案例所需设备简单、常见，利于模仿完成，非常值得推广。在实验过程中充分发挥了学生自主探究的精神，很好地落实了学科核心素养。

案例 2　基于 STEAM 教育理念
"一器多用"的创新
——以酶学探究实验为例

温州市第十四高级中学　陈大夫

一　使用教材

浙江科学技术出版社，普通高中教科书·生物学必修 1 分子与细胞，第三章细胞的代谢，第二节酶是生物催化剂。

二　实验器材

气压传感器套装、导气皮管、注射器、单向阀门、冲击式吸收瓶、止水夹、烧杯、气排分配器、注射器滴斗、水浴锅、洗耳球、试管、小功率水泵、干酵母、洋葱、豆芽、猪肝、四季豆、芹菜、烘干的绿色植物叶片、3% 过氧化氢、丙酮、汽油、95% 酒精、氯化钙、海藻酸钠。

三　实验创新要点

1. 本节实验课采用气压传感器在实验中定量测定实验数据，让学生感受定量的实验过程，培养学生的数据分析能力与科学探究能力。

2. 本节实验课中结合科学、技术、工程、艺术、数学五个角度，分别进行实验过程设计、实验装置设计、传感器信息技术探索、实验装置美化优化、实验数据统计分析五个维度的探究，充分体现了 STEAM 教育理念。

3. 预留课后实验装置改进与实验过程设计内容，以解决更多的书本实验问题，如色素提取实验、固定化酶实验，是实验创新课堂的延伸，可切实提高学生的科学思维与科学探究能力。

四　实验原理

利用过氧化氢酶催化过氧化氢分解产生氧气这一特点，通过单位时间内气压的变化量来表示酶活性，用气压传感器定量测定气压的变化量。

五　实验教学目标

1. 通过对实验的分析与讨论，利用结构与功能的观点及物质与能量的观点，举例说明酶的本质、催化作用、特性及其活性受环境因素的影响。

2. 通过对实验结果的分析与讨论，初步学会基于生物学事实和证据进行归纳与概括和建模的方法。

3. 分析归纳酶的相关知识点后，动手进行实验，初步学会制订并实施酶学探究实验方案，运用术语解释实验结果。

4. 关注 pH 对酶活性的影响等相关知识与生活的关系，解决生产、生活中的问题。关注仪器改进，进行"一器多用"的创新，为其在生产、生活中的应用提出建议。

六 实验教学内容

本实验教学内容可以分为三部分，一是改进实验装置，借助冲击式吸收瓶和气压传感器更加精准地测定过氧化氢酶催化反应的速率，为后续的实验探究做好技术方面的准备；二是开展有关过氧化氢酶的一系列探究实验，为构建酶活性影响因素这一概念提供直接的实验证据，该环节主要是教师带领学生完成不同生物材料中过氧化氢酶的催化能力比较、探究 pH 对过氧化氢酶活性的影响、探究温度对过氧化氢酶活性的影响的实验设计及实验操作，并通过测得的实验结果得出相应的实验结论，该环节为本实验教学的重要内容；三是启发学生利用该实验装置尝试开展其他实验，以提升学生的迁移应用能力。

七 实验教学过程

1. 第一环节：总结上次实验，改进实验装置

本堂课是第二课时，在前一节课已经完成定性观察实验以及教材中探究 pH 对过氧化氢酶活性影响的实验，学生表示虽然能直接看到氧气产生的速率，但操作难度较大，如图 1 所示。

需要润洗装置无法同时进行

量筒读数不是非常精确

用滤纸片不好控制酶量

在水中进行实验操作不便

图 1　教材实验现状分析

在改进实验装置的讨论过程中得出本次实验可以利用冲击式吸收瓶

（见图 2）和气压传感器套装进行定量检测。由此培养学生科学探究的能力，养成严谨的科学观念。改进后的实验装置如图 3 所示。

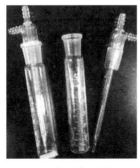
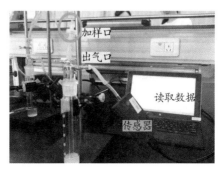

图 2　冲击式吸收瓶　　　　图 3　改进后的实验装置图

2. 第二环节：探究不同生物材料对过氧化氢的分解能力

在完成实验装置的搭建以后，使用多种材料进行实验，探究不同生物材料对过氧化氢的分解能力。教师引导学生进行探究不同生物材料中过氧化氢酶的活性，比较不同材料过氧化氢的分解能力，评论其进行实验的可行性。不同生物材料的匀浆，如图 4 所示，实验结果如图 5 所示。

由于 400 mg/mL 的酵母匀浆加入过氧化氢后产生气体速率过快，气压太大，实验数据收集失败，所以稀释到 100 mg/mL 重新实验。根据所得实验数据，学生提出可以使用干酵母进行实验，取材方便，成本低廉。实验过程中，采用学生自主探究问题，设计方案并实验验证的教学模式，出现问题时教师进行指导，锻炼学生的合作精神与探究能力。师生经过充分讨论，最终确定使用干酵母进行实验。

图 4　不同生物材料的匀浆

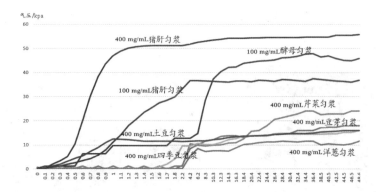

图 5　探究不同生物材料分解过氧化氢能力的实验结果曲线图

3. 第三环节：探究 pH 对过氧化氢酶的影响

如图 6 所示，用不同 pH 的缓冲液处理酵母匀浆，连接传感器后，进行加样操作，读取数据，以探究 pH 对过氧化氢酶的影响。

图 6　用不同 pH 缓冲液处理酵母匀浆

使用传感器得到数据，并进行数据处理与分析，如图 7 所示。从图 7 可以看出，pH 为 6.86 组的酶活性较好，引导学生思考：该组的数值是不是最适 pH？如何探究其最适 pH？师生讨论后得出，可以在 pH 为 4 至 9.18 之间细分组别进一步进行实验。

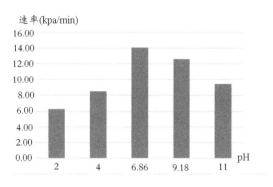

图 7　酵母过氧化氢酶活性随 pH 变化趋势图

4. 第四环节：实验延伸 深入探究

在课前提到教材实验中需要润洗装置，操作十分麻烦，那如何省去用 pH 缓冲液润洗装置这一烦琐步骤，同时排除学生课上提出的生物学实验材料"新鲜度"对实验结果的干扰呢？学生讨论后得出结论：传感器数据采集器有 4 个数据采样口（见图 8），可以用多套装置同时进行实验。在课后设计并画出装置图，并根据设计的实验装置进行实验，如图 9 所示。实验过程中，学生向全班同学介绍，分享经验。

图 8　数据采集器

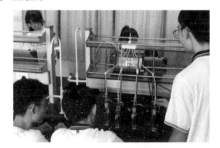

图 9　学生设计实验装置

5. 第五环节：探究温度对过氧化氢酶的影响

在探究温度对酶活性影响的实验中，由于过氧化氢在不同温度下自我分解的速率不同，一般不采用过氧化氢进行实验。但是有传感器的辅助时，能否用过氧化氢进行实验呢？引导学生讨论与设计实验用不同温度处理酶溶液和过氧化氢，测量不同温度下过氧化氢的自分解速率，设置空白对照组进行实验数据处理。实验装置如图10所示。

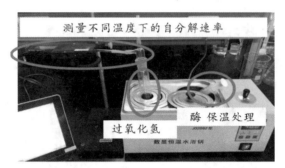

图10 探究温度对过氧化氢酶活性影响的实验装置

利用传感器得到的数据进行数据处理，如图11所示，对曲线图进行分析，发现在某一温度下的酶活性可以用相同时间内产生气体量的差值表示。

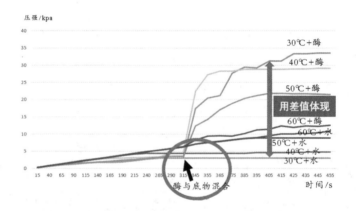

图11 温度对过氧化氢酶活性的影响结果曲线图

6. 第六环节：课堂小结

学习完酶学部分的实验知识之后，再进行拓展思考，这个实验装置还能用于高中生物学的哪些实验呢？引导学生把自己的思想表达出来，布置课后设计实验手稿作业，根据学生的设计作业，在下一节课中展开讨论。课后及时进行兴趣训练增进学习积极性，加强对知识的巩固。

八　实验效果评价

本次实验通过"一器多用"的创新，得到了良好的教学效果，培养了学生的多种能力水平。

1. 利用结构与功能的观点及物质与能量的观点，举例说明酶的本质、催化作用、特性及其活性受环境因素的影响。

2. 运用归纳、概括和建模的方法阐明各个实验间的区别与联系，进行进一步改进。

3. 进行实验与思考后能够提出相关的新问题，设计新方案进一步解决问题，熟练使用常见实验器具，并根据实验方案进行装置创新。

4. 能够将科学、技术、工程、艺术、数学知识及能力综合运用到生活中，解决生活中的实际问题。

点评

本实验在学生已有学科知识及认知水平的基础上，为其搭建开展实验探究的创新型平台，通过创设不同的实验情境，有效组织学生的学习活动，将发展学生学科核心素养作为根本落脚点。本实验设计的特点如下。

1. 创新实验装置，启发学生的创新性思维

教师以旧引新，引导学生总结利用常规实验装置开展实验会存在的问题，启发学生进行合理猜想与判断，并通过小组讨论改进或创新实验装置，为冲击式吸收瓶添加单向阀以保障探究实验的顺利开展。通过自制装置便捷获取的可信实验结果，能使学生体验成功带来的成就感，成为其开展后续实验探究的动力。在对实验所用酵母菌溶液浓度的探索

中，渗透预实验的意义与价值。这些过程使学生亲历动手实践及科学论证的思维活动，最终让学生在实验探究及实验创新中得到成长。

2. 优化数据处理方式，体现科学技术间的联系

实验中引入气压传感器作为测量工具，实现对实验结果快速、精确、多组同时的测量，大大减小了实验误差，并依托计算机为平台，通过软件对数据进行处理分析，将实验结果以曲线的形式直观呈现出来，实现了现代新兴科技与实验教学的有机融合。气压传感器的使用不仅为该实验教学注入了新的活力，还提高了实验教学的时效性，提升了学生的建模等科学思维及对实验结果交流讨论的科学探究能力，充分彰显了技术为科学赋能。

3. 采用问题驱动，实现知识与实验技能的迁移应用

教师精心设计富有逻辑的实验探究链，即探究不同生物材料对过氧化氢的分解能力、探究 pH 对过氧化氢酶的影响、探究温度对过氧化氢酶的影响，第一个实验是后两个实验开展的基础，实现知识与技能在实验间的迁移应用。在酶相关实验完成之后，通过问题启发学生思考本实验所用装置的适用范围，促进其发散性思维的发展，继续推动将所学及时迁移应用的进展，实现进阶式的实验学习体验。

本案例充分体现了实验装置创新为学生素养发展提供的坚实支架，展示了传感器为实验教学高时效性的助力等。表现出教师在实验教学中关注学生的参与和体验，并积极探索实验创新的思路。

案例3 由一盘"菠萝咕噜肉"引发的思考 ——蛋白酶活性检测

北京市昌平区第一中学 张双凤

 使用教材

本实验基于《课程标准》中概念 2 "细胞的生存需要能量和营养物质，并通过分裂实现增殖"教学活动建议的第 3 点"探究酶的专一性、高效性及影响酶活性的因素"而创设。不受教材版本的限制，适用于不同版本教材分子与细胞模块的生物教学，具有通用性。

 实验器材

小烧杯、玻璃瓶、一次性培养皿、一次性吸管、各种水果汁、肉皮冻、明胶。

 实验创新要点

1. 源于生活中的发现和思考，具有普遍的启发性。本实验从一盘"菠萝咕噜肉"开始，基于学生生活体验，引发思考。学生自主提出问题，完成实验。同时，希望通过这样的实践尝试，使学生对生活现象有更多的科学思考，启发"学"的发生；使教师能更多关注真实情境中的素材，启发"教"的设计。

2. 实验方法逐步改进，探究活动层层递进。本实验的研究方法从观察比较的定性分析，到数据统计处理的半定量分析，再到绘制标准曲线的定量分析，形成了"定性—半定量—定量"改进的路径，使实验结果趋于精准，更加接近事实。而探究活动则是以"酶的专一性—酶活性比较—酶活性的影响因素"层层递进。

3. 整个探究活动一直反复经历"思考—设计—实施—改进"，一改传统"按图索骥"的实验模式，有益于加深学生对生物学概念的理解，培养创新精神。

四　实验原理

蛋白酶活性检测：蛋白酶可以催化蛋白质水解，可依据单位时间内底物的减少量或产物的生成量进行检测其活性。

五　实验教学目标

1. 基于科学探究过程，加深对"酶活性受环境因素的影响"概念的理解。

2. 通过问题提出、方案设计与实施以及结果的交流与讨论，提高学生的合作创新能力。

3. 基于生物学事实和分析运用实验结果，形成批判性思维和科学的自然观和世界观。

六 实验教学内容

本实验教学内容主要为探究菠萝蛋白酶水解蛋白质的多种影响因素。教师启发学生借助溶冻圈直径的大小反映蛋白酶对蛋白质水解的程度，带领学生通过预实验不断改进与完善实验条件与操作，再组织开展探究不同生物材料来源的蛋白酶活性的差异、高温对蛋白酶活性的影响、氯化钠溶液对蛋白酶活性的影响、重金属离子对蛋白酶活性的影响等一系列实验，帮助学生深刻理解酶活性的影响因素。教师还启发学生绘制菠萝蛋白酶活性的标准曲线，鼓励学生思考能否利用该实验方法探究其他酶活性的影响因素，如淀粉酶，使实验得到适当拓展与延伸。

七 实验教学过程

1. 第一环节："提出问题"

问题源于学生的生活体验：学校食堂做了一道美食"菠萝咕噜肉"，学生吃完后一致认为，肉质鲜嫩，尤其是菠萝酸甜可口，与平时吃新鲜菠萝扎嘴巴的感觉形成鲜明对比。这种直观的生活体验，促使学生主动探索这种现象的原因。

教师抓住这种真实生活情境中的真实问题，顺势引导，提供搜索关键词"菠萝咕噜肉""菠萝扎嘴""嫩肉粉"等，让学生查阅资料。资料收集的过程，实际是学生不断整理思路、聚焦问题的过程。学生收集到了有关"菠萝咕噜肉的做法""盐水泡过的菠萝更好吃""嫩肉粉的成分及使用"等资料。最终将问题聚焦在了菠萝中的蛋白酶。由此推测：这些现象都与蛋白酶有关。

2.第二环节:"问题初探"

蛋白酶可以将蛋白质水解,而肉皮冻中富含胶原蛋白,所以,学生设想通过肉皮冻被溶解的情况了解蛋白酶水解蛋白质的情况。

(1)观察和记录肉皮冻溶解情况,学生进行了一系列尝试。

尝试一:学生最先尝试将肉皮冻切成规则的小块,放入菠萝汁中,观测肉皮冻块溶解所用的时间(见图1)。但在尝试过程中发现,在最后肉皮冻块变得非常小的时候,轻轻摇晃果汁,肉皮冻块很容易"散架",这样会使统计时间误差很大。

于是,教师提供"抑菌圈"的设计思路供学生参考。学生受到启发,进行了下面的尝试。

尝试二:制备肉皮冻培养基,其中放上用菠萝汁浸泡过的滤纸片,也可以直接滴加汁液,或在小洞内滴加汁液(见图2)。在此过程中,发现这些尝试都出现了一些问题,比如浸泡滤纸片中的水果汁液含量少,而培养基较厚,使得溶解效果不明显;直接滴加的方法导致菠萝汁易扩散;在小洞中滴加,可以看到相对明显的溶解效果,但是小洞形状不规则,不方便测量。

尝试三:学生进一步改进实验,将小洞换成规则的、大小一致的小孔(见图3),通过溶冻圈直径的大小反映蛋白酶水解蛋白质的强弱,这也将是后续整个实验的检测指标。

观测肉皮冻块溶解所用时间

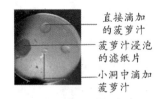

直接滴加的菠萝汁
菠萝汁浸泡的滤纸片
小洞中滴加菠萝汁

图1 肉皮冻块放入菠萝汁中　图2 观测肉皮冻培养基溶解情况　图3 培养基中的小孔

(2)实验流程。

①肉皮冻培养基的制备:溶化—去肉皮—过滤—倒培养皿(见图4)。

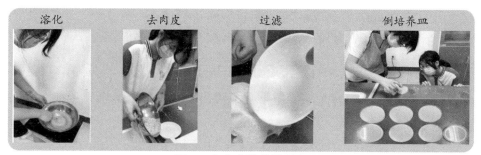

图4 肉皮冻培养基制备

②打孔：用同一个笔帽在培养基上用力往下按，再用镊子将多余的培养基取走，即可形成大小形状一致的小孔（见图5）。

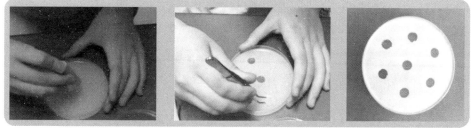

图5 打孔

③滴加等量的各种水果汁液（蛋白酶液），滴加顺序及最终滴加效果如图6所示。

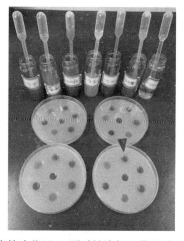

从起始孔（图中箭头位置）顺时针滴加：苹果汁、葡萄汁、西红柿汁、菠萝汁、木瓜汁、猕猴桃汁；中央孔滴加：清水

图6 滴加等量的各种水果汁液（蛋白酶液）

④反应 20 min 后，观察溶冻圈的大小。

（3）发现问题及改进措施。

学生在吸走汁液、测量孔径时，发现了一些问题：个别孔有"塌方"现象；时间长会使得整个培养基溶化；吸出孔中液体时，会导致孔的界限变模糊（见图 7）。

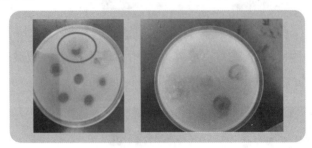

图 7　测量时出现的问题

针对这些问题，学生进行了分析和改进：

①关于培养基溶化的问题：是培养皿自身溶化？还是加入水果汁液导致溶化？同时打孔剩余的培养基未溶化，但有变软趋势。将打孔数减少到五个，长时间作用依旧会出现培养基溶化的现象。由此分析，培养基的溶化应受自身作用和水果汁液的共同影响，需控制好作用时间。

②关于吸出汁液后界限模糊的问题：尝试在水果汁液作用 20 min 后，将培养基放入冰箱 4℃储存，待其凝固后取出，再吸走汁液。

（4）实验结果。

将培养基放入冰箱后冷藏一段时间取出，吸走汁液，结果如图 8 所示。由此可以看出，猕猴桃汁和菠萝汁两组的溶冻圈直径明显大于清水对照组。

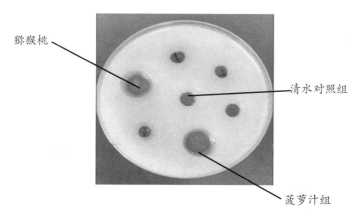

猕猴桃

清水对照组

菠萝汁组

图 8 实验结果

通过问题初探环节，证实了上述实验技术、操作、观测指标等的可行性；同时，也能定性地反映不同水果中蛋白酶分解蛋白质的强弱。但肉皮冻含有较多脂肪，使得培养基自身容易发生溶化。因此，后续用明胶替换肉皮冻制作培养基。

3. 第三环节："解决问题"

回归到学生基于生活体验提出的问题，寻找解决方案。学生最终聚焦两方面的思考：是不是烹饪过程中的高温影响了蛋白酶活性？还是食盐浸泡过程中的氯化钠溶液影响了蛋白酶活性？将问题转化为"探究高温、氯化钠溶液对蛋白酶活性的影响"。

（1）实验分组：①新鲜组：直接滴加 2 mL 新鲜果汁；②高温组：新鲜果汁煮沸 2 min，待冷却后滴加 2 mL；③食盐组：将 1 mL 新鲜果汁与 1 mL 氯化钠溶液（1 mol/L）混合后滴加。

（2）滴加水果汁液（蛋白酶液）。

如图 9 所示，标签处为每组的第一个孔，即对照孔。其中，新鲜组和高温组均在对照孔滴加 2 mL 清水作为对照，食盐组滴加 1 mol/L 的氯化钠溶液 2 mL。滴加顺序是从标签处顺时针依次加入，手绘图是学生记录的各种水果汁液的滴加顺序。

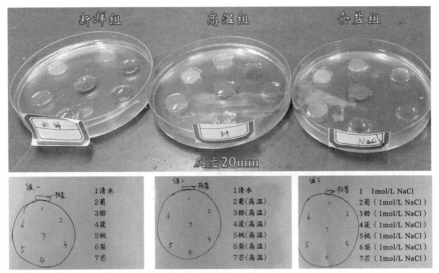

图9　三组滴加顺序记录

（3）实验结果。

反应 20 min 后，观测各组结果，发现新鲜组中猕猴桃汁组和菠萝汁组的孔径明显变大，高温组各孔径大小无明显变化，食盐组中猕猴桃汁组和菠萝汁组的孔径直径也明显变大（见图10）。

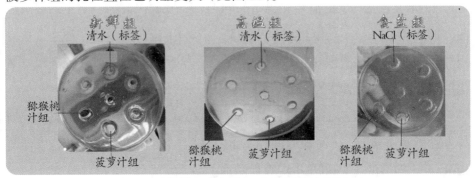

图10　新鲜组、高温组、食盐组孔径实拍图

（注：照片从培养基底部进行拍摄）

接下来进行孔径直径的测量和记录，结果如表1所示。由结果可知，高温抑制蛋白酶活性，食盐几乎不影响蛋白酶活性。

表 1　三组孔径记录表

组别	对照组 / cm	葡萄汁组 / cm	猕猴桃汁组 / cm	菠萝汁组 / cm	桃汁组 / cm	梨汁组 / cm	芒果汁组 / cm
新鲜组	1	1	1.15	1.27	1	1	1
高温组	1	1	1	1	1	1	1
食盐组	1	1	1.18	1.23	1	1	1

由此，学生能清晰地解释最初提出的问题："为什么'菠萝咕噜肉'中的菠萝不扎嘴且肉质鲜嫩？"因为高温破坏了蛋白酶活性，使其不能再破坏口腔黏膜。同学们还提出，要想让这道菜肉质更鲜嫩，可以提前用新鲜菠萝汁浸泡肉，完成蛋白质水解的过程。对于盐水泡过的菠萝不扎嘴的生活经验，学生感觉有些矛盾：一方面，通过实验结果可知，食盐并不影响蛋白酶活性；另一方面，用盐水浸泡过的菠萝口感的确好了很多，又该如何解释？教师提示学生要进一步完善实验方案，确保实验结果的精准性，可以查阅资料，寻找新的思路，完成对问题的求证。

4. 第四环节："问题延伸"

（1）延伸系列一：重金属离子（Cu^{2+}）对蛋白酶活性的影响。

设置新鲜组（对照组）和 Cu^{2+} 组（实验组），其中 Cu^{2+} 组是将 1 mL 新鲜果汁液与 1 mL 的 $CuCl_2$ 溶液（1 mol/L）混合后再滴加。反应 12 h 后，实验结果见图 11。

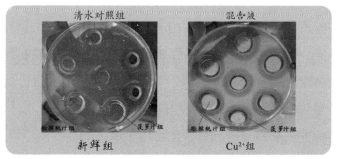

图 11　新鲜组、Cu^{2+} 组孔径实拍图

（注：照片从培养基底部进行拍摄）

由新鲜组结果可知，猕猴桃汁组和菠萝汁组的孔径明显大于清水对照组。由 Cu^{2+} 组结果可知，各组孔径普遍变大，其中加 $CuCl_2$ 的对照组孔径明显大于只有清水的对照组孔径，且孔中有白色絮状沉淀。学生推测 $CuCl_2$ 能使明胶溶解，查阅资料发现，$CuCl_2$ 可能破坏了蛋白质胶体表面的水化膜或彼此相斥的电荷，导致蛋白质分子凝聚而以沉淀形式析出。

因此，为了更精准地反映各水果汁中蛋白酶活性的强弱，学生统计孔径大小后，以"孔径相对值 = 实验组孔径 / 对照组孔径"表示，结果见表2。与新鲜组相比，Cu^{2+} 组的孔径相对值明显降低，尤其是菠萝汁组下降最为明显。由结果说明，Cu^{2+} 能抑制蛋白酶活性。

表 2 新鲜组、Cu^{2+} 组的孔径大小及孔径相对值大小统计表

实验组别	新鲜组		Cu^{2+} 组	
	孔径大小 /cm	孔径相对值	孔径大小 /cm	孔径相对值
对照组	（清水）0.7		（混合液）1.3	
葡萄汁组	0.9	1.29	1.5	1.059
猕猴桃汁组	1.2	1.71	1.7	1.307
菠萝汁组	1.7	2.41	1.3	1
桃汁组	0.8	1.41	1.5	1.059
梨汁组	0.8	1.41	1.3	1
芒果汁组	0.8	1.41	1.3	1

（2）延伸系列二：菠萝蛋白酶标准曲线的绘制（定量分析）。

以上实验均是通过测定孔径大小或是孔径相对值大小进行半定量比较不同水果中蛋白酶活性的强弱，那么如何测定蛋白酶活性的大小呢？需要利用菠萝蛋白酶绘制标准曲线，从而求出对应水果中的蛋白酶活性。

（3）延伸系列三：淀粉酶活性的检测。

上述实验方法和检测指标是否也可用于淀粉酶活性的检测，我们将继续探究。

八 实验效果评价

探究实验的系列活动都是以过程性评价作为重要依据，根据问题提出、方案设计及实施、实验结果的处理及呈现、交流合作等活动形成"学习记录卡"，并结合迁移问题的解决能力进行综合评价。

同时，对整个探究过程进行评价与反思：

1. 整个过程中，学生有自己的思考，但呈现出的是片段化的思考，缺乏思考的连贯性。

2. 实验过程需要充分利用线上和线下资源、课内和课外时间。需要以兴趣小组的活动作为实验的起始。学生对于线上资源的利用缺乏主动性。

3. 实验的延伸过程能很好地体现学生的兴趣取向和意志品质。

点评

本实验从生物学学科素养培养目标出发，以多个探究实验为载体，带领学生在实验中完成"酶活性受环境因素的影响"的概念构建及科学探究、科学思维等的培养。实验设计思路清晰，关注学生的学习体验，体现了落实与发展学生核心素养的课程理念。本实验设计具有如下特点。

1. 以生活化问题创设情境，促进学生主动学习

教师借助学生已有的生活体验，即食用新鲜菠萝存在"扎嘴巴"的感觉，而食用"菠萝咕噜肉"中的菠萝却没有类似感觉，引发学生对此现象蕴含的生物学原理展开初步讨论，为实验探究创设情境。由于该情境源自学生的自身生活经历，能够充分调动学生开展探究学习的积极性，并且通过学生对该问题的讨论与教师的引导，自然引出探究蛋白酶催化活性影响因素的实验课题，也体现出实验教学的价值和魅力。

2. 依托探索及实施实验的过程，提升学生科学探究能力

教师引导学生分组讨论并设计实验以探究菠萝汁对肉皮冻溶解的作用，在学生实施方案的过程中不断对实验方案进行评估，包括实验材料的选择、实验操作的可行性、实验结果的可测量性等方面，并在"抑菌圈"实验思路的启发下，通过多次尝试后，不断调整与改进，确定最终实验方案，以"溶冻圈"直径作为检测指标，并再次实施，获得理想的实验结果。此实验方案的探索过程充分体现了科学探究的思路与一般过程，在此过程中学生的实验设计能力、动手实践能力、团队合作精神均得到了落实与提升。

3. 对实验进行拓展与延伸，启发学生高阶思维活动

教师通过引导学生围绕蛋白酶层层深入地开展一系列探究实验，从探究不同蛋白酶活性比较，到高温、氯化钠溶液对蛋白酶活性的影响等，并在此基础上拓展后续有价值的实验课题，如抑制剂（Cu^{2+}）对酶活性的影响等，利用精心设计的问题及生成性问题启发小组之间、学生之间进行思维的碰撞和观点的交汇，强化基于实验证据归纳总结形成概念的能力，并在解决实验中的各类生成性问题时，实现质疑、批判性、创新性等高阶思维能力的提升。

本案例通过引导学生利用实验解释生活中的生命现象，自主构建相关概念，有助于学生对酶活性的深入理解。整个实验教学设计呈现出新颖、极具启发性的特色，有利于达成学科核心素养的培养目标。

案例4 酶的特性综合实验探索和改进

中山市第一中学 程佳佳

 使用教材

人民教育出版社，普通高中教科书·生物学必修1分子与细胞，第5章细胞的能量供应和利用，第1节降低化学反应活化能的酶。

二 实验器材

刻度试管，具支试管，Y形试管，U形压力计，导气皮管，5 mL注射器，烧杯，一次性滴管，恒温加热器，微型记录仪，体积分数为20%的猪肝研磨液，3.5%$FeCl_3$溶液，0.1 mg/mL的脲酶溶液，3%H_2O_2溶液，pH=4、7、10的磷酸缓冲溶液，稀释的洗洁精。

三 实验创新要点

1. 创新1：实验形式

演示、评价、探究有机结合（教、学、评一体化，推动问题的解决）。

2. 创新2：实验材料

（1）利用稀释的洗洁精这个生活化的实验材料，引导学生从定性分析拓展为定量分析，将数据生成为模型。

（2）利用教材上介绍的第一个被结晶的脲酶，设计实验探究酶的专一性。

（3）利用过氧化氢探究温度对酶活性的影响。利用新装置，排除不同温度下过氧化氢自分解对气体体积造成的影响。

（4）增加固定化的过氧化氢酶，通过一块固定化酶的反复使用，可深刻理解酶的催化剂本质。

3. 创新3：实验装置

（1）泡沫柱直接测量：实验结果直观生活化，能够半定量的进行测量（见图1）。

（2）创新装置1（见表1、图2）。

图1 泡沫柱法进行定量测定

表1 创新装置1（科学化）介绍

基本原理	U形管两侧试管中过氧化氢的分解速率不同，产生氧气的体积不同，对液柱产生不同的压力，从而出现高度差
装置组成	自制一体化支架、两个具支试管、一个U形压力计、两根软管、两个注射器、温度计
使用方法	①检查装置气密性 ②试管内预先装好酶和缓冲溶液 ③注射器中吸入过氧化氢溶液 ④混合后观察记录液柱的高度差
注意事项	①注意不要将催化剂滴在试管壁上 ②肝脏研磨液要进行必要的稀释，防止反应过快

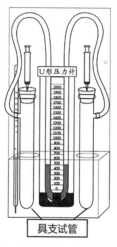
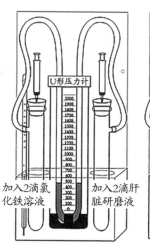
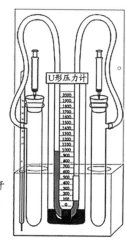

图 2 创新装置 1（科学化）　　　图 3 观察酶的高效性

把微观的化学反应转变成宏观的液柱上升，实验结果直观可见。利用本装置可实现以下实验：

①比较（见图 3）。装置两侧均连通反应装置时，一侧加入 2 滴肝脏研磨液，一侧加入 2 滴 $FeCl_3$ 溶液，同时注入 H_2O_2 溶液，观察 U 形气压计两侧液柱高度的变化情况，即可观察酶的高效性，进行直观比较。

②定量测定。装置两侧 2 个具支试管均加入一定量的缓冲溶液，一侧加入 2 滴肝脏研磨液（实验组），另一侧加入 2 滴缓冲溶液（对照组）；则实验组中过氧化氢由于碱性条件所导致的自分解就会被对照组抵消，从而排除无关变量带来的影响，最终使单位时间在酶的作用下产生的 O_2 体积的测量更为准确、灵敏。

③迁移至温度对酶活性的影响（见图 4）。将装置的水槽中放入一定温度的水，对 2 个具支试管同时进行保温，一侧加入 2 滴肝脏研磨液（实验组），另一侧加入 2 滴缓冲溶液（对

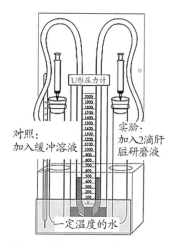

图 4 进行温度对过氧化氢酶
活性影响实验

照组）；则实验组中过氧化氢由于温度条件所导致的自分解就会被对照组抵消，从而排除无关变量带来的影响，最终使单位时间在酶的作用下产生的 O_2 体积的测量更为准确、灵敏。

④进行固定化酶的重复实验：一侧加入固定化酶作为实验组，另一侧设置对照排除自分解带来的影响，测定固定化酶的使用次数和酶活性的关系。

（3）创新装置 2（见表 2、图 5）：实现智能化，到达设定保温时间后，使酶和底物自动混合，可实现课堂学习和实验同时进行。

表 2　创新装置 2（智能化）介绍

基本原理	串联多个 Y 形试管，倾斜一定角度即可实现不同试管中酶和底物同时混合，再利用注射器进行氧气的定量分析。智能化装置可在设定时间点自动完成混合，并记录实验过程
装置组成	时间继电器、推杆电机、支架、串联 Y 形试管、注射器、微型记录仪、恒温加热装置
使用方法	①利用时间继电器分别设定酶和底物的处理时间 ②调整推杆电机与支架的接触点以保证酶和底物混合 ③接通电源，微型记录仪记录实验
注意事项	①时间继电器可设置的时间范围为 0.1 s~999 h ②根据需要选择合适量程的注射器

图 5　创新装置 2（智能化）

4. 创新 4：数据直接生成模型

利用 Excel 表格，将学生现场生成的数据计算平均值后输入，直接生成模型。

四　实验原理

1. 实验涉及的化学反应方程式如下。

$$2H_2O_2 \xrightarrow{\text{催化剂、加热等}} 2H_2O+O_2\uparrow$$

2. 实验原则：对照、单一变量、平行重复等原则。

五　实验教学目标

1. 通过实验操作，比较酶和无机催化剂的催化效率，在理解酶的本质、酶的作用特点的基础上，深化结构与功能观、物质与能量观。

2. 通过对实验现象的观察，理解无关变量对实验结果造成的影响，并试着提出控制无关变量的方法，培养批判性思维、创造性思维、数据数字化的建模思维。

3. 基于实验原理，体验科学探究的一般过程，深化控制变量和进行平行重复的思想，提高动手操作能力和设计实验的能力。

4. 能够运用对酶相关性质的了解，举例说出酶与生活的关系，为生活生产提出建议。

六　实验教学内容

本实验以生物学实验的三大原则（对照实验、单一变量、平行重复）为统领，进行装置的创新和新方法改进，拓展了实验内容，降低了实验难度，通过吸引—探究—解释—迁移—评价五个环节的循环和整合使用，既合理利用了课堂时间，又启发了学生自主思考，同时将酶的高效性、专一性和作用条件温和的特点有机地串联起来，有效达成了教学目标。

七 实验教学过程

教学环节	教学内容	师生活动及意图
1. 温故知新，创设真实体检情境目标："激疑致用"	（1）回顾人教版生物必修1第5章第1节第一课时的教材实验 （2）教师借助课前活动"解读体检报告单及指标测定中的科学问题"活动中同学们提出的问题，提出本节课的两个核心问题：如何准确定量？酶的量为什么动态变化？与酶是催化剂是否矛盾？	帮助学生梳理旧知，理解实验原理，认识实验不足，解决学习和生活中的困惑，开启探究模式
2.【生活化的解决】泡沫柱法 目标：进行定量实验（对照实验原则）	（1）原理：过氧化氢分解产生氧气，氧气被封闭在洗洁精产生的丰富泡沫中，测定一定时间后泡沫柱的高度，可表示反应速率 （2）演示实验 实验材料：体积分数为20%的猪肝研磨液、质量分数为3.5%的$FeCl_3$溶液、1 mg/mL的脲酶溶液、体积分数3%的H_2O_2溶液 实验用具：刻度试管、刻度滴管、计时器 **验证酶的高效性** 	步骤	第1组	第2组
1	加入2滴肝脏研磨液	加入2滴氯化铁溶液
2	加入2滴稀释的洗洁精	加入2滴稀释的洗洁精		【设计意图】 生活化的解决方式实现模型的构建 演示、评价、探究有机结合，学生经历吸引—探究—解释—迁移—评价五个环节，充分进行自主化的探究

续表

教学环节	教学内容	师生活动及意图
2.【生活化的解决】泡沫柱法 目标：进行定量实验（对照实验原则）	续表 _（表格见下）_ （3）自主实验 实验材料：体积分数为20%的猪肝研磨液；pH=4、7、10的磷酸缓冲溶液。实验用具：刻度试管、刻度滴管、计时器 **探究pH对过氧化氢酶活性的影响** **（泡沫柱法）** _（表格见下）_ 请将结果记录在表格中（反应10 s）	在具体化的情境中提出问题—理解原理—运用原理—生成模型—进行评价，体验数据向模型的转化

第一个表格（续表）：

步骤	第1组	第2组
3	加入2 mL H$_2$O$_2$溶液	加入2 mL H$_2$O$_2$溶液
4	测量泡沫柱的高度	测量泡沫柱的高度
结果		

第二个表格（探究pH对过氧化氢酶活性的影响（泡沫柱法））：

步骤	第1组	第2组	第3组
1	加入2滴肝脏研磨液	加入2滴肝脏研磨液	加入2滴肝脏研磨液
2	加入pH=4的缓冲液	加入pH=7的缓冲液	加入pH=10的缓冲液
3	加入2 mL H$_2$O$_2$溶液	加入2 mL H$_2$O$_2$溶液	加入2 mL H$_2$O$_2$溶液
4	记录泡沫柱的高度	记录泡沫柱的高度	记录泡沫柱的高度
结果			

续表

教学环节	教学内容	师生活动及意图
	（4）评价实验 自评：可根据泡沫柱的高度建立模型 师评：利用生活化的材料进行创新，原理简单，操作规范，实验结果分析合理 质疑：泡沫柱的高度受到振荡次数的影响 设疑：如何由半定量的测定拓展为准确的"定量"测定？	思考由半定量的测定拓展为准确的"定量"测定的方法
3.【科学化的解决】创新装置 目标：进行准确定量实验，排除无关变量影响（单一变量原则）	（1）创新装置1介绍 （2）演示实验（高效性）优点：直接、直观 关键问题：①利用创新装置能不能定量测量不同 pH 条件下的酶促反应速率呢？ ②使用现有装置，能不能排除自分解呢？ （3）迁移运用（探究 pH 对过氧化氢酶活性的影响）	【设计意图】利用创新装置，实现精确的定量分析，利用此装置实现酶的特性综合实验的整合

pH 对过氧化氢酶活性的影响

pH	液柱的高度差 /kpa			
	实验1	实验2	实验3	平均值
1	0	0	0	
4	100	200	600	
7	1050	550	750	
10	950	400	700	
13	0	0	0	

注：实验1和实验2为课前小组实验，实验3为现场实验

续表

教学环节	教学内容	师生活动及意图
3.【科学化的解决】创新装置 目标：进行准确定量实验，排除无关变量影响（单一变量原则）	（4）再迁移运用（探究温度对过氧化氢酶活性的影响）：实现一材多用，简化实验准备 （5）评价实验 ①灵敏、准确，可排除无关变量的影响 ②实现一材多用、一置多用，简化了实验准备 教师提出关键思考问题，转入下一环节的思考：如何进行"同时"实验？ 思考： 相同处理的重复组，如何"同时"进行平行重复？ 不同处理的对照组，如何"同时反应"以记录某个时间点的结果？	强化实验设计中无关变量的控制，养成严谨的思维习惯

	泡沫柱的高度 /cm			
pH	实验 1	实验 2	实验 3	平均值
1				
4				
7				
10				
13				

续表

教学环节	教学内容	师生活动及意图
4.【智能化】创新装置 2 目标：对相同处理的重复各组，以及不同处理的对照各组进行"同时"反应（平行重复原则及单一变量原则）	（1）创新装置 2（智能化）介绍 （2）分析实验（温度对酶活性影响） **探究温度对过氧化氢酶活性的影响** | 氧气体积 /mL |||| 温度（℃） 实验 1 实验 2 实验 3 平均值 0 1.4 4 4.2 40 6 5 4.8 80 0 0 0 注：现场实验使用 1 mL 过氧化氢，2 滴 10% 的肝脏研磨液 （3）评价实验 ①选择 Y 形试管，可分别对酶和底物进行处理 ②实现了重复各组以及相互对照各组的同时反应 ③智能化，实现了课堂学习和实验同时进行	【设计意图】利用创新装置 2，实现"同时"反应。利用此装置实现温度对酶的影响实验与课堂教学同时进行 利用学生的困惑和已有的跨学科的知识，结合化学、物理、数学的方法思想进行工程化的创造，制作出智能化的装置 在进行课堂教学活动的同时，由装置自动完成实验，体验智能化带来的精确和便利 强化实验平行重复原则，以及"时间"变量的控制。养成严谨的思维习惯

探究温度对过氧化氢酶活性的影响

	氧气体积 /mL			
温度（℃）	实验 1	实验 2	实验 3	平均值
0	1.4	4	4.2	
40	6	5	4.8	
80	0	0	0	

教学环节	教学内容	师生活动及意图
5.【本质化的解决】固定化酶	（1）固定化酶的制作 5 g 琼脂溶解于 100 mL 自来水中，酒精灯加热融化，加入 10 mL 体积分数为 20% 的肝脏研磨液，冰箱冷藏至凝固，切成大小相同的圆柱体备用（直径 1 cm，高 1 cm） （2）设计实验 关键问题：①自变量是什么？②预测实验结果是什么？③为什么人需要源源不断的产生酶？ **固定化酶使用次数与酶活性的关系** （见下表） 提出问题：酶是催化剂吗？ 作出假设：酶是催化剂 设计并开展实验：利用创新装置 1 开展 得出结论：酶作为催化剂发挥作用，反应次数增多至 4 次以上，酶的活性降低	【设计意图】体验实验设计的一般程序，巩固新情境下应用实验方案的设计技能，领会酶的本质

固定化酶使用次数与酶活性的关系

使用次数	液面高度差达到 600kpa 所需时间 /s
1	20
2	20
3	30
4	120
5	300
6	540

续表

教学环节	教学内容	师生活动及意图
6. 拓展, 评价	拓展: 调查活动中发现酶的应用非常广泛, 课后继续思考, 酶制剂的使用和储存需要什么条件? 为什么呢? 还有什么因素也会影响酶活性呢?	引导学生主动参与, 开动脑筋, 用所学知识解决生活中真正的问题

酶的特性综合探究 实验评价量表					
项目	具体要求	满分	自评	小组互评	教师评价
提出问题	至少提出过一个相关问题	10			
实验设计	主动思考, 参与实验改进方案	10			
	变量设置合理	10			
	步骤设计规范	10			
	操作规范	10			
数据分析	能准确对实验结果生成的模型进行分析	10			

通过评价, 反思实验知识、技能、操作、表达方面的能力, 充分发挥评价的"诊断""激励""促进"效能, 进一步提高生物学学科核心素养

续表

教学环节	教学内容	师生活动及意图
6.拓展，评价	续表 **酶的特性综合探究　实验评价量表** 	项目	具体要求	满分	自评	小组互评	教师评价
---	---	---	---	---	---
表达与交流	准确表达结果和结论	10			
	能分析结果不符合预期的原因，并进行解释或改进	10			
拓展延伸	能用所学知识解释生活中的问题	10			
团队协作	分工明确，互帮共赢	10			
	总分	100					
总结	真实情境下的问题解决，通常需要综合运用科学、技术、工程学和数学等学科的概念、方法和思想，设计方案并付诸实施，以寻求科学问题的答案或制造相关产品。希望同学们在以后的学习中多思考多实践，践行知行合一	

⑧ 实验效果评价

1.效果评价

（1）泡沫柱法操作简单，易操作，数据获取稳定。

（2）创新装置 1 灵敏，反应过快时易将试管塞弹出，需要通过预实验确定好肝脏研磨液的稀释倍数，避免反应过于剧烈。

（3）创新装置 2 实验结果比较稳定。

2.学生收获

（1）实验选材很重要。

（2）实验装置要考虑安全性，可行性。

（3）学会了严谨的科学态度。

（4）掌握了三种变量的控制方法。

3.改进方向

（1）装置使用的迁移和进一步的拓展。

（2）引导学生对数据进行更合理的分析。

（3）给更多同学展示思维的机会。

点评

本案例在教材实验基础上层层递进开展实验创新和整合，以多个实验为载体，引导学生在实验中完成概念构建理解以及科学思维的培养。具有如下特点。

1. 实现由"定性"到"半定量"再到"定量"及整合的实验创新探索

本案例从材料、方法、装置及整合等方面对实验进行改进和创新，实现由"定性"到"半定量"再到"定量"。如通过泡沫柱法进行半定量分析，把微观的化学反应转变成宏观的液柱上升，达成实验结果的可视化；利用时间继电器分别设定酶和底物的处理时间，通过调整推杆电机与支架的接触点以保证酶和底物混合，利用微型记录仪记录实验，实现实验变量控制的智能化、结果精确化；利用一套装置探究 pH、温度对过氧化氢酶活性的影响，简化实验准备，充分提高课堂教学效率。

2. 创新技术提升素养，达成对概念的深度理解

通过"提出问题—理解原理—运用原理—生成模型—进行评价"几个教学环节，启发学生自主思考，提出问题，将演示、探究、评价等有机地结合在一起，指导学生设计实验，思考如何设计对照组、如何准确地排除无关变量的干扰、如何进行平行重复等。深刻体会实验设计原则中单一变量中无关变量的控制、对照组的设计等。通过创新装置开展探究，调动学生学习的自主性、积极性和创造性，有效提升科学思维和探究能力。

实验过程中，结合实验结果构建模型，精确定量的实验结果为模型的构建提供了数据支持，对学生形成模型和建模意识、证据和循证意识起重要作用；利用多个实验构建概念，厘清彼此间联系，形成概念体系。通过固定化酶实验帮助学生深入理解酶作为催化剂的本质，即"改变反应速率，但实验前后本身的质量以及性质不变"，并利用生活化情境去应用概念解释生物学现象，实现一轮复习对知识的反馈、提升和综合，有效达成学习目标。

3. 充分发挥评价的"诊断""激励""促进"功能

本案例中教师关注对学生的评价，通过设计可测量的学生能力评价量表，从提出问题、实验设计、数据分析、表达交流、拓展延伸、团队协作等几个方面，采用自评、互评、教师评价形式进行赋分，并结合提问、观察等开展评价。评价方面多样、评价主体多样。建议教师根据学生评价结果反馈学习的效果并进行改进，实现实验教学的再思考、再完善，最终形成科学课堂教学闭环，达成教、学、评一致性。

案例 5 探究光反应中物质和能量的变化

浙江金华第一中学 顾彩燕 金华教育教学研究中心 盛国跃

一 使用教材

浙江科学技术出版社，普通高中教科书·生物学必修 1 分子与细胞，第三章细胞的代谢，第五节光合作用将光能转化为化学能。

二 实验器材

1. 叶绿体提取器材：离心机、天平、研钵、漏斗、烧杯、试管、取样器、量筒、纱布、冰、DCPIP、菠菜。

2. 叶绿体提取液（现配）：0.067M 的磷酸缓冲液、pH6.5+0.3M 的蔗糖+0.01M 的 KCl。

3. 希尔反应实验器材：台灯、2 mL 菠菜叶绿体悬浮液、2 mL 的 DCPIP、10 mL 试管、锡箔纸、试管架。

三 实验创新要点

1. 实验定位：从"过程重现"走向"概念构建"

在基于大概念的单元教学中，要充分重视学生对概念的构建，而概念的构建需要基于实证。生物学实验是学生构建生物学概念的有效手段之一，是非常重要的实证，同时会使学生整体生物学学科核心素养得到提高，能起到非实验教学无法替代的作用。因此本节课尝试将希尔反应实验融合于光反应的概念教学中。

与一般传统实验教学注重实验过程重现不同，本实验教学注重通过实验迈向具体概念和核心概念的构建。希尔反应实验在教材中并没有要求，但是为了能够让学生更好地理解生命的本质，帮助学生从微观的视角理解生命现象，构建光反应概念。本实验对希尔反应实验进行了如下的优化处理，以期让实验更简便、安全，更好地融合光反应概念的构建。

（1）简化实验步骤。

优化处理：①组建兴趣小组。组成八个学习小组，收集疑问，查阅资料，进行希尔反应的预实验。②课前制备好叶绿体悬浮液（冰上保存），并录制叶绿体提取的微课视频。③准备课堂实验材料包：2 mL 菠菜叶绿体悬浮液 5 支（1 支破碎）、2 mL 的 DCPIP 溶液 5 支、10 mL 试管 4 支、锡箔纸。

成效：①节省了课堂实验操作时间（原来需要用时大约 1.5 h），为信息分析、概念构建留足时间。②操作简单、安全，将叶绿体提取液和 DCPIP 定量分装于离心管中，置于冰上保存。节省了很多实验步骤和器材，可以在教室中开展实验教学，减少场地的限制。

（2）实验现象容易观察。

优化处理：本实验用的氢受体是 DCPIP。蓝色的氧化型 DCPIP 接受氢离子和电子后，成为无色的还原型 DCPIP。

成效：实验现象明显，气泡容易观察，颜色变化容易观察。

叶绿体悬浮液（绿色）+DCPIP（蓝色）→蓝绿色$\xrightarrow{\text{光}}$绿色

（3）从定性走向定量。

优化处理：DCPIP 颜色变化会引起吸光率的变化，可以用分光光度计在 620 nm 处测量吸光率。该变化可以反映叶绿体的活力或希尔反应活力。

成效：通过测定吸光率和曲线分析，学生可以直观感受到希尔反应的活力变化。

通过上述的优化处理，可以将希尔反应融合于光反应的课堂教学中，节省时间，为信息分析、概念构建留足时间。所以本节课以希尔反应实验为载体，运用科学思维方法对实验现象进行讨论和思考，引导学生构建"光反应是一个复杂的氧化还原反应，这个反应发生在特定的场所，需要一些条件的支持"这一概念。从而帮助学生更好地理解结构与功能观、物质与能量观等生命观念。

2. 教学过程：从"重实验操作"走向"重信息分析"

如何将希尔反应更好地融入光反应概念的构建中呢？综合希尔反应在生物学教学中的地位和意义，本实验教学过程从注重实验操作走向注重信息分析，即侧重于实验结果的分析和实验教学过程中现场生成问题的探讨。下面以大部分学习小组的实验设计方案为例（见表1），介绍本堂课中涉及的主要信息分析及光反应概念的构建过程。

表 1　实验设计方案

试管编号	试剂及处理条件	实验现象
1	叶绿体悬浮液 2 mL + DCPIP 2 mL + 黑暗	蓝绿色，无气泡
2	叶绿体悬浮液 2 mL + DCPIP 2 mL + 光照	蓝绿色变成绿色，试管壁上有气泡
3	叶绿体悬浮液（破碎）2 mL + DCPIP 2 mL + 光照	蓝绿色，无气泡
4	叶绿体悬浮液（4 mL）+ 光照	绿色，无气泡

本实验教学中的信息分析主要包括实验结果分析和对实验教学中现场生成问题的分析，在环环相扣的分析过程中，逐步完善和构建光反应概念。

（1）实验结果分析及结论。

①对比 1 号和 2 号试管。

原因分析：2 号试管中没有二氧化碳，在光照条件下水会分解产生氢离子、电子、氧气，所以有气泡。蓝色的氧化型 DCPIP 接受氢离子和电子后，成为无色的还原型 DCPIP，颜色会发生变化。

结论：光反应需要有光，原料是水，产物有氧气、氢离子、电子；如何确保试管中没有二氧化碳，还需要用传感器验证。

②对比 2 号和 3 号试管，并用显微镜镜检。

原因分析：3 号试管中的叶绿体因为在液氮中保存，然后在 65 ℃水浴中解冻失活，所以没有反应。

结论：光反应的场所是叶绿体，叶绿体要保持活性才能进行。

③对比 2 号和 4 号试管。

原因分析：4 号中没有加氢受体 DCPIP，导致反应不能正常进行。

结论：光反应产物的作用。

通过实验现象观察、结果分析，初步构建光反应概念。

（2）实验教学中现场生成问题分析和光反应概念构建。

在进行希尔反应实验操作和结果分析的过程中，学生积极主动参与并思考，产生了很多值得探讨的问题，这些问题一方面反映了学生在探究过程亟须解决的疑问，另一方面也是课堂有效教学的依据。下面罗列了实验教学过程中现场生成的几个主要问题、问题解决的过程及与概念构建的关系，以下按照问题生成的顺序呈现。

①现场生成问题 1：如何确定提取到的是完整的叶绿体？

问题解决过程：回顾"观察叶绿体实验"，并利用显微镜对 2 号和 3 号试管进行观察检验。

总结构建光反应概念：叶绿体要保持活性才能进行希尔反应。

②现场生成问题 2：怎么制作叶绿体悬浮液？

问题解决过程：回顾叶绿体结构、渗透等知识，区别光和色素提取实验，播放叶绿体提取的微课视频。

总结构建光反应概念：结合希尔反应初步构建光反应概念，光照下，叶绿体中水分解产生氧气、氢离子和电子。

③现场生成问题3：光能到哪里去了？希尔反应的产物——氧气、氢离子和电子能储存能量吗？

问题解决过程：回顾生命活动所需能量直接来源应该是ATP，推测光能转变成ATP中的化学能，并出示阿尔农的部分实验资料证据。

总结构建光反应概念：叶绿体在光照下可合成ATP。

④现场生成问题4：光能怎么转变成ATP中的化学能？跟希尔反应有什么关系？

问题解决过程：通过希尔反应中的DCPIP、氢离子和电子，回顾电子传递链中ATP的生成，大胆推测叶绿体内存在天然的电子和氢离子的受体，再出示NADPH的发现和简介资料。结合电子传递链ATP的形成机理和叶绿体的结构模式图，推测叶绿体中ATP形成的原动力是氢离子浓度差，类囊体结构适合制造氢离子浓度差。出示贾格道夫的实验资料。

总结构建光反应概念：$NADP^+$是电子和氢离子的受体，即NADPH是氢载体。叶绿体中ATP形成的原动力是氢离子的浓度差，反应场所是类囊体膜。光照下，在叶绿体的类囊体膜中水分解产生氧气、氢离子和电子，氢离子和电子将$NADP^+$还原为NADPH，并产生ATP，这样光能就转化成了ATP中的化学能。

⑤现场生成问题5：电子不是有能量吗？推测NADPH应该也有能量。具体是怎么转变的？水在希尔反应中的作用是什么？

问题解决过程：通过活动"探讨光反应中的物质和能量变化"，思考：ATP合成的能量是由什么能量转化而来的？类囊体膜内的氢离子的渗透势能由什么能量转化而来？高能电子的能量由什么能量转化而来？

总结构建光反应概念：NADPH有能量。电子并不是直接由水光解产生后就传到$NADP^+$，中间还有很多传递的过程，可以认为水是最初的电子供体，$NADP^+$是氢离子和电子的最终受体。用关键词、箭头等构建光反应过程中的物质变化和能量变化。

⑥现场生成问题6：为什么单独的叶绿体悬浮液不会产生气泡？

问题解决过程：推测 NADPH 积累，导致水光解不能进行，并尝试往试管中吹气，再观察实验现象来验证假设。出示资料证据：阿尔农的另一部分实验。

总结构建光反应概念：ATP、NADPH 是将二氧化碳还原为糖的能源物质，NADPH 是还原剂。

通过这些问题的分析和解决，层层递进，构建并完善光反应概念，提高生物学学科核心素养。

四 实验原理

希尔反应实验原理：

1937年，英国植物学家希尔发现，用光照射加有氢受体的水溶液如草酸铁（或其他氧化剂，如 $NADP^+$、NAD^+、苯醌、DCPIP 等）的叶绿体悬浮液时，发现 Fe^{3+} 被还原成 Fe^{2+} 并放出氧气。悬浮液中有水，没有二氧化碳。离体叶绿体在适当条件下发生水的光解、产生氧气的反应称作希尔反应。

本实验用的氢受体是 DCPIP。蓝色的氧化型 DCPIP 接受氢离子和电子后，成为无色的还原型 DCPIP，如图1所示。

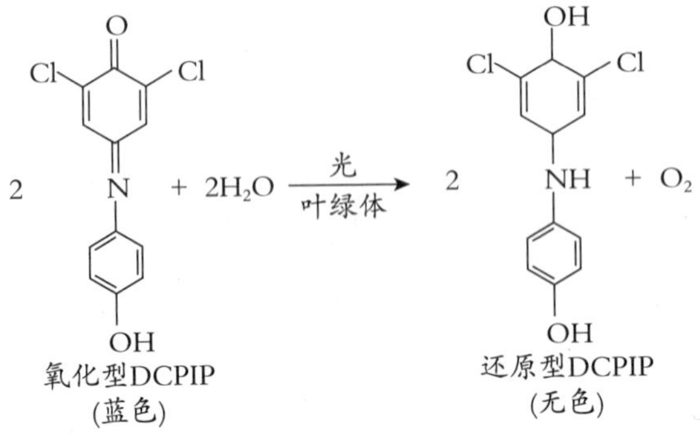

图 1　氧化型 DCPIP 转化为还原型 DCPIP 的反应

五　实验教学目标

1. 通过希尔反应实验，小组合作完成实验操作、观察记录、收集证据、提出生物学疑问，找出自变量与因变量的关系并得出实验结论，在活动过程中掌握科学探究的基本思路和方法。

2. 通过任务"探究光反应中物质和能量的变化"的活动探讨，能用文字或图示归纳总结出光反应过程中伴随的物质和能量变化，发展科学思维能力。

3. 通过实验现象的分析、光反应概念的构建，认识细胞结构和功能的关系，体验物质与能量观，领悟生命的系统观。

六　实验教学内容

本节课内容以问题解决为主线，通过实验来构建光反应概念的过程为：创设情境，提出问题；合理推测，作出假设；实施实验，获得证据；分析证据，构建概念。在此过程中，将精准评价贯穿始终。

七 实验教学过程

通过课前访谈了解学生的知识和实验技能储备，记录疑难点。组建学习小组，明确任务分工。对学生的知识与技能储备进行诊断，为本节课的有效教学提供依据。

1. 创设情境，提出问题

（1）创设情境：人工树叶的核心技术是模仿树叶中水的光解，将水在一定的电压下高效地电解为氧气，同时产生质子和电子；产生的质子与电子可以结合生成氢气，提供清洁的能源。在这一过程中所需的电能，将由硅太阳能电池供给。

（2）提出问题：植物细胞中水的光解是怎么发生的？光能是如何转化成生物体能够利用的化学能的呢？

2. 合理推测，作出假设

（1）复习：光合作用的本质是氧化还原反应，氧气中的氧来自水，结合人工树叶的原理，推测水光解还会产生氢离子和电子。细胞呼吸中存在氢载体、还原剂 NADH，推测叶绿体中也存在类似 NADH 的氢受体。

（2）作出假设：叶绿体中也存在类似 NADH 的氢受体。

3. 实施实验，获得证据

（1）教师的组织与引导。

PPT 呈现：希尔反应实验任务。

观察：观察学生活动，及时提供指导和帮助。

答疑：整理并解答学生现场产生的疑问。

播放：播放制备叶绿体悬浮液的视频。

指导：指导学生显微镜操作。

（2）学生活动。

小组活动：按照活动要求完善实验方案并进行实验操作。

现场生成的疑问：叶绿体悬浮液怎么制作？如何确定提取到的是完整的叶绿体？

镜检：学生示范操作，描述观察到的现象。其他同学也可以课后观察。

设计意图：提供可现场操作的实验环境，让学生亲手操作，提升实验技能，体验探究的意义。

4.分析证据，构建概念

（1）交流展示，初步构建光反应概念。

①教师的组织与引导。

组织：组织小组进行实验结果、结论的交流和展示。

答疑：整理并解答学生现场产生的疑问。

板书：在副板书区书写光解的反应式。

总结：光照下，叶绿体中水分解产生氧气、氢离子和电子。

②学生活动。

观察思考：将观察到的现象和产生的疑问记录在指定的位置上。

组内讨论：对观察到的实验现象进行组内讨论、分析。

交流分享：描述实验现象，分析产生原因，总结实验结论。

现场产生的疑问：光能到哪里去了？氧气、氢离子和电子能储存能量吗？

设计意图：通过交流展示，让学生学会用准确的生物学术语阐明实验结果和结论，提高语言的表达能力；而且通过实验可以初步了解光反应发生的场所、条件以及部分物质的变化。

（2）答疑解惑，完善光反应概念。

①教师的组织与引导。

组织：组织学生对现场生成的疑问进行分析和探讨。

　　教学组织基本形式：学生疑问、学生讨论、教师引导、学生推测、证据支撑、得出结论。

　　PPT 依次呈现证据链：阿尔农的部分实验（见图 2）；NADPH 的发现和简介；电子传递链中 ATP 形成；贾格道夫的实验（见图 3）。

　　板书：在副板书区书写 NADPH、ATP 的形成。

1954 年，美国科学家阿尔农用离体的叶绿体做了如下实验：

组别	处理	结果
A 组	光照 + 叶绿体悬浮液 +ADP+Pi	叶绿体中可以生成 ATP
B 组	无光 + 叶绿体悬浮液 +ADP+Pi	叶绿体中没有生成 ATP

图 2　阿尔农的部分实验

　　为探究 ATP 形成的原动力，贾格道夫等科学家在黑暗中进行了如下实验，把叶绿体的类囊体放在 pH=4 的弱酸性溶液中平衡，让类囊体腔的 pH=4。然后转移到 pH=8 且含有 ADP 和 Pi 的缓冲液中，结果有 ATP 生成。

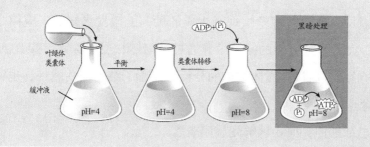

图 3　贾格道夫的实验

　　②学生活动。

　　现场生成的疑问：光能到哪里去了？氧气、氢离子和电子能储存能量吗？

　　学生回答：电子能储存能量。

　　认知冲突：生命活动所需能量直接来源应该是 ATP。

推测：光能转变成 ATP 中的化学能。

证据：阿尔农的实验。

结论：叶绿体在光照下可合成 ATP。

现场生成的疑问：光能怎么转化成 ATP 中的化学能？跟希尔反应有什么关系？

推测：根据电子传递链，推测叶绿体内存在天然的电子和氢离子的受体。

证据：NADPH 的发现和简介。

结论：$NADP^+$ 是电子和氢离子的受体。

推测：结合"看图说话"中电子传递链 ATP 形成机理和叶绿体的结构模式图，推测叶绿体中 ATP 形成的原动力是氢离子浓度差，类囊体结构适合制造氢离子浓度差。

证据：贾格道夫的实验。

结论：叶绿体中 ATP 形成的原动力是氢离子的浓度差，反应场所是类囊体膜。

设计意图：通过解答学生现场生成的疑问，激发求知欲，应用之前学过的知识，大胆推测可能的结论，并通过证据链，层层深入，探究 ATP 和 NADPH 的形成。通过类囊体结构的分析，完善了结构与功能观，也完善了光反应概念。

（3）总结延伸，深入理解光反应概念。

①教师的组织与引导。

组织：组织"探讨光反应中物质和能量的变化"的小组活动（见图 4）。

板书：主板书区书写光反应中的物质变化和能量变化。

总结：光能在类囊体膜上转化成化学能，并释放氧气。

任务 探究光反应中物质和能量的变化

镶嵌在类囊体膜上的光合色素分子整齐地排列在一起，它们能够捕获光能，将光能传递给位于反应中心的色素分子，该色素分子被激发，释放出一个高能电子。失去电子的色素分子有很强的夺电子能力，它们从水分子中夺取电子，使水分解成 H^+ 和 O_2，O_2 散进大气。色素分子失去的电子被类囊体膜上的特殊蛋白质捕获，这些蛋白质利用电子携带的能量将 H^+ 从叶绿体基质泵入类囊体腔，并最终把电子传给了 $NADP^+$，$NADP^+$ 获得电子后与 H^+ 结合，生成 NADPH。类囊体膜上镶嵌有 ATP 合成酶，类囊体腔中的 H^+ 顺浓度梯度经 ATP 合成酶返回叶绿体基质，推动了 ATP 的生成。

　　1. 阅读并思考下列问题：
（1）ATP 合成的能量由什么能量转化而来？
（2）类囊体膜内的 H^+ 的渗透势能由什么能量转化而来？
（3）高能电子的能量由什么能量转化过来？
（4）水在希尔反应中的作用是什么？
　　2. 用关键词、箭头等构建光反应过程中的物质变化和能量变化，并进行小组的交流和展示。

图 4 "探究光反应中物质和能量的变化"活动任务图

②学生活动。

现场生成的疑问：电子不是有能量吗？推测 NADPH 应该也有能量的，具体是怎么转变的呢？

活动：任务探讨光反应中的物质和能量变化。

思考：ATP 合成的能量由什么能量转化而来？类囊体膜内的氢离子的渗透势能由什么能量转化而来？高能电子的能量由什么能量转化而来？水在希尔反应中的作用是什么？

结论：NADPH 有能量。电子并不是直接由水光解产生后就传到 $NADP^+$，中间还有很多传递的过程，可以认为水是最初的电子供体，$NADP^+$ 是氢离子和电子的最终受体。

构建：用关键词、箭头等构建光反应过程中的物质变化和能量变化。

设计意图：通过"探讨光反应中物质和能量的变化"的小组活动任务，

在总结物质变化的同时理解所伴随的能量转变，形成物质与能量观，提升光反应概念。

（4）应用新知，解答疑问。

①教师的组织与引导。

组织：答疑学生现场生成的疑问。

PPT 呈现：阿尔农的另一部分实验。

总结：ATP 和 NADPH 在光合作用中的作用。

②学生活动。

现场生成的疑问：为什么单独的叶绿体悬浮液不会产生气泡？

推测：NADPH 积累，导致水光解不能进行。

解决方案：往试管中吹气，再观察实验现象。

证据：阿尔农的另一部分实验（见图 5）。

1954 年。阿尔农发现，即使在黑暗条件下，只要提供了 NADPH 和 ATP，叶绿体也能将二氧化碳转变被糖类。

序号	条件	过程	现象
1	黑暗	提供 CO_2 和 ATP、[H]	有糖类生成
2	黑暗	提供 CO_2，不提供 ATP、[H]	无糖类生成
3	光照	提供 CO_2，不提供 ATP、[H]	有糖类生成

图 5 阿尔农的另一部分实验

结论：ATP、NADPH 是将二氧化碳还原为糖的能源物质，NADPH 还是还原剂。

设计意图：用所学的光反应知识解答发现的实验疑惑，学以致用，并且尝试在原实验的基础上进一步用实验来验证猜想。最后点题，完成本堂课最初的问题。

八 实验效果评价

生命观念的形成需要众多概念支撑。在基于大概念的单元教学中，要充分重视学生对概念的构建，而概念的构建需要基于实证，学生只有在亲历实证之后才能形成概念。因此，本节课一方面通过模拟希尔反应和显微镜观察来激发求知欲，帮助学生构建光反应的概念；另一方面，以学生为中心，围绕现场生成的问题，通过"学生疑问、学生讨论、教师引导、学生推测、证据支撑、得出结论"的教学组织基本形式，引导学生用科学的思维方法进行分析讨论，深入理解光反应的概念。有利于学生形成结构与功能观、物质与能量观等观念，探究活动也能培养学生的好奇心和探究欲，使学生逐步学会探究问题的策略。

点评

本案例将光合作用光反应生成还原剂的实验与光反应过程的基础知识的学习相结合，让学生基于实证获得知识。此案例引导学生获得核心概念的思路与现代科学获取知识的思路相契合。

实验为科学理论的产生、科学知识的积累提供了极大的便利。光合作用对生命而言是非常重要的代谢过程，光反应的知识涉及微观的生理过程，学生在学习时很难直观地感受到光反应中的物质和能量变化。本案例中教师开发的实验，可以让学生在观察中体会光合作用光反应的代谢过程，使微观的、不可见的反应转变为可观察、可记录的生命现象。本主题下希尔反应实验的开展，带领学生探索了光合作用光反应发生的条件、反应物和生成物，帮助学生通过实验获取光合作用光反应的知识。例如，对比光照和黑暗时气泡的产生情况和试剂颜色的改变；对比完整的叶绿体和破碎的叶绿体的不同实验现象，得出光反应的进行需要光照、完整的叶绿体等结论。通过不同组别的设置进行对比，带领学生体会自变量、因变量、无关变量的设置对实验结论得出的重要作用，培养学生的科学思维和科学探究素养。

在实验教学推进过程中，实时捕捉学生的生成性问题，如"如何确定提取到的是完整的叶绿体？""光能到哪里去了？"，结合学生的生成性问题，引导学生思考逐步深入。之后将实验结论、学生生成性问题的探究结果进行总结，构建完整的光反应过程，体会叶绿体结构和功能相适应，形成基本的生命观念。学生在此实验过程中不仅完成了实验的操作，同时完成对实验现象的深入分析，具有挑战性的学习任务的设置和学生生成性问题的讨论使学生全身心、持续地参与到学习活动中，激发学生的学习兴趣。

案例 6　植物细胞的吸水和失水

广州市第六中学　王坤

 使用教材

人民教育出版社，普通高中教科书·生物学必修 1 分子与细胞，第 4 章细胞的物质输入和输出，第 1 节被动运输。

二　实验器材

1. 课堂演示实验：渗透装置、红糖、清水。
2. 智能化探究：电导率传感器、搅拌机、洋葱、葡萄糖、蔗糖。
3. 生活化探究：土豆、葱叶、空心菜、鸡蛋、白萝卜、清水、食盐、量筒、镊子。
4. 自主化探究：鱼鳔、羊肠、多种校园植物叶片、淀粉、蛋白质、蔗糖、葡萄糖、斐林试剂、双缩脲试剂、尿糖试纸、碘液。

三　实验创新要点

1. 项目探究中使用新材料、新方法
实验材料由洋葱拓展为多种校园植物、动物材料及非生物材料——玻璃纸；溶质由蔗糖拓展为葡萄糖、淀粉、蛋白质；实验方法由显微镜观察

拓展为肉眼观察形态变化、染色观察颜色变化、重量测定和传感器测定。

2.数字化、可视化展示渗透现象中水的移动

由显微镜观察的微观实验拓展为可视化、家庭化的探究，摆脱实验室的条件限制，使水分子的移动能够被更为直观地观测；在智能化探究中，利用电导率传感器测量电导率的实时变化，间接反映溶质的浓度变化，用数字化实验客观地反映水的移动。

3.实验理念的改变

由教材中的单一、孤立的实验拓展为基于大概念的项目式探究，利用多个主题的探究将细胞内的物质、细胞的形态和功能、质膜的选择透过性等概念构建成知识网络，厘清各知识点之间的联系，聚焦概念的学习。

四 实验原理

利用生活中常见的实验材料，在校本课程中展开生活化、智能化、自主化的项目探究。

1.在生活化的探究中，学生寻找生活中的渗透实例，使渗透现象脱离显微镜和实验室的限制，可以在家庭中进行可视化的观察。

2.在智能化的探究中，学生利用电导率传感器测量电导率的变化，间接反映出溶质的相对浓度或浓度变化，能够更客观地反映出水的含量变化。以此来对比洋葱不同层细胞液的浓度大小，展示渗透现象中水的动态移动过程。具体实验原理举例如下。

（1）探究洋葱不同层叶片细胞液浓度的实验原理：洋葱细胞破碎后，释放出液泡中的溶质，使用电导率传感器测定电导率，可间接反映出无机盐的浓度，不同层的细胞液电导率越大，说明细胞液浓度越大。

（2）智能化探究发生渗透现象的条件和动态过程的实验原理：含水量较多的水果外表皮被去掉后，可视作一层半透膜，将电导率传感器插入其

中可测定内部的电导率，设置对照实验观察电导率是否变化，可以探究渗透现象发生的条件；若将水果置于高浓度蔗糖中，持续记录电导率数据，可动态地反映出水果内部的溶质浓度和水的移动。

3. 在自主化探究中，显微镜下观察常见植物材料，通过观察细胞结构寻找合适的植物材料，通过对膜的透性的探究，进一步理解物质检测的原理。

五 实验教学目标

1. 通过观察渗透现象，说出渗透作用的原理，联系生物膜的结构和功能特点，建立结构与功能、稳态与平衡的生命观念。

2. 能够运用物质跨膜运输的知识，解释生活中常见的生物学现象，分析和解决诸如蔬菜腌制、合理施肥等生活实践问题。

3. 基于探究水进出植物细胞的原理，体验科学探究的一般过程，提高动手操作能力和设计实验的能力，并运用到其他类似的科学探究中。

六 实验教学内容

学生完成"植物细胞吸水和失水"实验后，提出一系列问题：渗透现象只能在显微镜下观察吗？在家能否观察到渗透现象？定量实验中的结果太主观，能否实现智能化客观探究？蔗糖不能透过膜，那其他物质呢？生活中还有哪些半透膜？

面对学生提出的问题，在校本课程中展开了以渗透现象为核心的"生活化、智能化、自主化"项目探究。对渗透现象进行量化、深化、创新的拓展，并推动学生开展项目化、合作式的学习；将教材中单一、孤立的实验拓展为基于大概念的项目探究，并将探究过程开发为微课，使其更好地服务于课程改革。

七 实验教学过程

1. 项目主题确定及探究

在校本课程中，以渗透现象为主题进行项目探究，学生 3~4 人组成一个实验小组，根据在植物细胞吸水和失水实验中的问题，确定自己的项目主题（见图 1），并通过查阅文献、联系科技公司等途径寻找合适的探究方法。

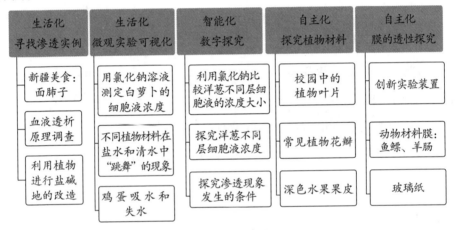

图 1 项目探究主题

2. 项目结果汇报

每个小组派出学生代表进行 PPT 形式的项目汇报，特别注重介绍实验的原理及结果，反思实验的不足，并提出改进的方案。

3. 项目评价

通过评分表中不同项目分值比重的设计（见表 1），引导学生更关注实验的设计与操作、表达和交流。将项目任务评分表与评价题目相结合，过程性评价与终结性评价相结合，体现学生的个体差异，从而进行有效指导。

表 1 质壁分离实验评价表

项目	具体内容	满分	自评	教师评分
实验设计和操作	明确组员分工，团队合作有序	10		
	操作规范	10		
	实验设计科学合理	10		
实验结果	观察到明显的实验结果	20		
实验结论	根据实验结果得出实验结论	10		
	若实验结果不符合预期，分析原因	10		
表达和交流	准确表达实验的结果和结论	10		
	能对实验中出现的现象做出分析	10		
	反思实验的不足，提出改进的方案	10		
分数		100		

八 实验效果评价

1. 科学探究能力的提升：学生通过"生活化、智能化、自主化"项目探究，实现了探究能力的提升。亲历科学探究的过程，像科学家一样提出问题、查阅资料，培养了勤于思考、勇于创新的科学精神。

2. 分析、建模等科学思维的提升：在对膜的透性的探究中，学生需要联系物质检测原理，分析双缩脲试剂应加在膜的哪一侧，同时学生需要再次构建渗透现象的概念模型，培养其分析、建模等科学思维的核心素养。

3. 综合运用各学科知识能力的提升：在智能化实验的设计中，运用电导率的物理学知识间接反映出无机盐的浓度，实现了生物实验的定量分析和学科的交叉融合，提升了学生综合运用各学科知识的能力。

点评

此案例基于植物细胞吸水和失水的原理开发了多种类型的实验。

教师在带领学生进行"植物细胞吸水和失水"的实验之后，利用实验现象引发的问题引导学生对渗透现象及原理进行深入思考，从而进一步设计和开展多种类型的探究实验。例如与实际生产、生活相结合的生活化的探究实验——血液透析原理调查、利用植物进行盐碱地的改造等；利用电导率传感器等设备开展智能化的数字探究实验——比较洋葱不同层细胞液浓度的大小、探究渗透现象发生的条件等。教师利用实验带领学生学习生物学的基础知识，捕捉学生学习过程中的生成性问题，结合具有挑战性的学习任务，促进学生拓展思路、深入思考，形成各种类型的独立探究实验，在真实的情境中实现学习的不断深入。

在引导学生开展实验的过程中，教师带领学生充分利用身边资源，如将身边常见的材料开发为实验材料，利用校园植物、动物材料进行实验。设计的多种类型的实验也让学生体会到多种研究方法，例如，"寻找渗透实例"类的探究，可以采用调查、资料查阅的方法开展研究，而"数字探究"类的实验，可以采用实验室中常见的科学实验的方法开展研究。促进学生体会不同的研究方法在研究自然规律中的作用。

实验教学非常重要的一个优势是利于学生积累科学知识，形成科学概念。此案例利用多个主题的探究将相关的知识构建成知识网络，聚焦概念的学习，关注在实践中获得知识。

引导学生设计各种类型的实验，促进学生理解实验可以很"亲民"也可以很"高端"，但只要符合科学标准就都是探索自然规律的好办法，如可以用肉眼观察实验材料在不同处理下的变化，在家庭条件下也可以开展；可以在实验室用传感器测量电导率的变化来反映实验材料处理后的变化，并量化追踪实验数据。学生经历了不同类型的实验，体验到生活处处有探究、科学研究能随时进行，在心中埋下科研的种子。

案例 7　分光光度计探究环境因素对离体叶绿体活性的影响

贵阳市第三实验中学　冯莎莎

一　使用教材

人民教育出版社，普通高中教科书·生物学必修 1 分子与细胞，第 5 章细胞的能量供应和利用，第 4 节光合作用与能量转化。

二　实验器材

冷冻离心机、分光光度计、分析天平、酒精灯、LED 灯、组织捣碎机、离心管、试管、烧杯、玻璃棒、0.35 mol/L 的 NaCl 溶液、2，6- 二氯靛酚。

三　实验创新要点

1. 选材与实验整合

采用差速离心法分离叶绿体并观察其形态结构，将探究环境因素对光合作用影响的两个实验（研究对象分别为温度和光照强度）相结合。

2. 因变量检测

利用离体叶绿体在光下产生了 H^+ 和电子，氧化剂 2，6- 二氯靛酚被还原，通过观察颜色变化，引导学生深层次理解希尔反应。

3. 技术化

采用分光光度计在 620 nm 处测量吸光度，比较不同环境因素条件下叶绿体活性的变化，将实验的定性分析和定量分析相结合，加强学生分析处理数据的能力。

四 实验原理

离体叶绿体加入具有适当氢受体溶液中，光照后放出氧气。实验中利用氧化剂 2，6- 二氯靛酚（蓝色染料），接受电子和 H^+ 后被还原成无色，在光下，叶绿体将 2，6- 二氯靛酚还原，利用分光光度计测量单位时间内吸光度变化，反映叶绿体活性的大小。

五 实验教学目标

1. 分析温度和光照强度对光合作用的影响，理解不同环境条件下叶绿体活性会发生变化。

2. 通过测量吸光度的变化，分析数据，构建数学模型。

3. 探究环境因素影响叶绿体活性的实验中，从不同角度发现问题，并尝试设计实验方案解释这些问题。

4. 理解环境因素对叶绿体光合作用的影响，尝试解决农业上如何提高农作物产量等相关问题。

六 实验教学内容

迁移细胞器分离、光合作用影响因素、多变量控制和氧化剂 2，6- 二氯靛酚作为氧化指示剂的反应原理，引导学生利用差速离心法获得离体叶绿体，再现光合作用发现史中的经典实验，学习光合作用过程中，叶绿体内发生的物质变化，感悟细胞器结构与功能的精巧，认同技术促进科学发展的过程。利用分光光度计测量叶绿体吸收的光波长，从定性和定量的角度认识光合作用的本质。

整个实验过程整合了多项实验技术和原理，教师引导学生梳理实验思路，从网络上获取更多的学习资源，不断迭代优化实验方案，发展实验探究能力和合作交流能力。

七 实验教学过程

（一）探究温度对离体叶绿体活性的影响

1. 观察现象，提出问题

导入：视频播放一段全球粮食危机的视频，引导学生思考解决粮食危机，提高粮食产量的措施有哪些。

学生讨论：及时灌溉、适时施肥、合理密植等。

提问：农业生产上许多增加农作物产量的措施，都是为了提高光合作用的强度，影响光合作用的环境因素有哪些？这些环境因素都是如何影响光合作用的？

学生：影响光合作用的因素有光照强度、二氧化碳浓度、温度等。

教师：这些环境因素如何影响光合作用呢？

学生分析：光照强度通过影响光反应阶段影响光合作用强度，温度通过影响酶活性影响光合作用强度。

学生提问：绿色植物光合作用的场所是叶绿体，我们学习了利用差速离心法分离得到细胞器，那么，能否将叶绿体提取出来，单独研究环境因素（比如温度）对离体叶绿体活性的影响呢？如果温度会影响离体叶绿体活性，如何检测呢？

2. 分析问题

（1）学生在查阅相关资料后提出，可以采用差速离心法分离得到较纯的叶绿体，再利用提取到的叶绿体进行希尔反应活性的检测。

（2）实验原理是离体叶绿体加入具有适当氢受体溶液中，光照后放出氧气。实验中利用氧化剂2，6-二氯靛酚，接受电子和H^+后被还原成无色。

（3）实施实验过程中，学生发现，经过不同温度处理后的叶绿体悬浮液中加入2，6-二氯靛酚后，颜色对比并不是很明显。于是，学生继续提出问题：能否通过其他方法来检测2，6-二氯靛酚是否被还原？还原的剂量能否量化？

（4）基于学生提出的问题，引导学生分析了光合色素吸收光谱的原理：一定范围内，物质在特定波长下的吸光度与其浓度呈正相关。

（5）学生由此类比得出：氧化剂2，6-二氯靛酚，接受水光解产生的电子和H^+后被还原，会有颜色变化，利用分光光度计测量单位时间内吸光度变化，可以反映叶绿体活性的大小。

3. 实验操作过程

（1）叶绿体的分离与观察。

①选取新鲜的嫩菠菜叶，洗净擦干后去除叶梗脉。

②称取4.095 gNaCl用200 mL蒸馏水溶解，配制成0.35 mol/L的NaCl溶液（叶绿体等渗溶液）。

③称30 g菠菜叶（避开大叶脉）于60 mL 0.35 mol/L的NaCl溶液中，装入组织捣碎机。

④将匀浆用4层纱布过滤于250 mL烧杯中。

⑤每组取滤液4 mL，1000 r/min下离心3 min，弃去沉淀。

⑥将上清液在3000 r/min下离心8 min，弃去上清液，沉淀即含叶绿体（混有部分细胞核）。

⑦将沉淀用 0.35 mol/LNaCl 溶液悬浮制成叶绿体悬浮液。

⑧取叶绿体悬液一滴滴于载玻片上，加盖玻片后即可在普通光学显微镜下观察。

（2）光学显微镜（目镜 10 倍 × 物镜 40 倍）下观察到的叶绿体形态结构如图 1 所示。

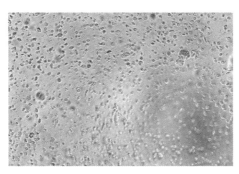

图 1　叶绿体形态结构

（3）制备叶绿体悬液后探究温度对离体叶绿体活性的影响。

①叶绿体活性的测定：取 4 个试管，按照下面表格，分别进行不同的处理（见表 1），处理过后，将 2 号、3 号、4 号试管中的溶液倒入相应的比色皿中，以 1 号试管调零，然后将比色皿置于分光光度计室内，620 nm 波长照光。每隔 5 min 快速读取吸光值，连续进行 6 次读数。

表 1

管号	0.35 mol/L NaCl 溶液（mL）	叶绿体稀释液（mL）	预处理	2，6- 二氯靛酚
1	2.5			
2	2.5	2.5	室温（26℃）5 min	1 滴（0.25 mL）
3	2.5	2.5	低温处理（4 ℃）5 min	1 滴（0.25 mL）
4	2.5	2.5	高温处理（80 ℃）5 min	1 滴（0.25 mL）

②实验组吸光值随光照时间的变化（见表2）。

表2　各管吸光度（OD）值随光照时间的变化

管号 ＼ 光照时间（min）	0	5	10	15	20	25
2号（室温26℃处理）	1.591	1.551	1.539	1.233	1.478	1.521
3号（低温4℃处理）	1.355	1.321	1.237	1.145	1.109	1.071
4号（高温80℃处理）	1.889	1.811	1.896	1.819	1.849	1.863

③学生利用Excel将读取的数据绘制成折线图（见图2）。

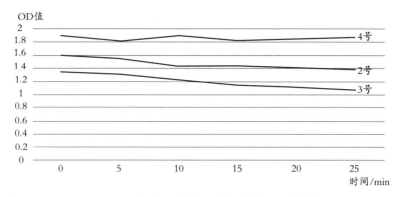

图2　不同温度下随光照时间各管OD值变化

④分析实验结果。

经过高温处理吸光度（OD值）几乎没有变化，说明高温80℃下叶绿体失去活性，不能进行水的光解，加入2,6-二氯靛酚后并无颜色变化，所以吸光度没有显著差异。常温和低温处理后的叶绿体悬浮液中加入2,6-二氯靛酚后有颜色变化，所以吸光度随光照时间变化而逐渐下降，并且低温4℃下，下降趋势相较常温更明显，说明离体叶绿体应该在低温条件下保存，在一定时间内可保持活性。

⑤结论。

高温导致叶绿体失去活性，降低甚至阻断希尔反应；低温4℃下，叶绿体可保持一定活性，离体叶绿体可在一定低温下保存。

（二）探究光照强度对离体叶绿体活性的影响

探究温度对离体叶绿体活性影响的实验完成后，学生继续提出问题，在此实验的基础上，利用2，6-二氯靛酚能够被还原的特性，探究光照强度对叶绿体光反应的影响。

1. 实验操作步骤

取3个试管，分别加入5 mL叶绿体悬浮液和1 mL的2，6-二氯靛酚（呈蓝色）充分混匀；在不同的环境条件下，1号试管自然光+40 W的LED台灯照射，2号试管自然光处理，3号试管黑暗处理（置于暗箱中），光照30 min后，观察比较各管颜色变化。

2. 分析实验结果

1号试管处理条件为自然光照+40 W的LED灯照射，2号试管为自然光照处理。相较2号试管，1号试管呈浅绿色，2号试管呈深绿色，说明2，6-二氯靛酚已经被不同程度还原；而黑暗处理条件下仍然为蓝色，说明没有明显的还原反应。

3. 结论

（1）一定范围内，光照强度越强，2，6-二氯靛酚被还原得越多，光反应速率越快。

（2）3号试管（黑暗处理）仍然为蓝色，2，6-二氯靛酚未被还原，说明黑暗条件下离体叶绿体不能进行光反应。

八 实验效果评价

1. 实验中仅是探究温度和光照强度对离体叶绿体活性的影响，所以设置的温度梯度和光照强度梯度过大，应该设置一系列温度梯度和光照强度的实验组进一步探究离体叶绿体进行光反应的最适温度和最适光照强度。

2. 实验中在配制叶绿体悬浮液时，加入 0.35 mol/L 的 NaCl 溶液（叶绿体等渗溶液）量不好把控，所以在探究光照强度对离体叶绿体活性的影响时，1 号试管由蓝色变成浅绿色较为明显，但是 2 号试管和 3 号试管颜色区分度不大，应该再继续尝试加入不同量 0.35 mol/L 的 NaCl 溶液配制不同稀释程度的叶绿体悬浮液继续探究。

3. 后续可以再改进实验因变量的检测，尝试利用氧气传感器测量离体叶绿体氧气释放量的具体数值。

4. 可以再尝试探究光质和 pH 等多种环境因素对离体叶绿体光合速率的影响，尝试分析多因素影响条件下，叶绿体进行光反应的最适环境条件。

5. 应该尝试继续利用分光光度计，制作标准曲线对光合作用过程中产生的其他物质进行定量检测。

点评

本案例教学内容属于"光合作用与能量转化"这一主题内容，是在细胞亚显微结构层次上设计开展的探究性实验。本实验为细胞器水平的探究，特别是光照这一因素的实验结果相当于复现了科学史上希尔反应的实验结果，对学生构建光合作用的概念具有直接价值。

本案例聚焦科学史上经典实验，发展学生科学论证和科学探究能力，设计的主要亮点包括以下两个方面。

1. 在不同的生命层次获得科学论证的证据

科学史上经典实验在学生构建概念上的价值是有目共睹的。与直接讲授希尔反应的实验的材料、条件控制和分组实验结果不同的是，本案例对希尔反应发生的条件进行了探索。

在分离获得叶绿体悬浮液后，教师首先引导学生进行显微镜下的镜检，观察到了完整的离体叶绿体，解决了微观结构不易直接观察的问题。然后探索温度对离体叶绿体活性的影响，依据测定结果得出结论，确定后续实验需要在低温下完成以保证叶绿体的活性，这一步是对实验基本条件的摸索，也能从逆向思维的角度帮助学生理解酶活性在光合作用中的重要作用。最后，复现希尔反应发生的过程，依赖于 2，6- 二氯酚靛酚的显色反应，间接证明光反应中氢受体的作用。

实验设计方案符合单一变量原则，将温度等无关因素的影响降至最低，并利用分光光度计在 620 nm 处测得吸光度值，利用该指标反映叶绿体的活性变化，分别从不同角度、不同生命层次提供多样化证据，有助于学生理解原理，推测结论，有效开展课堂对话。

2. 理解温度和光照两个因素的探究顺序

从上述实验步骤的分析不难发现，探究温度的影响要先于光照。因为这两个变量，需要在符合单一变量的条件下逐一完成探究。那么，如何确定两者的研究顺序呢？从科学本质观的内涵看，"科学工作依赖观察和推论""科学工作采用基于实证的范式"，光合作用的科学史研究涌现出大量经典研究。1937 年，英国科学家希尔是在光照射有氢受体的叶绿体悬浮液时发现的希尔反应，这是光反应过程的直接证据，因此光照是这个实验的自变量，并非温度。

在离体叶绿体悬浮液进行实验操作时，如何保证实验效果，最大限度降低细胞稳态被破坏后反应体系的变化，这就需要摸索反应的最适条件。综上所述，温度的探究在先，是对希尔反应发生条件的探索，是实验成功的关键条件之一，这有助于学生理解活细胞内部稳态对细胞器有序工作的重要性，从实践中获得排除实验误差的直接经验。

改进建议参考：学生经历实践活动获得一手资料，抑或是教师提供科学史的二手资料引导学生分析，都是为了提供实证，帮助学生构建概念，发展科学思维。本案例在镜检和温度影响叶绿体活性的探究阐述比较详尽，而在希尔反应的结果分析、学生讨论以及吸光度值的分析环节等展示不够充分，实证分析与概念构建之间松散疏离，从课堂节奏控制、单元学习任务优化的角度还有进一步优化的空间。

案例 8　基于创客教育改进"光照条件对光合作用强度影响"的探究实验

宁德市高级中学　钟磊发

 **使用教材**

人民教育出版社，普通高中教科书·生物学必修 1 分子与细胞，第 5 章细胞的能量供应和利用，第 4 节光合作用与能量转化。

二　实验器材

50 mL 小烧杯、黑藻、刻度尺、标签贴、笔、铁丝网、溶解氧传感器、智能数字实验盘、LED 灯带、光照度计、自制实验装置、激光切割机、3 mm 木板、掌控板、电脑。

三　实验创新要点

1. 融 STEM 教育、创客教育于一体，培养跨学科思维。

（1）利用编程软件，提高光质纯度与光源效能，实现 70 种光质选择。

（2）利用编程软件，实现 256 种光照强度的任意转换。

（3）利用编程软件，实现任意频闪（光照和黑暗交替时间）的转换。

2. 利用激光切割机自制教具，实现教具的科技创新。

3. 拓展并改进课本实验，发展严谨科学思维与创新精神。

4. 采用项目式教学，培养学生批判性思维，团结协作与图表分析能力。

5. 利用溶解氧传感器将定性分析改进为定量测定，使实验结果更直观，更有说服力。

四 实验原理

1. 不同的光照强度、光质、频闪频率在色素和酶的作用下生成的有机物和释放氧气含量不同，通过氧气传感器可实时监测氧气含量动态变化。

2. 利用编程软件通过掌控板（一款教学用开源硬件，集成了 ESP32 主控芯片及各种传感器和执行器，可将编程数据转换后输出）实现 256 种光照强度、70 种光质、任意的频闪频率的控制，精准定位自变量。

五 实验教学目标

1. 说出光照条件影响光合作用强度的几个要素。让学生理解、应用实验设计的基本原则，能对实验变量进行控制，按照实验操作步骤进行实验，认同在生物学的探究过程中开展合作的必要性。

2. 能使用溶解氧传感器，收集数据，汇总并记录实验结果。让学生能够小组协作设计实验，发现问题、改进方案，动脑创新、解决问题，尝试改进实验装置，培养创新思维、批判性思维、科学探究精神。

3. 能够使用激光切割、编程软件等，综合运用科学、技术、工程学和数学学科知识（STEM），解决特定问题，实现跨学科融合，培养科学思维和动手能力。

4. 能够采集、获取、对比、综合、评价图表数据，提高数据图表分析能力，训练团队协作精神。体会科学探究在农业生产上的重要作用，为农业生产提供方向，感悟科技创新的无限魅力，培养社会责任。

六　实验教学内容

把"光照"这一要素拆分成光照强度、光质、频闪频率（光照与黑暗交替时间）三种变量分别展开实验设计，本实验教学主要有以下几个环节：

1. 兴趣小组同学自由分成三组，每组五人，明确各组实验目标，发现问题，尝试画出创新实践设计实验装置草稿图。

2. 组间讨论，提出实验装置的优缺点，结合学习目标改进、优化实验装置。

3. 利用编程软件设置光照条件影响光合作用强度控制界面。

4. 兴趣小组同学带领班级学生展开实验设计，利用编程精准定位自变量，明确因变量及因变量检测，控制无关变量。

5. 进行实验并采集，整理、归纳、分析数据，得出结论。

6. 逐步缩小自变量梯度，重复上述步骤。

7. 各组整合结果，得出实验结论。表达与交流，联系生活为农作物增产提供思路。

七　实验教学过程

1. 明确各组实验目标，发现问题，尝试创新实践，设计实验装置草稿图（见图 1）。

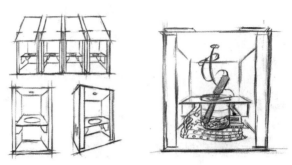

图 1　实验装置草稿图

参考教材圆叶片上浮法，同学们首先使用木耳菜和菠菜叶片来确定引起圆叶片上浮所需的 LED 灯带数量，3 条灯带 255 的白光照射下 5 min 内 20 个木耳菜叶圆片上浮 18 个，说明 3 条 LED 灯带发出的光照强度足够使得叶圆片上浮。预实验装置如图 2 所示。

图 2　预实验——木耳菜叶圆片上浮图

2.分析实验现象，改进优化实验装置。

学生根据第一小组同学的预实验过程及结果，提出几个疑问：

（1）叶圆片上浮法只是对光合速率定性分析，难以定量测量光合速率并分析其变化。

（2）光源距离叶圆片尚有一段距离，不能代表本实验的最大光照强度。

为解决上述疑问，学生改进实验装置，通过溶解氧传感器测量黑藻在不同光照条件下水中溶解氧含量的变化，同时将灯带固定于装置底部，将烧杯固定于距离灯带 2 cm 位置，装置上层木板打孔，方便线头通过。用铁丝网罩住黑藻防止因光合作用氧气增多使黑藻上浮，影响检测结果，如图3、图4所示。

图3　第一次优化后的反应室装置全景图　　　图4　第一次优化后的反应
室装置内部图

但还是有部分同学表示该实木装置太过厚重，不方便移动操作。有同学提出可使用激光建模软件建模，利用 3 mm 厚椴木板拼接预期实验装置。激光打印后的装置如图5、图6所示。

图5　激光打印整体装置图　　　　　图6　激光打印反应室
装置内部图

在此基础上，学生提出疑问：不同水中的溶解氧存在差异，应用哪种水质来培养黑藻？

查阅资料后发现：一般在 20℃ 条件下饱和溶解氧浓度为 8~9 mg/L，其溶解度还受盐浓度的影响。溶解在水中的盐分子会影响水分子之间的氢键结合，加大了水的表面张力和黏度，从而阻碍了氧气分子在水中的扩散和溶解速度，导致水中的溶氧量下降。

为选择初始溶解氧含量低的水培养黑藻，小组同学在 31℃ 的环境下测定4种水（自来水、矿泉水、去离子水、放凉的白开水）中的溶解氧含量，结果如图 7 所示。

矿泉水

放凉的白开水
自来水
去离子水

图 7　31℃的环境中 4 种水溶解氧含量变化图

根据结果来看，去离子水溶解氧最低且稳定，但其不适合藻类生长，溶解氧含量与其相近的自来水更符合条件，最终确定使用实验室的自来水来培养黑藻，并确定在每个烧杯内放置生长状态、长度基本相同（15 cm 左右）的黑藻各 4 条。

3. 学习编程软件与激光切割技术，设置光照条件影响光合作用强度的控制界面。

4. 设计实验，利用编程精准定位自变量，控制无关变量。

编程程序输入完成后，在掌控板 P0 接口处增加温湿度传感器，可显示装置内的湿度变化。各组展开实验，操作步骤如下：

（1）第一小组：探究光照强度对光合作用强度的影响。

①将灯带连接掌控板，再将掌控板和溶解氧传感器连接电脑。

②利用编程软件编写好灯带亮度分别调整为 255、170、85、0 四个亮度值，在灯带上方 2 cm 位置放置烧杯，用照度计测量在同一位置测量光照度分别为 21000 lx、14000 lx，9500 lx、0，分别在四个反应室中反应 20 min，用氧气传感器检测黑藻溶解氧含量变化。

③调整并缩小灯带亮度值范围，进一步实验。

④记录、分析实验结果。

（2）第二小组：探究光质对光合作用强度的影响。

①将灯带连接掌控板，再将掌控板和溶解氧传感器连接电脑。

②利用编程软件编写好灯带颜色调整为 RGB（255，255，255，白色）、RGB（0，0，255，蓝色）、RGB（0，255，0，绿色）、RGB（255，0，0，红色）这四种色值，用光照度计确认光照强度基本相等，分别在四个反应室中反应 40 min，用氧气传感器检测黑藻溶解氧含量变化。

③调整并缩小色值范围，进一步实验。

④记录、分析实验结果。

（3）第三小组：探究频闪频率对光合作用强度的影响。

①将灯带连接掌控板，再将掌控板和溶解氧传感器连接电脑。

②查阅资料，初步确定频闪频率。

③利用编程软件编写好灯带频闪频率，分别调整为 A 组：白光照射 40 min；B 组：先光照后黑暗，时间各为 20 min；C 组：先光照后黑暗，光照黑暗交替时间为 5 s；D 组：先光照后黑暗，光照与黑暗交替时间为 0.05 s，分别在四个反应室中反应 40 min，用氧气传感器检测黑藻溶解氧含量变化。

④调整并缩小频闪频率范围，进一步实验。

⑤记录、分析实验结果。

5. 实验结果及结论。

（1）第一小组：探究光照强度对光合作用的影响，反应装置如图 8 所示。

图 8　探究光照强度对光合作用影响装置示意图

A组：6条灯带亮度均调整为255（光照强度为21000 lx 左右）

B组：6条灯带亮度均调整为170（光照强度为14000 lx 左右）

C组：6条灯带亮度均调整为85（光照强度为9500 lx 左右）

D组：黑暗处理，不照光（光照强度为0）

提醒：前2 min 内不照光，黑藻只进行呼吸作用。

使用不同光照强度的白光RGB（255，255，255）照射20 min 后，结果如表1所示。

表1 不同光照强度下溶解氧含量表

光照强度（lx）	初始溶解氧（mg/L）	平衡溶解氧（mg/L）	差值（mg/L）
21000（灯带亮度255）	2.5	4.1	1.6
14000（灯带亮度170）	2.6	3.8	1.2
9500（灯带亮度85）	2.5	3.2	0.7
0（灯带亮度0）	3	2.8	−0.2

实验结论：一定范围内光照强度越大，光合作用的强度越强，溶解氧含量越高。

深化拓展：利用编程调整灯带亮度，将灯带亮度在[170，255]再进行四等分，分别设置亮度为255（光照强度为21000 lx 左右），233（光照强度为19500 lx 左右），212（光照强度为17300 lx 左右），191（光照强度为15800 lx 左右）四个数值，进一步探究黑藻光合作用的最适光照强度。结果如表2所示。

表2 不同光照强度下溶解氧含量表

光照强度（lx）	初始溶解氧（mg/L）	平衡溶解氧（mg/L）	差值（mg/L）
21000（灯带亮度255）	3.5	5.8	2.3
19500（灯带亮度233）	3.5	9	5.5

续表

光照强度（lx）	初始溶解氧（mg/L）	平衡溶解氧（mg/L）	差值（mg/L）
17300（灯带亮度 212）	3.2	3.6	0.4
15800（灯带亮度 191）	3.2	3.8	0.6

实验结果与结论：当灯带亮度为 233 时，即光照强度为 19500 lx 左右时，溶解氧差值最大，为 5.5，大于灯带亮度为 255 时。因此可初步确认黑藻的最适光照强度为 19500 lx。

（2）第二小组：探究光质对光合作用强度的影响。

实验小组同学利用编程软件编写好灯带颜色，调整为 RGB（255，255，255，白色）、RGB（0，0，255，蓝色）、RGB（0，255，0，绿色）、RGB（255，0，0，红色）这四种色值后将不同颜色的光亮度均调至 255。但实际操作后发现距离灯带 2 cm 处各种颜色光的光照强度明显不同，表现为白光（光照强度约为 15144 lx）＞绿光（光照强度约为 12000 lx）＞红光（光照强度约为 7000 lx）＞蓝光（光照强度约为 3600 lx），同等亮度（即相同瓦数）的蓝光光照强度远低于其他光。因此该组同学调整其他三组（除蓝光外）光亮度值，最终敲定白光亮度值 45，蓝光 255，红光 115，绿光 95，此时 4 种光的光照强度达到一致，均为 3600 lx 左右。

使用不同光质的光照射 40 min 后，实验结果及结论为相同光照强度下，黑藻在 20 min 内溶解氧增加量大小为：红光＞白光＞蓝光＞绿光，20 min 后白光＞红光＞蓝光＞绿光，可见黑藻对红光的偏好性强于蓝光。

（3）第三小组：探究频闪频率（光照与黑暗交替）对光合作用强度的影响。

第三小组同学在第二组同学的基础上进一步探究，将灯带亮度设置成 233，统一白光照射。A 组：白光照射 40 min；B 组：先光照后黑暗，时间各为 15 min；C 组：先光照后黑暗，光照黑暗交替时间为 5 s；D 组：先光照后黑暗，光照与黑暗交替时间为 0.5 ms，分别在四个反应室中反应 40 min，用氧气传感器检测黑藻溶解氧含量变化。

实验结果及结论为当频闪时间为 5 s 时，即光照总时间为 20 min，其光合溶氧量略低于光照时间为 40 min 的。换言之，黑藻在光照和黑暗交替时间为 5 s 时光合效率高于 40 min 全程光照。推测其在光反应产生的 NADPH 和 ATP 能被及时利用和再生，从而提高了暗反应二氧化碳的固定效率。

通过三组同学的实验结果与结论，联系生产实践：大棚种植时不仅需要考虑光照强度、光质，还应关注光照的频闪频率。如何在达到最大产能的同时节能，增加经济效益，本实验为其提供了一条新思路。

八 实验效果评价

本次实验将 STEM 教育、人工智能教育、创客教育紧密融合，引入掌控板、编程软件等，在提高光质纯度的同时实现 70 种光质选择。增大探究光照强度梯度；实现 256 种光照强度的任意转换；同时创新性探究实现任意频闪（光照和黑暗交替时间），发展学生的严谨科学思维和创新精神。利用激光切割机自制教具，一"置"多用，实现教具创新，解决目前光合作用探究实验中尚不能突破的重点、难点问题，优化实验探究过程，拓展教材实验。最后联系生产实践，为农业增长提供可行性方案，培养学生的社会责任意识。实验中学生学习热情足，参与度高，团队协作能力强，达到了预期的教学目标，极大地提高了学生科学探究精神，培养了创新思维、跨学科实践、动手动脑能力，数据收集、图表分析能力，符合课标中核心素养要求。由此得到启示：要激励学生综合运用生物学以外的知识解决生物学问题，让每一个学生的生物学学科核心素养真正落地。

点评

本实验案例设计融合了 STEM 教育和创客教育理念，利用激光切割技术自制实验装置，利用编程软件实现自变量的精准控制，利用传感器进行实验结果的定量分析。

在探究"光照强度对光合作用强度的影响"实验中，通常只能设置三到四组固定光照强度。在光质这一自变量的设置上教师常使用瓦数相同、颜色不同的荧光灯或白炽灯来获取不同光质，但荧光灯和白炽灯发出的光除去一种颜色为主的光线外，还混有一定数量其他波长的光，且白炽灯还存在发出的蓝紫光含量少，易发热等缺陷，若使用不同颜色玻璃纸控制光质则会引起光照强度的差异。光照条件对光合作用强度的影响除了光照强度、光质外，光照与黑暗的交替时间几乎无人涉足。为改进上述实验缺陷，实验中利用编程软件智能地实现 256 种光照强度、70 种光质的控制，有效提高实验准确性、科学性。同时在该实验基础上增设一组自变量，探究黑暗和光照的交替时间（频闪频率）对光合强度的影响，不同的频闪频率也可以通过编程软件实现。

在正式实验之前，学生进行了充分的预备实验。测定了 4 种水中溶解氧含量，以排除水中原有氧气对实验的影响。虽去离子水溶解氧含量最低且稳定，但其不适合藻类生长，最终确定使用溶解氧与去离子水相近的自来水培养黑藻，并确定了每个烧杯中放置相同的黑藻的数量。研究光照强度、光质和频闪频率这些自变量时，利用编程软件编写好相应数值，首先进行预备实验，正式实验时调整并缩小值范围，进一步实验，学生能真实体验并理解预实验在生物学实验中的重要作用。

此探究实验案例的实施过程中注重以学生为主体，主动参与设计实验、控制变量、分析数据，改进方案、动脑创新。既能提升科学思维，培养科学研究能力，也能为后面学习和探究打下基础，全面落实了生物学学科核心素养。

案例 9　探究环境因素对光合作用强度的影响

广东广雅中学　何应畅

 使用教材

人民教育出版社，普通高中教科书·生物学必修 1 分子与细胞，第 5 章细胞的能量供应和利用，第 4 节光合作用与能量转化。

二　实验器材

自制光照培养箱装置（安装智能灯棒，见图 1）、手机或平板电脑（安装有智能灯棒配套 App 和物理实验辅助 App）、电脑、溶解氧传感器套件、磁力搅拌器、电子天平、镊子、150 mL 锥形瓶、培养皿、记号笔、生长状态一致的黑藻、蒸馏水、不同浓度的 $NaHCO_3$ 溶液。

图 1　自制光照培养箱

三　实验创新要点

1.在自变量的控制方面：用智能 LED 灯棒代替传统灯泡，10 W 灯棒光强可达 14000 lx，远大于普通灯泡，并且可以使用手机、学生平板上的 App 进行远程调控，可以对于光质、光强进行数字化、精细化调控。采用学生平板的光感摄像头来精准测量每组受光的强度值，避免了改变光源距离导致的光照强度非线性变化，同时在探究光质、温度、二氧化碳浓度的实验中，可以准确保证无关变量光照强度的相同，提高实验的准确性。

同时，传统实验中单个小组能完成的实验组别有限，难以获得光合作用强度随自变量变化的整体趋势，且实验误差较大，而现代实验设备的引进，使各组自变量精确可控，能够将全班多组的实验进行汇总，可以获得大量实验数据，有效避免实验误差。

2.在因变量（观测指标）的检测方面：教材使用真空渗水法测量光合速率，时间长、误差大，改进实验采用氧气传感器检测氧气浓度变化，打开软件即可实时获得准确氧气浓度，操作简单，灵敏度高，现象明显，结果定量。

3.在教学组织方面：采用集中讨论、分组实验的方式，通过集中讨论确定需要研究的自变量，讨论出可行的实验方案；进而每组分工合作，负责某一光照强度下的操作，能较精确地完成同步的同时，让全体学生有参与感。针对课堂上不能完成的探究因素，则可以课后通过项目组的形式展开教学，发挥课堂教学和 PBL 教学的优势。

四　实验原理

1.光合作用可吸收二氧化碳并释放出氧气，水生植物黑藻所产生的氧气可通过溶解氧传感器定量检测，可用单位时间内溶解氧的变化量反映其光合作用强度。

2. 智能 LED 灯棒（摄影补光灯）具有较广的发光亮度和发光光谱，并可通过手机或学生平板 App 进行无线控制。物理实验辅助 App 可通过手机上的摄像头与光传感器，精准控制光照强度的数值，为定量实验打下基础。

五　实验教学目标

1. 学生在理解光合作用相关生物学概念的基础上形成生物与环境相适应、物质与能量观的生命观念。

2. 通过计算机软件、学生平板 App 进行实验数据收集、处理、建模和分析，并进一步结合光合作用原理，尝试阐明环境因素对光合作用速率的影响机制。

3. 应用实验设计的原则和光合作用原理，结合智能灯带等相关智能设备，制定观察测量单一环境因素对光合作用速率的实验方案。

4. 引导学生关注粮食安全等社会议题，结合实验，尝试为"如何在生产实践中提高农作物产量"提出建议。

六　实验教学内容

（1）探究不同光照强度对光合作用速率的影响。

①打开智能灯棒，调节灯光为白光，亮度最大。

用物理实验辅助 App，找出不同光照强度的位置并标记，见图 2。

②取 150 mL 锥形瓶若干，分别加入 4 g 生长状态相近的黑藻及 50 mL 2% 的 $NaHCO_3$ 溶液，并接入溶解氧传感器。

图 2　物理实验辅助 App 检测光照强度

③将组装好的锥形瓶放置在对应光强的位置上，打开磁力搅拌器，使锥形瓶中溶液缓缓流动。

④打开电脑溶解氧传感器软件，待读数稳定后，记录初始溶解氧浓度。

⑤用软件遥控同时打开各组智能灯棒，光照 10 min；待读数较为稳定时，读取溶解氧浓度。

（2）探究不同光质对光合作用速率的影响。

①打开智能灯棒配套 App，调节灯光亮度最大，通过 App 控制调节色相值和饱和度数值，获得指定颜色的光（绿光：色相 120；蓝光：色相 240；红光：色相 0）。

②③与实验 1 相同。

④打开物理实验辅助 App，调整平板与灯管的距离，找出该色光下光照强度为 12000 lx 的距离点，并标记（保证光质不同，但光照强度相同）。

⑤打开电脑溶解氧传感器软件，待读数稳定后，记录初始溶解氧浓度。

⑥通过平板遥控同时打开智能灯棒，光照 10 min；待读数较为稳定时，读取光照后溶解氧浓度。

（3）探究不同 CO_2 浓度对光合作用速率的影响。

①打开智能灯棒，调节灯光为白光，亮度最大。

用物理实验辅助 App，找出 12000 lx 的位置并标记。

②取 150 mL 锥形瓶若干，加入 4 g 黑藻后，分别加入 50 mL 1%、2% 和 3% 的 $NaHCO_3$ 溶液，接入溶解氧传感器。

③④⑤与实验 1 相同。

七 实验教学过程

1. 创设真实情境

教师介绍粮食计划署专家关于粮食危机的警告，提出问题：

（1）当前是否会发生全球粮食危机？

（2）从生物学的角度，如果要解决粮食危机，提高农作物产量的关键是什么？

2. 确定探究问题

学生讨论得出可能影响的因素，接下来怎么来筛选题目？

通过引导学生讨论，筛去部分无关题目，从本节课可操作性角度上看，筛去操作性差的题目。从剩下的题目中，最终确定一个对植物光合作用强度的影响的因素进行探究。

3. 进行实验设计

在确定题目后，接下来的难点是怎么形成实验设计和方案，首先需要明确相关概念和变量，结合光合作用的反应式，阐释光合作用强度的概念。针对实验设计这一学生不易回答的困难问题，将其分解为了变量的控制、指标的确定与试验方法的选取三方面具体的小问题，将抽象问题具体化，复杂问题简单化。

本实验自变量是光照强度，学生想到可以通过调节灯棒亮度和距离来控制光强，而对于定量实验的要求，采用电子设备可自动调节亮度这一生活常识，来引导学生采用软件中的光传感器来测量光强，实现自变量的定量控制。

在观测指标的选取方面，基于光合作用的反应式，学生根据单位时间内反应物的减少量和生成物增加量来判断光合作用速率，而进一步提出采用氧气传感器定量测量氧气产生量。

　　明确了自变量和因变量，教师让学生小组讨论完成实验设计的导学案，并邀请学生汇报，在汇报过程中对无关变量的控制、对照组的设置和实验结果的观察与记录等问题进行讨论和分析，最终形成了大家认可的实验方案。

　　通过引导性的问题串，明确实验自变量、因变量、观测指标、无关变量。进而介绍实验装置和操作方法，通过导学案的形式，让学生完成实验操作的设计，并简单分享和讨论改进（见图 3）。

　　　称取等重的黑藻　　取生长状态相同的黑藻若干，称取4 g黑藻

　　　定点不同光强位置　　打开智能灯棒，调节灯光为白光，亮度最大；
　　　　　　　　　　　　用物理实验辅助App，找出不同光照强度的位置并标记

　　　准备光合作用系统　　取150 mL锥形瓶若干，分别加入4 g黑藻及50 mL 2%的NaHCO₃
　　　　　　　　　　　　溶液，并接入溶解氧传感器，打开溶解氧传感器软件记录初始氧气浓度

　　　光照并记录数据　　打开灯棒，10 min后读取氧气浓度

图 3　实验操作流程

4. 分组开展实验

　　在学生形成方案之后，则可以分组开始不同光照强度的实验，每小组负责一个光照强度，主要步骤分为制备光合作用反应装置，调节光照强度，测定 10 min 内氧气生成量。大概 15 min 内即可完成操作，学生通过平板上传实验图片和实验数据，汇报实验结果（见图 4）。

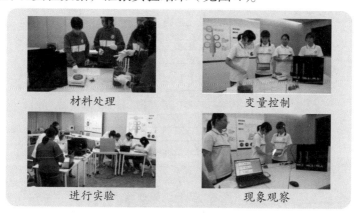

材料处理　　　　　　　　　变量控制

进行实验　　　　　　　　　现象观察

图 4　实验操作照片

5. 实验结果分析

得到数据后（见表1），教师引导学生将数据转化成直观的图像，运用Excel 软件自动生成结果折线图（见图5），并进行结果的分析。教师组织学生回忆温度、pH 对酶活性影响的曲线描述方法，并引导学生不断描述和修正表达。教师可结合本地农产品特色，谈谈如何应用本节实验关于提高光合作用强度的结论和方法，从而提高农产品和粮食产量，将实验结果真正用于解决实际问题，培养学生社会责任意识。

表 1　不同光照强度下溶解氧变化值统计表

光照强度（lx）	初始溶解氧浓度（mg/L）	10 min 后溶解氧浓度（mg/L）	10 min 后溶解氧变化值（mg/L）
2000	7.06	6.38	−0.68
4000	7.01	6.47	−0.54
6000	6.99	7.11	0.12
8000	7.11	7.53	0.42
10000	7.03	7.72	0.69
12000	6.98	7.76	0.78

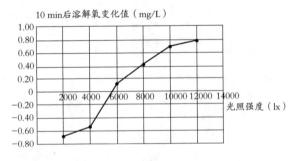

图 5　实验结果处理

6. 表达和交流

通过对结果的分析，讨论发现新问题，光照强度超过一定范围后为什么不再随光照强度增加而增加？此时的限制因素有哪些？引导学生讨论分析。在学生基本了解实验设计和操作方法之后，在课后请有兴趣的部分学生组建 PBL 小组，利用课余时间，对后续的 CO_2 浓度、光质甚至是多因素影响等问题进行课后的项目化学习，以达成深度学习的目标。

八　实验教学评价

1. 从教学效果来看：本节课以提高农作物产量的实际生产情境为背景，提出研究问题，并以问题的形式层层深入引导学生完成实验方案设计，通过实验收集数据、验证假设，体验较为完整的科学探究过程，发展了学生的科学思维，并且最终将结果运用在实际生产生活中，为解决粮食危机问题提供可行建议，遵循了"发现问题—解决问题—再发现问题"的原则，有效地发展了学生的科学思维和科学探究能力，同时落实了社会责任意识的培养，有效地发展了学生的核心素养。

同时，教学以课堂实验为主，落实课标，满足大多数学生学习要求，而在课后结合本节课的思路和操作，组建 PBL 项目小组，采用同一套装置对光质等其他环境因素进行探究，以项目式学习为延伸，兼顾部分拔尖学生，进行深度学习。

2. 从推广价值来看：实验改进了实验装置，用智能灯棒和光传感器等常见智能设备，有效控制实验变量，并与氧气传感器等专业设备结合，对因变量进行快速直观检测，缩短实验时间，提高实验效率。利用一套装置可完成光照强度、光质、二氧化碳浓度、温度等因素对光合作用影响的探究，实现了一物多用，同时让传统实验完成了信息化、现代化的提升。

点评

探究性实验是高中生物学实验的基本类型之一，是为了探索一些生物学问题而完成的结果具有不确定性的实验。科学探究能力包括观察、提问、实验设计、方案实施以及对结果的交流与讨论的能力。在探究过程中，期待学生增强对自然现象的好奇心和求知欲，提高实践能力，乐于并善于团队合作，勇于创新。

本案例属于探究性实验，发展科学探究方面侧重培养"实验设计、方案实施和交流讨论"三个要素，设计的主要亮点包括以下两个方面。

1. 引入智能化设备实现自制装置的实时监测

自制光照培养箱可分为两部分，即实验条件控制系统和智能数据收集系统。实验条件控制系统引入新的设备，磁力搅拌器辅助对系统中氧气含量的监测；智能灯棒属于冷光源，其光质和光强度数值可测量，并且能够通过 App 远程调控，操作灵活、方便，解决生物学长时间培养条件下的实时监测的问题，也能让学生对现代农业大棚设施的智能便捷产生直观感受。智能数据收集系统整合现有智能设备及软硬件支持，包括电脑、平板、氧气传感器和灯棒配套 App 等，解决长时间收集和记录数据的问题。以上设备并不鲜见，在实验设计上的启示在于重新整合，合理应用。

2. 实现技术平台支持下的定量实验结果收集

利用智能灯棒的 App 可以获得实验装置中的照度值，量化控制自变量。氧气传感器可以获得实验装置中氧气浓度的变化数值，因变量的观测指标也是量化数据。搭建上述实验装置系统，保证各个学生小组探究不同的自变量，获得的实验数据具有可比性，这是汇总全班结果进行分析的前提。

在实验方案实施以及对结果的交流与讨论环节，学生迁移酶活性研究中处理数据的方法，将自己小组的实验结果处理为表格和折线图等。学生分析通过实验获得的一手资料，实验参与感和成就感更高。本案例图 5 显示溶解氧变化值在低光照强度时出现负值，这为讨论光合作用和呼吸作用的关系、净光合产量和总光合产量提供了最为直接的素材。

改进建议参考：本案例的拓展实验，是利用仿真模拟实验，探究 CO_2 浓度和光质对于光合作用强度的影响，这样的任务是否适宜作为 PBL 小组任务有待商榷。如果能将自制光照培养箱进行改造，将实验条件控制系统的条件控制装置模块化，也就是智能灯棒可以进行替换，让一个实验系统能够承载一系列相关的实验探究活动，效果更优，性价比更高。

案例 10　探究酵母菌细胞呼吸的方式

安徽省淮北市第一中学　杨光

一　使用教材

人民教育出版社，普通高中教科书·生物学必修 1 分子与细胞，第 5 章细胞的能量供应和利用，第 3 节细胞呼吸的原理和应用。

二　实验器材

用于"我要发面"实践活动：高活性酵母粉、面粉、清水、塑料盆、大烧杯、恒温水浴锅、透明塑料袋（用于设置无氧密封环境）。

用于开展教材实验：食用酵母菌、5% 葡萄糖溶液、溴麝香草酚蓝溶液、酸性重铬酸钾溶液、10% 氢氧化钠溶液、锥形瓶、橡皮塞、玻璃罐导管、橡皮管、橡皮球或气泵、试管和滴管。

用于完成制作"数字一体化"实验教具，并用此装置开展创新实验探究：高活性酵母粉、溴麝香草酚蓝溶液、碘液和 20% 氢氧化钠溶液、$FeCl_3$ 溶液和 H_2O_2 溶液、红色液体颜料、"数字一体化"实验教具、CO_2、O_2、乙醇和温度传感器及软件系统、手机（或平板、电脑）。

（三）　**实验创新要点**

1. 实验教学模式创新——基于学科融合的 STEAM 实验教学框架

传统的教学模式主要以教师教授或播放实验视频为主，本实验由生活情境出发，学生从中发现问题，通过交流讨论，初步设计问题解决方案，据此开展分组合作探究。学生解决问题和合作交流讨论的过程中，迁移、运用和生成学科知识技能。

2. 实验检测试剂改进——碘仿反应检测酒精

教材实验采用酸性重铬酸钾检测酵母菌细胞无氧呼吸是否产生酒精，其中使用到的浓硫酸和重铬酸钾均为化学危险品，学生使用存在一定的安全隐患。本实验利用碘液在碱性环境下，与酒精发生碘仿反应，生成黄色结晶沉淀，而且碘液不与葡萄糖发生反应的原理，用碘液代替酸性重铬酸钾检测酒精，降低安全隐患的同时，有效排除葡萄糖对酒精检测的影响。

3. 实验装置创新——自主设计制作数字一体化实验教具

（1）通过提供纯氧、制作安装磁力搅拌器和增加恒温加热装置缩短反应时间，提供纯氧还可解决空气中 CO_2 难以除尽，影响 CO_2 检测的问题，结合传感器，检测生成实验数据，开展定量实验探究和深度学习。

（2）经过不断完善，设计制作出数字一体化实验教具，见图 1。

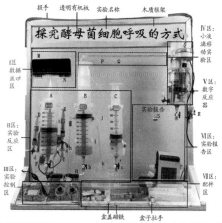

图 1　酵母菌细胞呼吸方式数字化一体反应器结构及分区

Ⅰ区：M. 手机或平板；N. 手机或平板支架。

Ⅱ区：A. 酵母菌细胞呼吸反应器（550 mL 注射器改装）；B. 氧气发生器（550 mL 注射器改装）；C. H_2O_2 溶液容器（300 mL 注射器改装）；D. 酒精检测装置（10 mL 注射器改装）；E. CO_2 检测装置（10 mL 注射器改装）；F. 自制小型微型磁力搅拌器；G. 微型气泵；H. 电池盒；a~f. 输液器三通阀；g. 单向通气阀；h. 输液器开关；i. 注射器固定卡扣；j. 输液器二通阀；k. 输液管改装连通器；m. 恒温加热器（电热毯加热装置）；n. 气泵出气口。

Ⅲ区：I. 磁力搅拌器调速器；J. 气泵调速器；T. 简易恒温加热器控制开关。

Ⅳ区：H. 小液滴细管进气口；P. 带刻度细管（1 mL 注射器和输液管改装）；Q. 红色小液滴；R. 小液滴细管出气口三通阀。

Ⅴ区：数字反应器。

Ⅵ区和Ⅶ区：S. 实验报告夹子；K. 小零件盒；L. 注射器盒。

（3）为了能够同时检测酵母菌细胞呼吸过程中的 CO_2、O_2、乙醇和温度的实时变化，通过精确测量和设计，将 550 mL 注射器活塞（见图 2）、活塞轴（见图 3）和针筒（见图 4）进行改装，然后将传感器安装在其中，组成数字化一体反应器，如图 5 所示。

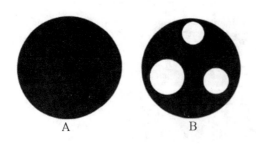

图 2　未处理的活塞 A 和挖孔的活塞 B

图 3　未处理的注射器活塞轴 A 和挖孔处理的注射器活塞轴 B

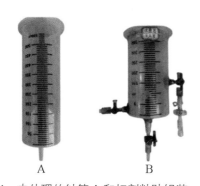

图 4　未处理的针筒 A 和切割粘贴组装

三通阀的针筒 B

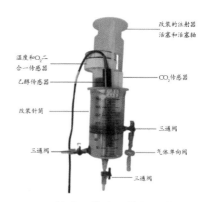

图 5　传感器数字一体化反应器

四　实验原理

1. 碘仿反应检测酒精

乙醇在碱性环境下，被氧化为具有"CH_3CO-"结构的物质，而具有"CH_3CO-"的物质（醛类只有乙醛）能够在碱性环境中与碘元素发生反应，生成黄色结晶三碘甲烷。

2. 自动提供纯氧

图 1 中 B 注射器中注入的是 $FeCl_3$ 溶液，注入适量 H_2O_2 溶液后产生氧气，使 B 活塞上升至上方开口以上，打开气泵 G 后，B 内压强降低，C 注射器中存放的 H_2O_2 溶液通过连通管进入 B 继续分解产生氧气。气泵出气口连接 A 注射器，将氧气供应给酵母菌细胞呼吸，实现自动供氧。

3. 加速酵母菌细胞呼吸

如图 1 所示，自制的磁力搅拌器 F 通过调速器 I 调整合适转速，带动 A 注射器中转子的转动，加速有氧呼吸。自制简易恒温加热装置可对酵母菌反应溶液进行加热，使其达到合适的反应温度，即 35℃左右，加速其呼吸作用。

4. 简易定量分析——液滴移动检测呼吸产物

如图 1 所示，将小液滴管左侧 IV 区 H 进气口连通到 f 三通阀门上，如图 6 所示，即可通过小液滴 Q 在带刻度细管 P 中移动距离对 O_2 或 CO_2 量的变化进行简单定量检测。

图 6　连接小液滴细管进气口与酵母菌反应装置出气口示意图

5. 精确定量分析——传感器检测物质变化

利用数字传感器技术，通过连接不同的数据传感器终端，即可读取反应体系中 CO_2、O_2、温度和乙醇的变化。

五　实验教学目标

1. 通过合作讨论、创新实验探究酵母菌呼吸方式、产物和能量变化，构建并分析数学曲线模型，形成生命的物质和能量观。

2. 通过自主分析并实施教材实验，结合物理、化学等多学科科学技术，思考、讨论创新方案，提升批判和创造性思维能力。

3. 通过自主设计、合作探究，结合工程、艺术等思维设计构建实验装置，验证假设，提升实验探究和团队合作能力。

4. 通过参与"我要发面"实践活动，学习发面技术，认识到生物学是源于生活、解决生活问题的学科。

六 实验教学内容

基于学科融合的 STEAM 实验教学框架和知识点，将本次实验的教学内容细分如表 1 所示。

表 1 创新实验教学内容细分

主要教学环节	主要教学内容	环节预期目标
课前"我要发面"情境实践活动	组织学生学习发面技术，开展发面实践，观察实验现象，提出问题	结合生活情境初步感知细胞呼吸
自主学习探究	学习微课	学习实验
	组织学生完成实验学案	初步检测学习效果
	组织学生开展教材实验探究	提升实验技能，熟悉教材实验内容
	组织学生进行自主学习讨论，对教材实验深入分析	分析教材实验
交流讨论优化方案设计	组织学生小组讨论，分析教材实验可优化点	深入分析，培养质疑、创新意识
	总结主要优化点，分组讨论方案	培养科学思维
实施方案，开展创新实验探究	根据可优化点和解决方案，划分学生实验小组，引导学生开展实验探究	培养科学探究意识
	开拓思维，创新实验探究	拓展学生思维
总结分析评价	分析评价实验结果，布置课后检测试卷作业	巩固练习

七 实验教学过程

1. "我要发面"情境实践活动

（1）组织学生前往学校食堂，参观并学习"发面"技术。

（2）学生在实验室进行"发面"实践，设置了多组对照：室温和35℃水浴加热、有酵母粉和无酵母粉、密封（不接触氧气）和非密封（接触氧气）等组别，如图7所示。

图 7　设置不同条件下多组"发面"对照实验

（3）展示分享"发面"成果，通过看、闻、摸等方式去了解眼前的这些面团，交流发现的现象。

2. 自主学习探究

（1）课前学生观看微课，自主学习教材实验过程，通过"实验报告"进行初步自主学习评价。

（2）依照教材实验要求，组装实验装置，配制试剂和实验材料并开展实验，这个过程也是对学生自主学习效果的实验操作水平评价，如图8所示。

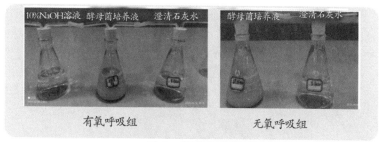

图8 组装实验装置

（3）通过深入思考和交流讨论，提出教材实验的优化改进措施。

3. 分析讨论优化方案设计

通过学习、模拟开展教材实验和交流讨论，学生主要提出以下几个可改进的方面。

改进点1：实验耗材多（500 mL锥形瓶），反应时间长（8~10 h），不利于课堂教学开展。

改进点2：检测酒精的试剂为酸性重铬酸钾溶液，学生使用有一定的安全隐患。

改进点3：实际反应过程中，酵母菌溶液中的葡萄糖难以耗尽，同样会与酸性重铬酸钾反应，影响酒精的检测。

改进点4：有氧呼吸装置通过通入空气为酵母菌提供氧气，空气中的CO_2会影响反应产生的CO_2的检测。

改进点5：本实验为定性实验，无法进行呼吸产物定量分析，无法对诸如呼吸速率变化、呼吸作用影响因素等问题进行深入研究。

4. 实施方案，开展创新实验探究

（1）检测试剂改进：碘仿反应检测酒精。

①取5个试管，分别向其中加入20%NaOH溶液和等量碘液，混匀。

②分别加入等量有氧呼吸反应后酵母菌滤液、无氧呼吸反应后酵母菌滤液、5%乙醇、2%葡萄糖溶液、蒸馏水。

③观察各试管是否产生黄色沉淀及沉淀量的多少，如图9所示。

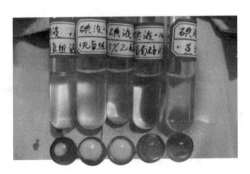

图 9 碘仿反应检测酒精 5 组实验现象

（2）分组开展实验探究，设计制作数字化一体反应器。

（3）利用制作出的实验教具，组织同学按钮如下步骤开展实验探究。

①使用前检查装置气密性，所有操作均参照图 1 所示的字母标注。

i. 打开 a 阀门，在注射器 A 中吸入适量空气，超过 e 阀门刻度；

ii. 关闭 A 注射器 a 阀门，打开 d、e 阀门使 D、E 注射器与 A 注射器相通；

iii. 推 A 注射器，D、E 注射器活塞上移，说明气密性良好；

iv. 利用类似原理检查其他地方的气密性。

②简易定量实验探究无氧呼吸。

i. 取 60 g 酵母菌，配制 100 mL 酵母菌溶液，将其注入 A 注射器中（方法 1：直接将注射器取下，打开 a 阀门，关闭 d、e 阀门，吸取酵母菌溶液；方法 2：打开 a 阀门，关闭 d、e 阀门，用其他注射器吸取酵母菌溶液通过 a 阀门注入 A 注射器中），保证溶液在 e 阀门刻度之下；

ii. 打开简易恒温加热器控制开关，设定到合适温度。关闭 a、d、e 三个阀门，使 A 注射器不与外界相通，酵母菌开始无氧呼吸，观察到有气泡产生，推动 A 注射器活塞上移；

iii. 一段时间后，调整 e 三通阀，使 A 和装有溴麝香草酚蓝溶液的 E 注射器相通，用 E 吸取适量 A 中气体，如果溶液由蓝色，变成绿色，最后变成黄色，则可证明无氧呼吸可产生 CO_2；

iv. 将小液滴管左侧 H 小液滴细管进气口联通到 f 三通阀门上；

v. 测定酵母菌无氧呼吸时初始液滴刻度为 0.7，如图 10 所示。经过 30 min 的呼吸作用，液滴位置向右移动到刻度至 0.2 的位置，如图 11 所示。

图 10　初始位置　　　　　　　　图 11　结束时液滴位置

③精准探究酵母菌细胞呼吸的方式反应过程相关物质变化，以探究密闭容器内酵母菌细胞呼吸过程物质和能量的变化为例。

i. 将 A 注射器更换为 F 传感器反应器；

ii. 取 60 g 酵母菌，配制 100 mL 酵母菌溶液，注入 F 注射器中，保证溶液在 e 阀门刻度之下；打开简易恒温加热器，设定到合适温度 35℃左右；

iii. 分别在 B、C 注射器中添加适量 $FeCl_3$ 溶液和 H_2O_2 溶液；

iv. 打开三通阀 c，使 C 注射器和 B 注射器联通；打开三通阀 a，使 A 注射器与气泵 i 出气口联通，打开三通阀 e 和 f，保证 A 注射器与外界相通，以便排气；

v. 通过 b 三通阀向 B 注射器中注入适量 H_2O_2 溶液，然后关闭 b 三通阀，开始产生氧气，直到 B 注射器活塞在两个开孔之上；

vi. 通过气泵调速器 J 打开气泵 G 并将其调整为合适速度，气泵从 B 注射器中吸入氧气，B 注射器内压强降低，将 C 注射器中 H_2O_2 溶液吸入 B 与其中的 $FeCl_3$ 溶液反应继续产生氧气，通过气泵将氧气不断输入 A 注射器酵母菌反应溶液中，实现自动持续供氧；

vii. 大约 1 min 之后，关闭 A 注射器上的所有三通阀，使其保持密封状态；

viii. 打开手机或平板内安装的传感器数据记录软件，打开各个传感器，通过软件实时检测记录反应体系内 CO_2、O_2、温度和乙醇的变化。

5.实验结果

（1）碘仿反应检测酒精。

①结果分析：葡萄糖组和蒸馏水组无黄色沉淀，乙醇组有黄色沉淀，说明酒精可以与碘液反应，不与葡萄糖发生反应，因此可以说明碘仿反应可以避免葡萄糖的影响，进行酒精检测。有氧呼吸滤液组和无氧呼吸滤液组均有黄色沉淀产生，说明两种呼吸均有酒精产生，猜测有氧呼吸组里有酵母菌发生了无氧呼吸。

②结果评价：本次实验现象明显，碘液为安全溶液，可以避免酸性重铬酸钾存在的安全隐患，且反应效果明显；碘液仅与酒精发生反应，可以避免酵母菌反应溶液中葡萄糖对酒精检测的影响。本次取代检测液，改良酒精检测实验的同时，让学会体会到运用化学学科知识解决生物学实验问题的过程。学生在开展实验的过程中，综合考虑了多种对照，排除无关变量的影响，提升了科学思维和实验探究能力。

（2）简易定量实验探究无氧呼吸。

①结果分析：液滴向右移动了 0.5 mL，即在 30 min 时间内酵母菌细胞呼吸作用产生的 CO_2 的量为 0.5 mL，酵母菌在 30 min 段时间内的无氧呼吸速率用 CO_2 表示为 0.5/30 mL/min，约为 0.017 mL/min。

②结果评价：结合压强原理，以小液滴位置移动变化表示 A 注射器中气体体积变化，巧妙地实现了对反应过程气体的变化进行简易定量测定，为没有传感器设备的学校提供了更多的选择。

（3）精准定量分析实验。

①密闭容器内酵母菌细胞呼吸过程 CO_2 浓度的变化（见表 2、图 12）。

表 2　数字一体化反应器中 CO_2 浓度的变化

反应时间 /min	0	20	40	60	80	100	120	140	160
CO_2 浓度 / ppm	12048	34924	48088	56210	61490	65322	68228	70314	71614

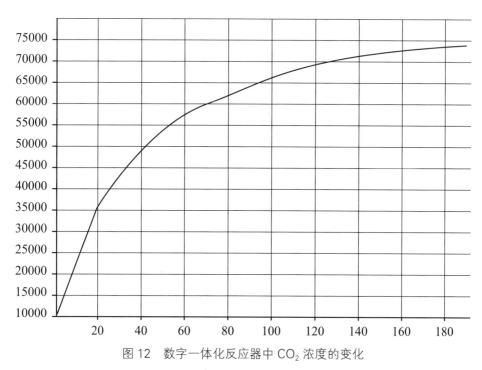

图 12　数字一体化反应器中 CO_2 浓度的变化

结果分析：初始 CO_2 浓度不等于 0，可能是传感器开始测量时酵母菌已经开始进行呼吸，产生部分 CO_2。随着酵母菌细胞呼吸的进行，反应体系内 CO_2 浓度呈现逐渐上升的趋势，且上升的速率逐渐降低。分析其原因可能是初始阶段密闭容器内的 O_2 浓度和葡萄糖浓度比较高，酵母菌主要进行有氧呼吸，产生 CO_2 速率快，且繁殖快，酵母菌增多。随着密闭容器内氧气的消耗以及葡萄糖浓度降低，整体呼吸速率减弱，导致 CO_2 增长速率减缓。

②密闭容器内酵母菌细胞呼吸过程 O_2 浓度的变化（见表 3、图 13）。

表 3　数字一体化反应器中 O_2 浓度的变化

反应时间/min	0	20	40	60	80	100	120	140	160
O_2 浓度/ppm	179809	173004	167145	163940	163071	160904	159485	159073	158203

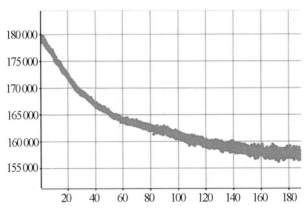

图 13　数字一体化反应器中 O_2 浓度的变化

结果分析：随着酵母菌细胞呼吸的进行，反应体系内 O_2 浓度整体呈现下降趋势，且下降速率逐渐降低。分析其原因为开始反应体系 O_2 浓度较高，有氧呼吸速率较高，消耗 O_2 速率较快，之后 O_2 量减少，有氧呼吸减弱，耗 O_2 的速率减弱。

③密闭容器内酵母菌细胞呼吸过程乙醇浓度的变化（见表 4、图 14）。

表 4　数字一体化反应器中乙醇浓度的变化

反应时间 /min	0	20	40	60	80	100	120	140	160
乙醇 /%	0.06	0.08	0.12	0.16	0.19	0.22	0.24	0.27	0.3

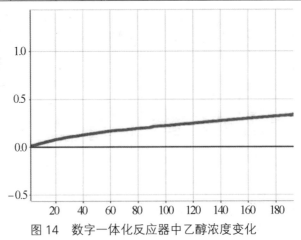

图 14　数字一体化反应器中乙醇浓度变化

结果分析：随着酵母菌细胞呼吸的进行，反应体系内乙醇浓度整体呈现上升趋势。分析其原因为虽然初始时期反应体系内 O_2 浓度较高，但仍然有部分酵母菌因为接触不到 O_2 而进行无氧呼吸，产生乙醇。O_2 不断消耗，无氧呼吸的酵母菌数量增加，乙醇浓度升高。

④密闭容器内酵母菌细胞呼吸过程温度变化（见表 5、图 15）。

表 5　数字一体化反应器中温度变化

反应时间 /min	0	20	40	60	80	100	120	140	160
温度 /℃	32.7	34.2	33.4	32.2	31.2	30.6	30.2	29.9	29.7

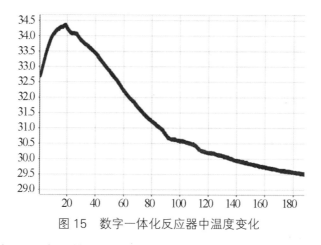

图 15　数字一体化反应器中温度变化

结果分析：反应开始之前，实验室温度设置的是 26℃，为了加快反应速率，增加酵母菌数量，通过反应容器外的恒温加热装置对酵母菌溶液进行预热，设置温度为 33℃。开始实验之后停止加热，避免干扰。随着酵母菌细胞呼吸的进行，反应体系内的温度约在 20 min 之前呈上升趋势，而后逐渐下降。分析其原因为初始时期反应体系内 O_2 浓度较高，酵母菌主要进行有氧呼吸，释放的热能相对较多，温度上升。之后 O_2 消耗使有氧呼吸减弱，无氧呼吸酵母菌增多，产热较低，加之环境温度的影响，体系温度下降。但温度下降趋势逐渐减缓，没有很快降到 26℃ 的室温，说明呼吸作用释放热能。

⑤实验结果整体评价：综合分析以上四组数据，表现出来的整体趋势是相互对应的。均是初始时期密闭容器内 O_2 浓度较高，有氧呼吸较强，后期无氧呼吸增强导致。

八 实验效果评价

1.本次实验教学，从多个角度实现了创新性。

（1）实验教学模式的创新：结合 STEAM 教育理念设计教学框架，教学过程中，引导同学们结合运用数学、化学、物理、工程以及艺术思维，提升了学生的思维创新能力。

（2）实验试剂的创新：学生查阅资料，结合化学知识，将酸性重铬酸钾溶液替换为碘液，运用碘仿反应检测酒精，并通过设置对照实验验证了实验的可行性，解决了葡萄糖影响酒精检测的问题，也提升了实验的安全系数。

（3）实验装置的创新：根据实验需求构建了一体化、数字化的实验装置，在保证实验严谨性的同时，结合使用现代化的技术设备辅助实验，将定性实验定量化，为后续开展呼吸作用的深入研究提供了支持。

2.经过多轮的实验探究活动，学生的思维也得到了极大拓展，他们发现此实验装置还可以用于开展其他方面的实验探究，如：探究酵母菌细胞呼吸的速率、探究酶的高效性、"制作果酒和果醋"探究实验、探究果酒发酵的最适温度，实现了一器多用。

点评

本实验对教材中"探究酵母菌细胞呼吸的方式"这一探究实践活动进行了改进和拓展。系列实验首先从发面的生活情境出发，开展分组合作探究，设置了室温和35℃水浴加热、有酵母粉和无酵母粉、密封（不接触氧气）和非密封（接触氧气）等组别。

在对酵母菌呼吸方式进行探究的过程中，对实验装置和方法进行了改进。使用碘仿反应检测酒精含量，避免了教材实验使用酸性重铬酸钾检测的方法中浓硫酸和重铬酸钾等试剂的危害，试剂获取相对容易。碘液在碱性环境下，可以与酒精发生碘仿反应，生成黄色结晶沉淀，而且碘液不与葡萄糖发生反应。用碘液代替酸性重铬酸钾检测酒精，降低安全隐患的同时，还可以有效排除葡萄糖对酒精检测的影响。

本实验对反应条件进行了更为精准的控制。采用 $FeCl_3$ 溶液与 H_2O_2 溶液反应提供纯氧，利用若干注射器、活塞和气泵等装置将氧气持续供应给酵母菌进行细胞呼吸，实现自动供氧，排除空气中 CO_2 不易去除干净这点对实验的影响。利用磁力搅拌器、增加恒温加热装置加速酵母细胞呼吸作用的速度。利用压强原理，以小液滴位置移动代替 A 注射器中气体体积的变化，巧妙地实现了对反应过程气体变化的简易定量测定。利用传感器，实现对 CO_2 浓度、O_2 浓度、乙醇浓度和温度变化的精确定量检测。该实验装置还可以实现"一器多用"，可进一步用于开展探究酵母菌细胞呼吸的速率、探究酶的高效性、制作果酒和果醋和探究果酒发酵的最适温度等。

在整个实验过程中，学生进行了充分的合作交流和讨论，综合运用学科知识和实验技能解决问题。教师在实验探究的过程中对学生进行了多角度评价，如评价课前"我要发面"实践活动的参与程度和实践结果讨论。通过对教材实验的自主学习、优化问题分析和解决方案设计，完成对学生自主学习能力、基本实验技能、合作交流讨论能力的诊断评价。通过制作创新实验教具，开展实验创新与改进，完成对学生生物学学科核心素养的综合评价。

案例 11 酵母菌呼吸方式的拓展探究

重庆市巴蜀中学校 王江艳

一 使用教材

人民教育出版社，普通高中教科书·生物学必修 1 分子与细胞，第 5 章细胞的能量供应和利用，第 3 节细胞呼吸的原理和应用。

二 实验器材

锥形瓶、玻璃管、橡皮球、摇床、水浴锅、酒精检测仪、电子秤、量筒。

三 实验创新要点

教材原有实验所需反应时间为 8~10 h，改进后可以在 20 min 内完成反应过程，方便学生在一节课内做完实验，并且在改进的基础上，进一步将本实验应用到生产生活实践中去，指导生产利益最大化。

四 实验原理

1.酵母菌在有氧和无氧条件下都能生存，属于兼性厌氧菌。

2. 二氧化碳能够使澄清的石灰水变浑浊。

3. 橙色的重铬酸钾溶液在酸性条件下与酒精发生反应变为灰绿色。酵母菌发酵后，溶液中既存在葡萄糖又有酒精，而葡萄糖也会与酸性重铬酸钾溶液发生反应，带来干扰。可以用 90℃ 水浴加热将酒精蒸馏出去后进行鉴定，还可利用酒精检测仪进行检测。

4. 针对基于教材实验方案实施 20 min 的实验结果中有氧、无氧组均出现灰绿色的问题，通过实验证实是过量葡萄糖导致。可通过延长反应时间消耗葡萄糖、减少葡萄糖量以及增加酵母菌量角度进行实验改进。

五 实验教学目标

1. 通过对有氧组出现灰绿色原因的探究，建立生命的物质观。

2. 在探究有氧组出现灰绿色的原因，并针对性改进本实验过程中培养学生科学思维能力。

3. 将改进后的实验应用到生产生活实践中，在这一过程中培养学生"探究原因—解决方法—应用实践"的科学探究思路。

六 实验教学内容

由改进方向"20 min 内完成反应过程，方便学生在一节课内做完实验"出发，教师展示按照教材要求的试剂剂量进行 20 min 反应的视频和照片，结果显示有氧、无氧组均出现灰绿色，由此展开探究。找到原因后，有针对性地探究解决问题的办法，最后进一步将改进后的实验应用到生产生活实践中去，指导生产利益最大化。

（七） 实验教学过程

1.引出改进实验课题：教材中这个实验要求将装置放到 25~35℃环境中培养 8~10 h。但是 8~10 h 太久了，需要学生早上匆匆忙忙跑去实验室搭建装置，算好时间晚自习去观察现象，费时费力，所以提出疑问：能不能在一节课之内完成这个实验呢？

要一节课完成，除去前期连接装置（见图 1、图 2）、称量药品和后期检测、观察的时间，最好让反应时间控制在 20 min 之内。

图 1　酵母菌有氧呼吸装置（橡皮球鼓气）　　　图 2　酵母菌无氧呼吸装置

2.探究 1：在做预实验的时候，教师发现只反应 20 min 会使得有氧、无氧组都变成灰绿色，无氧组产生的酒精会使得酸性重铬酸钾溶液变成灰绿色，但为什么有氧组也会出现灰绿色呢？

教师请学生分组讨论，提出假说并设计实验验证，最后分小组汇报如下：

（1）用过氧化氢供氧改进有氧组。

有一组学生想到的是橡皮球供氧不足使得酵母菌无氧呼吸产生了酒精，所以借鉴化学知识，将橡皮球换成二氧化锰催化过氧化氢持续供氧来改进（见图 3），同样反应 20 min 后加入酸性重铬酸钾检测，结果发现过氧化氢组仍然有灰绿色，改进实验失败。

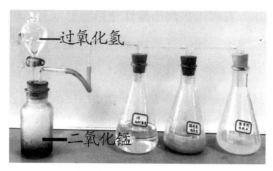

图 3　有氧组改进 1（过氧化氢供氧）

（2）用摇床改进有氧组。

还有一组学生提出，会不会是因为反应液中氧气供给不均匀，玻璃管口附近氧气充足，但远离管口的区域氧气不足，从而导致部分酵母菌无氧呼吸产生了酒精呢？学生进一步改进实验：将装置放入摇床中反应（见图4），20 min 后进行酸性重铬酸钾检测，结果发现摇床组仍然有灰绿色，改进实验失败。

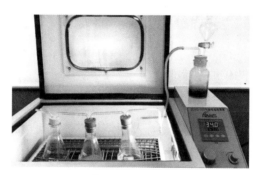

图 4　有氧组改进 2（摇床）

（3）延长时间改进有氧组。

有学生另辟蹊径地提出，培养液中会不会有其他物质也有还原性，将酸性重铬酸钾还原成灰绿色呢？于是做了预实验，取 2 mL 5% 葡萄糖溶液加入 0.5 mL 酸性重铬酸钾溶液中振荡混匀后发现葡萄糖组出现灰绿色，大胆猜测就是培养液中过量的葡萄糖使得有氧组出现灰绿色，于是将反应时间延长，从早上 10 点到下午 7 点，持续 9 h 后，向培养液中加入酸性重铬酸钾溶液。终于，9 h 有氧组呈现出酸性重铬酸钾本身的橙色，也就验证了 20 min 内没有耗尽的葡萄糖使有氧组出现灰绿色。

3. 探究 2：如何在不受葡萄糖干扰的情况下 20 min 完成反应过程？请学生分组讨论，提出假说并设计实验验证，最后分小组汇报如下：

（1）用水浴加热改进实验。

学生想到酒精易挥发，而葡萄糖不挥发，如果把反应后的培养液放入水浴锅中，挥发出来的酒精通入酸性重铬酸钾溶液就可以检测了（见图 5）。结果显示有氧组是橙色，这个改进可行。

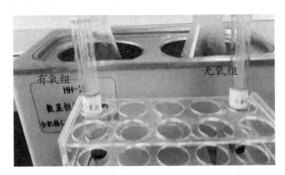

图 5　实验改进 1（水浴加热）

（2）用酒精检测仪改进实验。

有学生提出酒精检测仪是不是可以代替酸性重铬酸钾溶液来检测呢，于是又将水浴加热后的酒精蒸气通入酒精检测仪，结果显示，有氧组酒精为 0 mg/mL，无氧组酒精为 126 mg/mL，这个改进也可行，不仅可以定量检测酒精，而且安全便捷，毕竟酸性重铬酸钾溶液里浓硫酸有强腐蚀性，学生操作中如不慎沾到皮肤将很危险。

（3）从葡萄糖质量分数改进实验。

除了从酒精角度改进实验，学生还想到从葡萄糖角度改进，教材要求葡萄糖溶液质量分数为 5%，学生减少到 4%、3%、2%、1% 进行探索，反应时间为 20 min，反应结束后取培养液滴加酸性重铬酸钾进行颜色反应。

结果发现，其他反应条件不变，将葡萄糖溶液质量分数减少至 2% 及以下，即可在 20 min 内耗尽葡萄糖，避免其干扰，这个改进可行。

（4）从葡萄糖体积改进实验。

学生还从葡萄糖体积角度探索，教材要求葡萄糖体积为 240 mL，学生减少到 200 mL、150 mL、100 mL、50 mL 进行探索，反应时间为 20 min，反应结束后取培养液滴加酸性重铬酸钾进行颜色反应。

结果发现，其他反应条件不变，将葡萄糖溶液体积减小至 100 mL 及以下，即可在 20 min 内耗尽葡萄糖，避免其干扰，这个改进也可行。

（5）从酵母菌质量改进实验。

除了从酒精、葡萄糖角度改进实验，学生还想到从酵母菌角度改进，教材要求酵母菌质量为每组 10 g，学生增加到 15 g、20 g、25 g、30 g 进行探索，反应时间为 20 min，反应结束后取培养液滴加酸性重铬酸钾进行颜色反应。

结果发现，其他反应条件不变，将酵母菌质量增加至 25 g 及以上，即可在 20 min 内耗尽葡萄糖，避免其干扰，这个改进可行。

对试剂剂量进行改进的各组同学们汇报时，都不约而同地提出这些数据只是我们的预实验，接下来会缩小梯度继续实验，找到精确的临界值，严谨程度可见一斑!

总结：学生本着一节课完成实验的想法探索实验，但在实验过程中发现反应 20 min 有氧组会出现灰绿色，对此提出疑问。学生从酒精的角度探索了两个方面都失败了，最后发现原来是过量葡萄糖导致。如何在不受葡萄糖干扰的情况 20 min 完成反应过程? 学生从更换检测方式、减少葡萄糖量、增加酵母菌量角度改进实验，得到了很好的效果。

4. 探究 3：严谨的科学实验是为了更好地指导生产生活实践，结合发酵工程，大家还有没有想探究的课题呢?

有小组提出：酵母菌既能有氧呼吸又能无氧呼吸，那是不是氧气抑制了它的无氧呼吸呢? 这个小组从化学实验室借来了气态酒精传感器，想在不同的氧气浓度下测量酒精的产量，以此来反映无氧呼吸强度。

还有小组提出：酿酒厂的酒精发酵罐不是最开始就是无氧环境，而是先通一段时间氧气让酵母菌充分繁殖再隔绝氧气，但有氧气就会抑制无氧呼吸产生酒精，那最佳通氧时长是多少，才能让厂家利益最大化呢？小组学生打算就以这个实验出发，先进行 5 组预实验，分别设置为第一组无氧 20 min、第二组有氧 20 min、第三组先有氧 5 min 再无氧 15 min、第四组先有氧 10 min 再无氧 10 min、第五组先有氧 15 min 再无氧 5 min，然后根据实验结果正式实验，寻找精确的时间点。

八 实验效果评价

本实验通过探究异常实验结果形成的原因，培养学生科学的思维和科学探究的能力，建立发展的生命观，养成严谨、科学的实验态度。

在实验探究过程中，教师引导 STS 科学教育，培养跨学科思维能力，把化学知识充分应用到解决生物学科问题上，实现跨学科思维融合。

同时，教师注重渗透 STSE 教育理念，拓宽学生视野，提高学生在新的高度关注社会生产（即发酵工程）的理念与能力。

点评

本案例基于教材实验实施中出现的问题展开实验探究，通过实验探究查找原因并解决问题，进而延伸到实践应用，具有以下特点。

1. 聚焦教材实验中出现的问题展开探究，凸显问题解决

本案例依据教材进行实验操作，20 min 时会出现有氧、无氧组均出现灰绿色的结果，引导学生进行分析和讨论，推测可能的原因，并通过实验证实与葡萄糖有关。本案例中，学生聚焦问题"如何在不受葡萄糖干扰的情况下，在 20 min 内完成反应过程？"进行任务驱动式学习，

目标明确，针对性强，学生探究热情高，从更换检测方式、减少葡萄糖量、增加酵母菌量等角度开展实验研究与改进，真正体现新课程倡导的由"解题"到"解决问题"。

2. 充分运用"假设—实证"，引导学生从"学会"到"会学"

问题解决过程中充分运用"假设—实证"，在提出问题后，请学生进行分组讨论，依据科学探究程序提出解决问题的假设，如针对有氧组也出现灰绿色，提出假设，是否是氧气供应不足？氧气供给不均匀？培养液中可能有其他物质有还原性，将酸性重铬酸钾还原成灰绿色？之后设计和实施实验方案验证假设是否成立，进而基于假设展开实验解决问题。学生在此过程中深入理解和掌握科学探究方法，训练了学生的科学思维以及科学探究能力；且让学生进一步领悟科学问题的解决、结论的得出需要真实有效的证据支持，实践是获取证据的最重要的手段，帮助学生领悟科学本质，形成证据和循证意识。学生从"学会"到"会学"，并能够将解决问题的方法迁移到其他问题或生产生活实际问题的解决中去。

3. 通过提出问题，关注生产实践应用

在前面探究基础上，教师引导学生提出可进一步研究的问题，如"酵母菌既能有氧呼吸又能无氧呼吸，那是不是氧气抑制了它的无氧呼吸呢？"。学生可以再进行实践研究，并结合生产生活实践，思考如何将所学应用在实际中，关注所学知识在社会生产生活中的应用，如利用发酵罐进行酒精发酵时，如何控制通氧时长等，既训练了学生的批判性、创造性思维，也充分体现出学科价值。

案例 12　利用细胞固定化定量探究酵母菌的呼吸作用

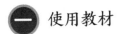

重庆市南开中学校　郑杨忠

一　使用教材

人民教育出版社，普通高中教科书·生物学必修 1 分子与细胞，第 5 章细胞的能量供应和利用，第 3 节细胞呼吸的原理和应用。

二　实验器材

注射器、试管、折光计、酒精和二氧化碳传感器、水浴锅、果酒发酵装置、网兜、烧杯、玻璃棒、量筒、药匙、滴管、试管架、溴麝香草酚蓝、浓硫酸、重铬酸钾、斐林试剂、10% 葡萄糖溶液、酵母粉、氯化钙溶液、蒸馏水。

三　实验创新要点

1. 改进

（1）利用糖度计测定葡萄糖的含量，方便快捷。

（2）利用二氧化碳传感器测定二氧化碳含量的微量变化，用注射器集气法观察二氧化碳的含量较大时的变化，比较固定菌和游离菌的发酵速率。

不足：酒精的测定要求较高，只能用酒精传感器测定酒精气体含量，进而来代表溶液中酒精的含量。

2. 创新

（1）使用注射器装置，并通过水浴锅加热，能很好地解决当反应溶液中还存在葡萄糖时对酒精进行鉴定的问题。

（2）利用果酒发酵瓶代替原有的锥形瓶进行呼吸作用，可以随时进行取样，监测葡萄糖的含量变化，建立呼吸作用数学曲线模型，让呼吸作用速率可视化。

（3）酵母细胞固定化实现酵母菌与溶液的分离，使得葡萄糖和酒精都可被较准确地定量测定，让学生直观地比较游离菌和固定菌的优劣。

四 实验原理

1. 葡萄糖、酒精和二氧化碳定量分析原理

酵母细胞固定化后使得酵母细胞既能参与呼吸作用，又能与溶液中的反应物和产物分离，分离后的溶液清澈、无色、成分相对单一，酵母菌不再干扰反应物和生成物的测定及分析，可以用于葡萄糖和酒精的定量分析。二氧化碳为气体，可通过传感器电极进行微量测定，还可用注射器集气法进行大量的测定。

2. 酒精鉴定原理

酵母菌发酵后，溶液中既存在葡萄糖又存在酒精，可以用90℃水浴将酒精蒸馏出去后进行鉴定。

五 实验教学目标

1. 以"探究酵母菌的呼吸作用方式"为出发点，利用细胞固定化技术以及果酒发酵技术，对探究酵母菌的呼吸作用方式实验进行改进，以达成

酵母菌各相关知识点的整合。为酵母菌建立一个多维度的生物学立体形象，将生命观念实体化。

2. 直观感受细胞固定化技术的优势，利用与反应溶液分离的特点，解决社会生产实践中随时开启和停止的问题，培养社会责任，完成有氧呼吸和无氧呼吸的基本鉴定。

3. 利用实验仪器，实现对葡萄糖、酒精、二氧化碳的定量测定，深入探究呼吸速率的变化曲线，提升学生严谨的生物学科科学思维。

六 实验教学内容

1. 探究酵母菌呼吸作用方式的完整实验内容。

2. 了解酵母细胞的固定化（教师先进行制备展示）。

3. 掌握糖度计的使用方法，绘制相应的标准曲线。

4. 掌握二氧化碳传感器和酒精传感器的使用，以及酒精、葡萄糖、二氧化碳的鉴定。

5. 测定数据并进行记录，建立数学模型，拟合曲线。

6. 对实验结果进行分析，回答问题，并提出新问题。

七 实验教学过程

1. 知识复习回顾

酵母菌在高中生物学教材中多次出现，在生活中应用广泛，并且属于异养兼性厌氧型生物，学生也比较熟悉。在学生关注细胞固定化这种新技术的同时，教师通过问题引导，让学生将之前学习的与酵母菌相关的知识进行总结，思考这种新技术能否应用到之前的实验中去，是否会产生不一样的效果，能否对实验做进一步的分析，或将之前定性的描述深入定量的分析。

通过酵母细胞的固定化实验技术，对原有知识进行整合，对酵母菌呼吸作用方式进行进一步深入探究。

2.问题引导和准备

（1）3个引导。

①设计实验报告单（见图1），分组讨论，引导学生回顾旧知，提出问题（见图2）。

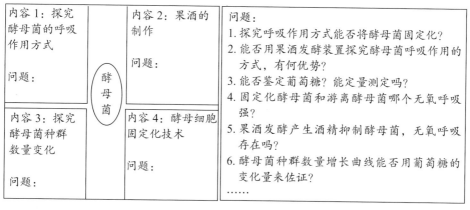

内容1：探究酵母菌的呼吸作用方式 问题：		内容2：果酒的制作 问题：	问题： 1.探究呼吸作用方式能否将酵母菌固定化？ 2.能否用果酒发酵装置探究酵母菌呼吸作用的方式，有何优势？ 3.能否鉴定葡萄糖？能定量测定吗？ 4.固定化酵母菌和游离酵母菌哪个无氧呼吸强？ 5.果酒发酵产生酒精抑制酵母菌，无氧呼吸存在吗？ 6.酵母菌种群数量增长曲线能否用葡萄糖的变化量来佐证？ ……
	酵母菌		
内容3：探究酵母菌种群数量变化 问题：		内容4：酵母细胞固定化技术 问题：	

图1　实验报告单　　　　　　　图2　学生提出的问题

有学生提出有氧呼吸中，葡萄糖如何变化，与酵母菌种群数量增长的"S"形曲线相反吗？固定化酵母和游离酵母反应速率哪个更快呢？果酒发酵中酒精质量分数最后是否为12%等。

②引导学生归纳提炼，发现本质。

学生会发现，绝大多数的问题都是定性鉴定解决不了的，本实验最终需要定量测定葡萄糖、酒精、二氧化碳的含量。

③引导学生理论实践，解决问题，探究葡萄糖、酒精、二氧化碳定量测定方法。

通过引导，学生会有各种不同的思考。比如在葡萄糖的测定中，有学生想到，医院检测糖尿病患者的血糖，可以使用血糖仪；也有学生想到，要测定水果的含糖量，可以使用糖度计。在酒精的测定中，有的学生想到，交警测酒驾时，可以用酒精气体测试仪；也有学生想到，酒厂酿酒时，可以用酒度计测酒精度；还有学生查阅文献，发现可以用折光计测定酒精含量。而对于二氧化碳，则可用二氧化碳传感器和注射器排气法分别进行微量和大量测定。

（2）2个准备。

①关于酵母菌4个实验的理论知识和实验操作技术的准备。

②通过查阅文献，找到定量测定葡萄糖、酒精和二氧化碳含量的方法，了解原理，掌握操作。在实验室中准备好相关实验仪器。最后，学生筛选出来如下测定方案：

用糖度计测定葡萄糖含量，用酒精传感器测定反应容器中气体酒精含量，来代表溶液中酒精的含量。用二氧化碳传感器测定二氧化碳的含量，还可以用注射器集气法直观地测定发酵容器中二氧化碳的变化。

3.实验方法

（1）葡萄糖含量的定量测定。

同学们通过文献资料，了解到糖度计可以用于葡萄糖的定量测定（见图3），方便快捷，但要求溶液处于澄清状态，不含有未溶解溶质。

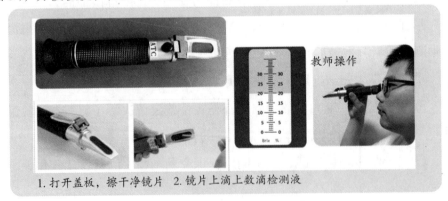

1.打开盖板，擦干净镜片　2.镜片上滴上数滴检测液

图3　葡萄糖的定量测定

（2）采用二氧化碳传感器（见图4、图5）对二氧化碳的含量进行实时监测。

图4 游离酵母菌二氧化碳测定 图5 固定酵母菌二氧化碳测定

（3）利用酒精传感器（见图6、图7）测定反应容器中气体酒精含量，以此来代表溶液中酒精的含量。

图6 游离酵母菌酒精测定 图7 固定酵母菌酒精测定

（4）用注射器集气法直观测定发酵容器中二氧化碳的变化（见图8）。

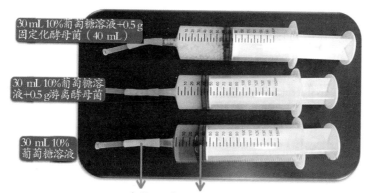

图8 注射器集气法测定容器中二氧化碳的变化

4.学生对实验进行整合，并开展创新改进

（1）实验装置改进整合：用果酒发酵装置（见图9）代替锥形瓶。

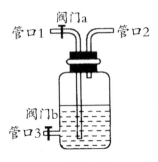

图9 果酒发酵装置

（2）实验材料改进整合：用固定化酵母菌（见图10）代替游离酵母菌（见图11）。

图10 固定化酵母菌

图11 游离酵母菌

5.实验结果与分析

（1）将固定化酵母菌放入葡萄糖溶液中，用折光计测定溶液的折光率，如表1所示。发现放入固定化酵母菌的溶液的折光率前后没有发生变化，而放入游离酵母菌的溶液则完全变浑浊，说明固定化酵母菌对溶液澄清度没有影响。

表1 放入酵母菌的葡萄糖溶液的折光率

比较项目	溶液折光率
开始	7
游离酵母菌	浑浊
固定化酵母菌	7

（2）葡萄糖的鉴定中，在刚开始时，由于葡萄糖含量较多，游离酵母

菌和固定化酵母菌反应现象大致相同，固定化酵母菌上层略显清澈。当反应到 4 h 左右，葡萄糖的含量相对较少，游离酵母菌对葡萄糖的鉴定就起到了遮盖作用，而固定化酵母菌并未受到影响。反应到 48 h 后，利用斐林试剂进行测定，没有砖红色沉淀出现，说明固定化酵母菌和游离酵母菌都能将葡萄糖彻底分解。

（3）对有氧呼吸葡萄糖的定量测定中，开始阶段，葡萄糖含量下降并不明显，随着时间的推移下降幅度越来越大。即：刚开始酵母菌数量较少，分解葡萄糖效率不高，在进行大量的繁殖后，数量迅速增长，使葡萄糖的消耗速率增大。

（4）酒精的鉴定实验显示：葡萄糖能与酸性重铬酸钾溶液发生反应，颜色由橙色变成灰绿色，并且在反应时，游离酵母菌溶液中的酵母菌在某种程度上影响颜色变化，固定化酵母菌为灰绿色，而游离的因为遮挡而呈绿色。

（5）在无氧呼吸中，游离酵母菌和固定化酵母菌在反应速率曲线上存在一定的差异，如图 12 所示，在接近 1100 s 时，游离酵母菌反应容器中气体酒精所占的比例接近 1.5%，而在将近 3000 s 时，固定化酵母菌反应容器中气体酒精所占的比例仅为 1.0%。

由此可得：固定化酵母菌的无氧呼吸速率在前期要低于游离酵母菌。

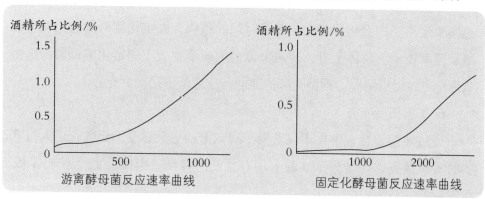

图 12　无氧呼吸中酒精含量测定

（6）固定化酵母菌产二氧化碳的速度要低于游离酵母菌。分析酒精和二氧化碳的曲线（见图13），发现游离酵母菌酒精和二氧化碳曲线的拟合度很匹配，在某种程度上验证了无氧呼吸反应方程式中二氧化碳和酒精的比例为1：1，而固定化酵母菌则不太匹配，并且后期曲线不平滑，忽上忽下。

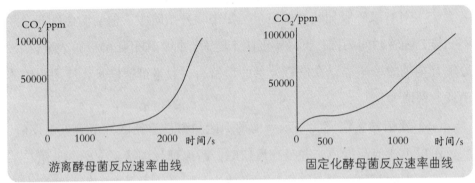

图13　二氧化碳微量测定

学生通过观察发现，固定化酵母菌产气速率较慢，容易在溶液中形成较大气泡，推测：在气泡慢慢产生时，所测值没有增加，当气泡上升破裂时，所测气体值迅速增大，从而使曲线呈锯齿状。固定化酵母菌产生二氧化碳的曲线相对平滑，推测气泡的存在对酒精挥发的影响要大于二氧化碳释放的影响。

（7）用注射器集气法测定二氧化碳，在前期，游离酵母菌的无氧呼吸速率要远高于固定化酵母菌，随着时间的推移，固定化酵母菌的无氧呼吸增长速率更大。总体上看，游离酵母菌的速率要大于固定化酵母菌，学生从理论上也可以解释，即游离酵母菌能与反应溶液接触更充分。

6. 实验拓展研究

通过实验整合，学生不仅获得了视觉上的直观感受，还收获了大量真实的实验数据，体会到了实验有理有据的严谨性。当然，实验还未结束，在实验中：

（1）有学生提出，固定化酵母菌能与反应溶液分离，能否设计一个装置，随时开启和停止酒精发酵，从而控制酒精发酵的程度。经过思考与讨论，使用一个小网兜就可以实现这样的效果（见图 14）。

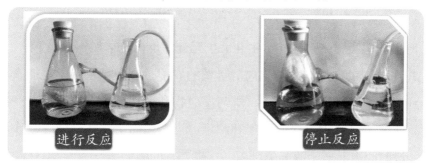

进行反应　　　　　　　　　停止反应

图 14　发酵反应的停止与开启

（2）有学生发现，既然葡萄糖能使酸性重铬酸钾由橙色变为灰绿色，当发酵反应未结束时，溶液中既有葡萄糖也有酒精，如何去进行酒精鉴定呢？学生开动脑筋，创造性地想出了用注射器蒸馏集气排空法进行鉴定。具体操作如图 15 所示。

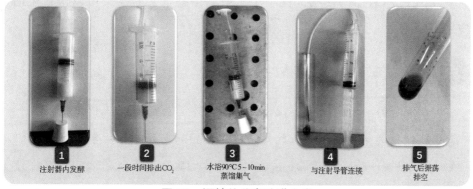

1 注射器内发酵　2 一段时间排出CO_2　3 水浴90℃5~10min 蒸馏集气　4 与注射导管连接　5 排气后振荡排空

图 15　酒精的鉴定改进方案

首先将酵母菌和葡萄糖溶液在注射器内混合进行发酵，反应一段时间后排出全部二氧化碳气体，然后将反应容器迅速放置在 90℃水浴中加热5~10 min。此时，酵母菌已经失活，而部分酒精被蒸馏出来，水还没有达到沸点。然后将注射器与注射导管相连，接着把气体排入橙色酸性重铬酸钾溶液后进行振荡，发现有灰绿色出现，这样就完美地排除了葡萄糖的干扰，鉴定了酒精的存在。

八 实验效果评价

对于本次实验，教师和学生开展了充分评价，总结如下。

1.比较固定化酵母菌和游离酵母菌的发酵过程及结果，学生能直观地感受到酵母细胞固定化的优势，既与反应物和产物分离，又不影响产物的质量，还便于溶液中物质的收集和测定。当然，固定化酵母菌呼吸作用速率在一段时间内要低于游离酵母菌，这也是它的劣势。

2.果酒发酵瓶代替锥形瓶，能做到随时取样检测。

3.利用糖度计对溶液中的葡萄糖含量进行测定，用二氧化碳传感器对二氧化碳进行测定，让学生从定性了解到定量分析，做到了生物学重要代谢原理的数据化、可视化。

4.通过注射器的使用，让学生了解到生物学实验器具可以来自生活、应用于生活。

点评

　　本实验的主题的产生源于学生在学习中产生的问题，教师在教学中敏锐地捕捉到学生的生成性问题，将这些问题与高中生物学中酵母菌相关的知识进行整合，形成此案例。利用学生的生成性问题结合教师的引导而开展的学习，可以激发学生的学习兴趣，利于学生全身心参与学习过程中而取得良好的学习效果。

　　本实验在教材"探究酵母菌细胞呼吸的方式"这一探究实践栏目内容的基础上，进行了改进和创新。首先，材料处理方式的创新。本案例中将酵母菌细胞进行固定化处理，方便后续反应体系中反应物和生成物的测定。其次，实验装置的改进。将教材中的锥形瓶发酵装置改为果酒发酵装置，方便取样。利用注射器装置，方便收集气体、蒸馏酒精，便于进行结果测定。最后，测量方式的改进。通过传感器、糖度计等在实验中的使用，将教材中对反应物、生成物的定性测定改变为定量测定。一系列的改进创新是结合实验进行过程中不断提出问题、解决问题而实现的，这一过程带领学生体验了解决真实问题的喜悦，感受科学的严谨性的同时也促进学生体会在实践中创新的过程，实现了学生创新能力的培养。

本案例通过主题引领下学习任务的开展，不断引导学生在实践过程中发现问题，如"如何解决溶液中存在葡萄糖而影响酒精含量的测定问题""测定曲线不平滑的原因是什么"等，引导学生开展讨论、质疑、反思等学习活动，促进学生素养的提升。

伴随着实验的开展，学生不仅获得了酵母菌细胞呼吸方式的知识，也体会了在劳动中进行创造的乐趣，如改进实验装置、改进测量方法等。智育与劳育相结合，学生体会在实践中获得知识、发挥创造力的乐趣，同时提升了生物学学科核心素养。

案例 13　观察根尖分生区组织细胞的有丝分裂

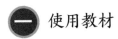

湖南省长沙市第一中学　范云云

一　使用教材

人民教育出版社，普通高中教科书·生物学必修 1 分子与细胞，第 6 章细胞的生命历程，第 1 节细胞增殖。

二　实验器材

显微镜、载玻片、盖玻片、玻璃皿、剪刀、镊子、滴管、卡诺氏液、70% 酒精、5 mol/L 的盐酸、改良的苯酚品红染液、韭兰。

三　实验创新要点

1. 学生进行实验时遇到的问题

教材中该实验包括装片制作和显微观察两大环节，装片制作包括解离、漂洗、染色和制片四步。实验材料和装片制作的好坏决定了实验的效果，根据以往该实验的开展情况以及预实验的结果来看，该实验的成功率不高，一般一个班只有 3~5 个同学能做出相对较好的装片，主要有以下几个问题。

（1）取材时间较为局限。洋葱根尖的分裂旺盛期是上午 10 点至下午 2 点，但生物课不一定都在这个时间段，导致学生临时取材难以观察到各时期的细胞。

（2）实验时间较长。临时装片制作需要约 20 min，显微观察并记录结果至少要 8 min，加上原理讲解和结果分析，难以在一节课内完成。

（3）操作不便。取 2~3 mm 的根尖进行解离，这个长度难以夹取，且染色后不易被找到。

（4）解离欠充分，细胞难分离。用体积分数为 95% 的酒精和质量分数为 15% 的盐酸混合液（1∶1）解离 5 min，细胞难以被压散成单层细胞，影响观察，如图 1 所示。

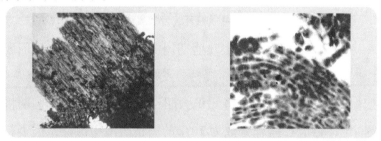

图 1 洋葱根尖细胞有丝分裂显微照片（左图放大 40 倍，右图放大 400 倍）

（5）染色效果欠佳。用 0.01 g/mL 的甲紫溶液作为染色剂，染色 3 min 后颜色太深且细胞质也会被染成紫色，不利于染色体的观察。

由于存在上述问题，只有少数同学能做出相对较好的结果，大部分同学只能看永久装片，导致实验体验感不佳。

2. 对教材实验的改进

为提高实验效果，教师带领生物兴趣小组的同学对教材实验进行了改良。

（1）实验材料的优化。

由于洋葱根尖的分裂旺盛期短，教师鼓励学生查找资料，尝试寻找一种分裂旺盛期更长的材料来进行实验，最终锁定了韭兰。韭兰是一种在校园内常见且生命力强的植物，南北方均适合种植，水培条件下，一天就可以长 1~2 cm，且分裂旺盛期长，从早上 7 点至下午 6 点，有效解决了取材时间受限制的问题。图 2 为不同时间取材的韭兰根尖细胞有丝分裂的显微照片，画圈标注的为分裂期细胞。

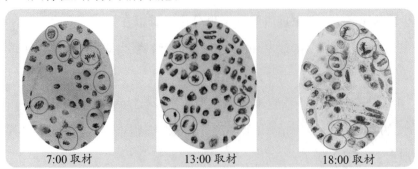

| 7:00 取材 | 13:00 取材 | 18:00 取材 |

图 2　不同时间取材的韭兰根尖细胞有丝分裂显微照片（按改良方法实验）

那么，对于洋葱根尖等分裂旺盛期短的材料，怎样解决该问题？经提示，学生查阅高中生物学必修 2 教材，发现卡诺氏液可以固定杀死细胞，维持染色体的形态。据此学生将知识大胆迁移，可以先在旺盛期将根尖用卡诺氏液固定，再放在体积分数为 70% 的酒精溶液中保存，据资料显示可以保存较长时间，为实验时间的安排带来极大便利。

（2）实验步骤的优化。

针对教材取 2~3 mm 的根尖，不易夹取和找到的问题，对实验步骤进行了以下改良。

①直接将 1~2 cm 的根尖放入 1.5 mL 的 EP 管中解离。1~2 cm 根尖较长，容易夹取和找到，EP 管体积小且密封性好，极大地减少了解离液的用量，还可以防止解离液挥发，使其可重复利用，更加环保。

②解离并漂洗完后再在载玻片上切 2~3 mm 的根尖，并直接在载玻片上染色，使操作更便捷。

（3）压片方法的优化。

实验成功的关键是使细胞充分被压散成单层细胞，因此，在染色并盖片后，隔着滤纸用力按压根尖所在部位，并用镊子背端轻敲未分散的区域，控制好力度，使细胞分散成云雾状，如图 3 所示。

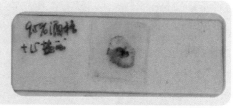

图3　未用镊子背端轻敲（左）和用镊子背端轻敲（右）的压片效果图

通过上述方法，细胞依然存在没有完全分散的现象，分析其原因，可能是胞间层没有被充分瓦解。查阅资料得知，解离液中瓦解胞间层的主要成分是盐酸，所以大胆提出直接将解离液换成5 mol/L的盐酸，对比后发现解离效果好了很多，如图4所示。

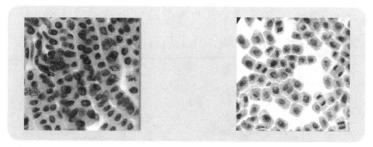

图4　用不同解离液解离的韭兰根尖细胞有丝分裂显微照片

（左图为用95% 酒精和15% 盐酸解离5 min，右图为用5 mol/L 盐酸解离5 min）

（4）漂洗时间的优化。

如果解离后漂洗10 min后再染色，实验时间较长。师生尝试缩短漂洗时间，结果发现漂洗30 s的效果其实与10 min的差别不大，如图5所示，左图为5 mol/L 盐酸解离5 min，漂洗10 min，右图为5 mol/L 盐酸解离5 min，漂洗30 s。因此，将漂洗时间由10 min 缩短到30 s，极大地缩短了装片制作的时间，可以保证理论学习与实验操作能够在一节课内完成，提高了教学效率。

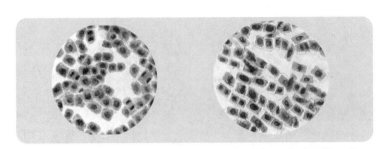

图 5 漂洗不同时间后的韭兰根尖细胞有丝分裂显微照片

（5）染色剂的优化。

针对甲紫溶液染色太深且特异性差的问题，教师尝试了多种染色剂，最终发现改良的苯酚品红染液的效果明显优于甲紫。如图 6 所示（左图用甲紫溶液染色 3 min，右图用改良的苯酚品红染液染色 5 min），改良的苯酚品红染液特异性强，染色清晰，几乎只有染色体被染色，细胞质呈无色，对比更明显，有利于染色体的观察。

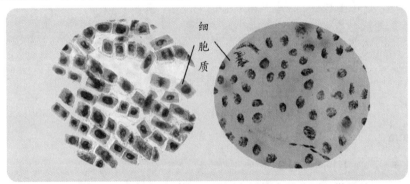

图 6 用不同染色剂染色后的韭兰根尖细胞有丝分裂显微照片

通过对实验材料和操作步骤的优化，实验效果得到明显改良。实验成功率也显著提高，以前一个班只有 3~5 个同学成功，改良后，至少有一半的同学能得到理想的结果。

综上所述，通过实验改良，实现了分裂相更多、细胞更分散、操作更便捷、实验时间更短、染色更清晰和成功率更高的效果。

四　实验原理

有丝分裂常见于根尖等分生区细胞，由于各细胞的分裂是独立的，因此在同一分生组织中可看到不同分裂时期的细胞。通过在高倍显微镜下观察染色体的存在状态，就可判断各细胞处于有丝分裂的哪个时期。染色体易被碱性染料（如甲紫溶液、醋酸洋红和改良的苯酚品红染液）着色。

五　实验教学目标

1. 对比根尖四个区域细胞的形态结构和功能，使学生树立结构与功能相适应的生命观念。

2. 汇总数据，得出细胞周期的数学模型，并利用模具构建有丝分裂模型，培养学生建模的科学思维能力。

3. 以课题探究的形式展开教学，充分调动学生的主观能动性，学生全程参与，培养学生的科学探究能力。

4. 减少实验用量，引导学生科学地处理剩余材料和废液，探究环境因素对根尖有丝分裂的影响，培养学生的社会责任意识。

六　实验教学内容

1. 实验原理和试剂的作用。

2. 洋葱根尖细胞有丝分裂装片制作的方法和注意事项。

3. 有丝分裂过程的物理模型和细胞周期的数学模型的构建。

七 实验教学过程

1.（课前）预实验

教师带领兴趣小组摸索实验条件并改良实验操作。通过该环节训练小组长的操作技能以提高课堂效率和实验成功率。

2.（课中）情境导入

图片展示水培的韭兰，其幼嫩的根尖每天可长 1~2 cm，引导学生思考根尖生长的原因。通过此过程创设情境，激发学生的探索欲望。

3.明确原理和步骤

学生提前预习，通过教材和教师的讲解，明确实验的原理和步骤。展示几组显微照片，让学生分析实验失败的原因，明确注意事项。通过讲解及提供参考资料等方式，让学生明确操作原理、步骤和注意事项，提高操作的针对性和成功率。

4.实施实验展示成果

以小组为单位，小组长带领组员实施实验。操作中教师要关注学生操作情况和学生遇到的问题，及时给予指导。连接电脑，实时展示学生的实验结果；汇总学生统计的数据，构建有丝分裂细胞周期的数学模型；利用模具构建有丝分裂过程的物理模型。通过该过程培养学生的实验操作技能、数据分析能力以及建模的科学思维。

5.（课后）课题延伸

引导学生关注环境因素对有丝分裂的影响，开展相关课题的研究，如探究 pH、温度和化学药剂等因素对有丝分裂的影响。通过该环节启发学生思维，鼓励深入探究，将学习由课内拓展到课外，学以致用，培养学生的科学探究能力和社会责任意识。

八 实验效果评价

1.通过预实验、小组长制和改进实验，有效提高了课堂效率和实验成功率，增强学生的实验体验感。

2.开展"三主"课堂，以教师为主导、学生为主体、问题为主线。让学生动手、动口、动脑，提高学生的语言表达能力、操作技能和自信心。

3.构建有丝分裂物理模型和细胞周期的数学模型，加深学生对有丝分裂过程的理解，培养学生建模的科学思维。

4.课后开展课题研究，学以致用，培养了学生的科学探究能力和社会责任意识，为学生的终身发展奠定基础。

点评

本实验设计思路清晰，以实验改进为主线，增加对有丝分裂的感性认识，搭建探究性实验平台，构建有丝分裂的概念，并助力发展学生的核心素养，具有以下三个特点。

1.注重学生获得感，改进完善实验

为了获得更加理想的实验结果，提升学生在本实验中的获得感与成就感，教师从多个方面、多个角度尝试优化实验材料、药品、操作步骤等，将教材观察类实验巧妙转化为探究类实验。通过查阅资料、实验探究等方式对本实验的各个环节进行优化，摸索出了能够获取最佳实验效果的一系列操作，也促进学生进一步掌握科学探究的思路与方法。当学生观察到清晰的有丝分裂图像时，自然获得极大的成就感，也使他们对继续开展相关探究充满信心。

2.关注模型构建，落实思维培养

通过科学研究的真实过程，包括观察有丝分裂的图像、推理有丝分裂的过程等，逐步帮助学生完成有丝分裂概念的构建。教师沿着从现象到本质的认知路径，先将微观、抽象的有丝分裂过程以分裂期图片的形式直观呈现在显微镜视野中，再指导学生建立物理模型、数学模型，分别阐释有丝分裂的过程、细胞周期。这种真实的研究经历，特别是模型构建的过程，不仅有助于把握重点、突破难点，还有助于学生科学思维的提升。

3. 重视适度拓展，提升迁移应用

在本实验的基础上，教师启发学生开展关于有丝分裂影响因素的拓展实验，由于拓展实验更具开放性，在小组相互交流的过程中不断拓宽思维，可以充分提升学生的创新思维与发散思维。拓展实验的实施过程不仅能够帮助学生获得更加深刻的学习体验，还能够充分检验学生对所学知识及实验相关技能的掌握情况，学生在后续实验的实施过程中还会不断改进与完善自己的方案，使自己的实践能力得到真正的发展。

本案例在教材实验的基础上不断改进，实现了缩短实验时长、提升实验效果的目标，并为构建有丝分裂过程的概念打下了坚实的基础。在实验环节中，学生充分体验、充分探究、充分思考，并将实践探究意识延伸至课堂外，提升了学生的核心素养水平。

案例 14　秀丽隐杆线虫的杂交实验

北京亦庄实验中学　王赵玉

一　使用教材

人民教育出版社，普通高中教科书·生物学必修 2 遗传与进化，第 1 章遗传因子的发现、第 2 章基因和染色体的关系。

二　实验器材

20℃线虫恒温培养箱，体式显微镜，数码体式显微镜，挑取线虫的挑子，线虫杂交培养基，线虫饲养培养基，涂布棒，大肠杆菌，各品系秀丽隐杆线虫：野生型（正常体型运动正常）、短粗体型（运动正常）突变品系、（正常体型）运动不协调突变品系。

三　实验创新要点

本案例是基于课程标准实施的创新实验教学课程，是经典实验材料分析与新情境问题解决相结合的创新教学方法。经过多年的开发实践，本实验教学已从小班化的选修课程转变为必修遗传模块学习的重要实验内容，是新情境下开辟的遗传模块实验教学的新方案。

四　实验原理

1. 秀丽隐杆线虫是生物学研究中的模式生物，可通过观察线虫形态结构和发育过程，认识细胞分裂、分化，线虫的性别和某些性状易于观察和区分。

2. 决定线虫某些性状的基因位于性染色体上，其遗传可能与性别有关。

3. 基因分离定律是指在杂合子的细胞中，位于一对同源染色体上的等位基因，具有一定独立性，在减数分裂形成配子过程中，等位基因会随着同源染色体的分开而分离，分别进入两个配子中，独立地随配子遗传给后代。基因自由组合定律是指位于非同源染色体上的非等位基因的分离和组合是互不干扰的，在减数分裂形成配子过程中，同源染色体上等位基因彼此分离的同时，非同源染色体上的非等位基因自由组合。

五　实验教学目标

1. 通过观察秀丽隐杆线虫形态结构和发育过程，认识细胞分裂和细胞分化，形成结构与功能相适应的观念。通过认识秀丽隐杆线虫的性别决定方式，将细胞水平的染色体和个体水平的性状相关联。通过对比不同品系的秀丽隐杆线虫的性状，落实性状和相对性状等生物学概念。

2. 通过秀丽隐杆线虫杂交实验，分析杂交实验的过程和现象，描述假说—演绎法的研究过程，加深对"遗传因子控制生物性状，并代代相传"概念和遗传学规律的理解，并运用分离定律和自由组合定律解释生活中常见的遗传现象，解决生活中与遗传相关的困惑。

3. 通过秀丽隐杆线虫杂交实验，对实验数据进行统计学分析，通过交流讨论运用规范的符号体系绘制遗传图解，理解分离定律和自由组合定律。

通过亲身经历科学研究过程，提升科学探究能力、合作交流能力、数据分析能力、信息处理能力，提升理解和推理能力，结合数学方法分析问题，发展跨学科思维。

4.通过对位于性染色体上的线虫杂交实验结果的分析讨论，理解基因与染色体的关系，培养严谨求实的科学态度和勇于质疑、敢于创新的科学精神。

六 实验教学内容

本实验教学过程通过项目化学习的方式进行，包括"观察秀丽隐杆线虫的一生"和"秀丽隐杆线虫杂交实验探究"两个学习项目。

【项目一】观察秀丽隐杆线虫的一生

通过观察秀丽隐杆线虫形态结构和发育过程，认识细胞分裂和细胞分化，形成结构与功能观。通过认识秀丽隐杆线虫的性别决定方式，将细胞水平的染色体和个体水平的性状相关联。通过对比不同品系的秀丽隐杆线虫的性状，落实性状和相对性状的生物学概念。最后教师通过"性状如何遗传给后代"这一问题，激发学生进行线虫杂交实验探究的兴趣，带领学生进入第二个学习项目。

【项目二】秀丽隐杆线虫杂交实验探究

学生在课下进行秀丽隐杆线虫的一对相对性状的杂交实验和两对相对性状的杂交实验，教师将学生的实验结果与教材中经典实验研究过程分析相结合教学，带领学生运用线虫测交实验验证孟德尔假说，帮助学生理解假说—演绎法的研究思路，加深学生对基因分离定律和自由组合定律内容的理解。通过新情境下线虫杂交实验活动，调动学生实验探究的学习兴趣，利用统计学方法对真实的杂交实验数据进行数据分析，有助于发展学生的跨学科思维。

位于性染色体上的一对相对性状的线虫杂交实验学习活动是项目二的精华，它是实验教学培养学生科学思维的充分体现，学生通过短粗体型线虫与野生型线虫杂交实验，观察到子一代中野生型全部为雌雄同体线虫，而短粗体型全部为雄性线虫，学生通过查阅资料发现该实验结构与1910年摩尔根的白眼果蝇的杂交实验结果惊人地相似，通过撰写基因位于常染色体和性染色体的正反交遗传图解，确定控制该性状的基因位于性染色体上。学生通过该实验，亲身经历科学家的科学研究历程，像科学家一样思考，有助于发展学生的科学思维。

七 实验教学过程

1.【项目一】观察秀丽隐杆线虫的一生

（1）学习活动1-1 观察秀丽隐杆线虫的发育。

学生通过饲养秀丽隐杆线虫，观察胚胎发育过程，认识细胞分裂和细胞分化特点，形成结构与功能观。

（2）学习活动1-2 认识秀丽隐杆线虫的性别决定方式。

教师：秀丽隐杆线虫分为雌雄同体和雄虫两种性别，雌雄同体线虫的尾部呈细线状，雄虫的尾部在数码显微镜下呈伞状，在体式显微镜下似方铲状或盾状。线虫的性别与性染色体条数有关，雌雄同体性染色体为XX，雄性线虫性染色体为X，雌雄同体线虫既可以自体繁殖，也可以和雄性交配产生后代，且雌雄同体线虫产生的卵细胞优先与外来精子结合。基于此，在进行线虫杂交时我们通常选用L4时期的雌雄同体线虫进行杂交，该时期线虫刚发育至性成熟，尚未产生自体繁殖后代，可通过线虫腹部月牙状白斑鉴别L4时期的雌雄同体线虫。

学生：观察秀丽隐杆线虫形态特征，区分雌雄同体、雄性线虫和L4时期线虫，练习线虫挑取等实验技术。

（3）学习活动 1-3 认识性状与相对性状。

教师：呈现野生型线虫和不同品系突变体线虫。向学生提问，突变体与野生型相比具有什么区别？

学生 1：突变体体型更短更粗，野生型体型细长。

学生 2：突变体运动迟缓，野生型运动正常。

教师：那体型长短和运动是否协调我们称为什么呢？

学生：性状或表型，或相对性状。

教师：什么是相对性状？

学生：同种生物同一性状的不同表现形式。

教师：观察突变体和野生型的表型，请同学们总结这里有几对相对性状。

学生：野生型的细长体型和突变体的短粗体型为一对相对性状，或野生型的运动协调和突变体的运动不协调为一对相对性状。

教师：这些性状是如何遗传给后代的呢？

学生：进行杂交实验探究（部分学生沉默）。

【项目一设计意图】该项目中的学习活动分别与必修 1 中的细胞的增殖和分化内容，必修 2 中的性别决定与染色体变异内容相关，学生通过参与该模块的学习活动，有助于从细胞和个体水平认识细胞分裂和细胞分化，能够将细胞水平的染色体与个体水平的性状相关联，落实性状和相对性状等生物学概念。通过学生的反馈可知，学生对性状遗传规律有初步的认识。教师通过提出性状如何遗传的问题，激发学生进行线虫杂交实验探究的兴趣。

2.【项目二】秀丽隐杆线虫杂交实验探究

杂交实验操作：

学生观察野生型线虫和突变品系线虫的形态特征；挑取 5~10 只 L4 时期的雌雄同体线虫和 30 只左右 L4 时期的雄虫放置于杂交培养基中进行杂

交（正交或反交）；在20℃培养箱杂交过夜，第二天将雌雄同体线虫分别挑到饲养培养基中，每个培养基放一只交配过的雌雄同体线虫；交配过的雌雄同体线虫产卵一天后将其挑出培养皿，3天后观察交配成功的后代的表型并记录数据（注：如果交配过的雌雄同体线虫产下的后代中有许多雄虫，则杂交成功，这些后代为杂交后代）；从该杂交后代中挑取雌雄同体线虫，每个培养基放一只饲养，让其自交，培养3天后，观察并记录子二代的表型及数据。

实验观察与数据获取：

观察并记录子一代和子二代的表型及数据。

（1）学习活动2-1 一对相对性状的线虫杂交实验。

教师发布线虫杂交实验任务：①野生型和短粗体型突变品系杂交实验；②野生型和运动不协调突变品系杂交实验。

请学生认真阅读线虫杂交实验方案，小组讨论选取实验任务。

学生：讨论选取实验任务，进行小组分工，设计具体实验方案进行线虫杂交实验。

教师：请学生收集实验数据，在实验结束后进行小组展示。

学生：分别进行小组展示。

野生型和短粗体型突变品系杂交实验结果见表1。

表1　野生型与短粗体型线虫正反交实验结果

组别	子一代表型	数量／只	子二代表型	数量／只
正交	野生型	183	野生型	150
	短粗体型	0	短粗体型	53
反交	野生型	108	野生型	267
	短粗体型	0	短粗体型	81

实验结果：子一代全部为野生型表型，子二代具有野生型和短粗体型

两种性状，且野生型：短粗体型 ≈ 3 ： 1。

野生型和运动不协调突变品系杂交实验结果见表 2。

表 2 野生型与运动不协调线虫正反交实验结果

组别	子一代表型	数量 / 只	子二代表型	数量 / 只
正交	野生型	211	野生型	92
	运动不协调	0	运动不协调	27
反交	野生型	135	野生型	121
	运动不协调	0	运动不协调	35

实验结果：子一代全部为野生型，子二代具有野生型和运动不协调两种性状，且野生型：运动不协调 ≈ 3 ： 1。

教师：我们把子一代表现出来的性状称为显性性状，未表现出的性状称为隐性性状，同学们根据实验结果确定这些性状哪些是显性性状，哪些是隐性性状。

学生：野生型（正常体型）为显性性状，短粗体型为隐性性状；或野生型（运动协调）为显性性状，运动不协调为隐性性状。

教师：子二代为什么又出现了隐性性状呢?

学生：……

【学习活动 2-1 设计意图】通过线虫杂交实验调动学生的学习兴趣，将线虫杂交实验这一新情境与教材中经典杂交实验材料分析相结合，通过观察杂交子一代和子二代的表型，观察到性状分离现象，学会区分显性性状与隐性性状。教师针对了二代又出现隐性性状的原因进行提问，激发学生深入探究的学习兴趣。

（2）学习活动 2-2 两对相对性状的线虫杂交实验。

学生：进行运动不协调和短粗体型突变品系杂交实验，实验结果见表 3。

表3 运动不协调和短粗体型突变品系正反交实验结果

组别	子一代表型	数量 / 只	子二代表型	数量 / 只
正交	野生型	153	野生型	123
			短粗体型运动协调	51
	其他	0	正常体型运动不协调	39
			短粗体型运动不协调	14
反交	野生型	187	野生型	186
			短粗体型运动协调	64
	其他	0	正常体型运动不协调	58
			短粗体型运动不协调	15

实验结果：子一代全部为野生型，子二代出现四种表型，分别是野生型（正常体型运动协调）：短粗体型运动协调：正常体型运动不协调：短粗体型运动不协调 $\approx 9 : 3 : 3 : 1$。

教师：针对一对相对性状与两对相对性状杂交实验结果，让学生阅读教材中孟德尔的假说。

请学生根据假说绘制遗传图解。

学生：绘制一对相对性状的遗传图解见图1，两对相对性状的遗传图解见图2。

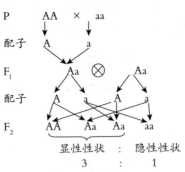

图1 一对相对性状遗传图解

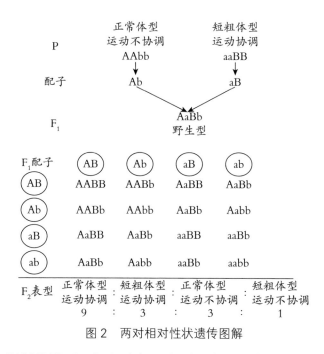

图 2 两对相对性状遗传图解

教师：根据假说可以解释我们观察到的实验现象，这能够说明假说正确吗？

学生：可以或不可以。

教师：讲述假说—演绎法的过程，根据实验现象提出假说来解释我们观察到的实验现象，但这些不足以说明假说正确，假说还需要能够预测未知的实验结果，并通过实验进行验证。若实验结果与预测一致，则假说成立，若不一致则假说不成立。

测交实验是杂合子一代与隐性纯合子杂交的实验，可以用于检测另一亲本配子的基因型。请同学们按照孟德尔的假说绘制测交实验遗传图解，预测测交实验结果。

学生：设计测交实验，将杂交实验中 F_1 代线虫与隐性纯合子交配，观察后代表型。绘制一对相对性状的测交实验遗传图解见图 3，和两对相对性状的测交实验遗传图解见图 4。

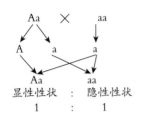

图 3 一对相对性状的测交实验遗传图解

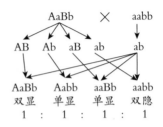

图 4 两对相对性状的测交实验遗传图解

测交实验操作：

①学生观察野生型线虫和突变品系线虫的形态特征。

②挑取 5~10 只 L4 时期的雌雄同体线虫和 30 只左右 L4 时期的雄虫放置于杂交培养基中进行杂交（正交或反交）。

③在 20℃培养箱杂交过夜，第二天将雌雄同体线虫分别挑到饲养培养基中，每个培养基放一只交配过的雌雄同体线虫。

④将交配过的雌雄同体线虫产卵 1 天后将其挑出培养皿，3 天后观察交配成功的后代的表型并记录数据（注：如果交配过的雌雄同休线虫产下的后代中有许多雄虫，则杂交成功，这些后代为杂交后代）。

⑤从该杂交后代中挑取 L4 时期的雌雄同体线虫与隐性纯合子交配。培养 3 天后，观察并记录后代的表型及数据。

实验观察与数据获取：

观察并记录测交后代的表型及数据。

教师：请学生收集实验数据，在实验结束后进行小组展示。

学生：分别进行小组展示。

野生型和短粗体型突变品系杂交实验结果见表 4，测交后代野生型：短粗体型 ≈1 ：1。

表 4　野生型与短粗体型线虫测交实验结果

组别	杂交子一代表型	数量 / 只	测交子一代表型	数量 / 只
测交	野生型	115	野生型	85
	短粗体型	0	短粗体型	93

野生型和运动不协调突变品系杂交实验结果见表 5，测交后代野生型：运动不协调 ≈ 1 : 1。

表 5　野生型与运动不协调线虫测交实验结果

组别	杂交子一代表型	数量 / 只	测交子一代表型	数量 / 只
测交	野生型	135	野生型	58
	运动不协调	0	运动不协调	43

运动不协调和短粗体型突变品系杂交实验结果见表 6，测交后代野生型：短粗体型运动协调：正常体型运动不协调：短粗体型运动不协调 ≈ 1 : 1 : 1 : 1。

表 6　野生型与短胖体型线虫测交实验结果

组别	杂交子一代表型	数量 / 只	测交子一代表型	数量 / 只
测交	野生型	193	野生型	69
			短粗体型运动协调	58
	其他	0	正常体型运动不协调	63
			短粗体型运动不协调	52

学生：测交实验结果与预测结果一致，说明孟德尔的假说成立。

教师：带领学生论述基因分离定律和基因自由组合定律内容。

【学习活动 2-2 设计意图】让学生通过线虫测交实验亲自验证孟德尔的假说是否正确，有助于学生深入理解假说—演绎的方法原理，学会运用统计学方法处理实验数据，发展跨学科思维。

（3）学习活动 2-3 位于性染色体上的一对相对性状的线虫杂交实验。

学生：老师，我们的野生型和短粗体型突变品系正反交实验时，其中一组实验 F_1 代呈现出雌雄同体线虫全部为野生型，雄性线虫全部为短粗体型的现象，与其他小组实验结果（预期结果）不一致。实验结果见表7。

表7　野生型与短粗体型线虫正反交实验结果

组别	子一代表型	数量 / 只	子二代表型	数量 / 只
正交	野生型	183	野生型	150
	短粗体型	0	短粗体型	51
反交	野生型	全为雌雄同体	野生型	267
	短粗体型	全为雄虫	短粗体型	81

教师：让该组学生回顾实验过程，分析实验数据的准确性。

学生：通过小组展示，讨论分析，实验过程无误，实验结果可靠。

教师：难道孟德尔的基因分离定律出错了？

学生：……

教师：引导同学就该问题进行查阅资料，讨论分析，为什么其他小组实验结果子一代的表型与性别无关，该小组子一代表型呈现出与性别相关联的现象呢？

学生：通过查阅资料，发现该现象与 1910 年摩尔根的白眼果蝇杂交实验结果类似，摩尔根通过实验发现在子二代中白眼果蝇全部为雄性，控制该性状的基因可能位于性染色体上。

教师：请学生绘制出短粗体型突变基因在常染色体和 X 染色体上杂交的遗传图解。

学生：绘制出短粗体型突变基因在常染色体（见图 5）和 X 染色体上的正反交遗传图解（见图 6）。

图 5 基因在常染色体上遗传图解

图 6 基因在 X 染色体上遗传图解

学生：通过遗传图解可以确定控制该短粗体型的基因位于 X 染色体上。

【学习活动 2-3 设计意图】通过分析位于性染色体上的杂交实验结果，引导学生分析异常实验结果背后指示的问题。学生观察到子一代呈现出与性别相关联的现象，通过查阅资料能够将控制该表型的基因与性染色体相关联，该学习活动让学生亲身经历科学家的科学研究历程，有助于培养学生形成尊重科学事实，敢于质疑他人的科学精神。

【项目二设计意图】将课下的不同品系的秀丽隐杆线虫杂交实验实践活动与课上的教材中的经典材料分析相结合，有助于学生理解假说—演绎法的研究思路，对遗传规律有更深刻的认识。在该项目中学习活动层层递进，有助于学生利用有关知识解决线虫杂交实验真实情境中遇到的问题，培养学生进行深度学习的能力。本项目是新课标下开辟的实验教学的新方案。

八 实验效果评价

1. 基于课程标准实施的实验教学课程设计的创新

秀丽隐杆线虫因具有表型明显、体型小易饲养、生长周期短（3天即可繁殖一代），繁殖率高的特点，雌雄同体既可自体繁殖又可异体繁殖，非常便于自交和杂交，秀丽隐杆线虫后代数量多，有利于学生对后代数据进行统计学分析。这些特点使秀丽隐杆线虫非常适合高中生进行遗传学实验探究。

该实验教学真实体现了"教师创造条件让学生进行秀丽隐杆线虫观察和杂交实验等活动，引导学生应用有关知识分析和解决杂交实验中遇到的问题，切身体验科学家探索遗传奥秘的过程"，是基于课程标准实施的实验教学课程设计的创新。

2. 经典实验材料分析与新情境的问题解决相结合的教学方法创新

本实验教学在高中遗传授课教学部分引入模式生物秀丽隐杆线虫杂交实验，是在遗传模块课程标准推荐的模拟实验和经典实验资料分析的教学活动基础上，开发的适合中学遗传学学习的实验教学的新方案。教学过程将经典实验材料分析与线虫杂交实验探究相结合，通过实验探究更好地理解假说—演绎法的研究思路，通过经典实验材料分析去解决线虫杂交实验新情境中遇到的问题，有助于提高学生发现问题并解决问题的能力，发展生物学学科核心素养。

3. 新情境下探究活动层层递进，培养科学思维

秀丽隐杆线虫杂交实验不是简单的验证实验，而是由"性状如何遗传给后代"这一科学问题引发学生进行实验探究，通过实验现象提出假说，结合假说进行演绎推理，再通过实验进行验证的过程，让学生深刻理解假

说—演绎法的实践过程，根据探究过程和经典实验材料分析总结得出遗传学规律。线虫杂交实验活动层层递进，通过位于性染色体上短粗体型线虫与正常体型线虫杂交实验结果分析，让学生亲身经历科学家的科学研究历程，最终将一个性状与性染色体相关联，明确基因与染色体的关系。该实验教学有助于培养学生利用有关知识解释新情境中遗传学问题的能力，在探究型学习活动中落实对"遗传因子决定生物性状，并代代相传""染色体是基因的载体"等重要生物学概念的理解。

本实验教学，从现象到本质，从宏观到微观，通过不同品系线虫的杂交实验，利用假说—演绎法，让学生亲身经历发现并提出问题、实验方案设计与实施、结果交流与讨论和利用已学知识解决问题的过程，帮助学生深刻理解遗传学规律，并建立基因和染色体的关系。

点评

　　在教材和课标活动建议中本实验都属于"模拟植物或动物性状分离的杂交实验"，旨在通过模拟活动帮助学生理解雌雄配子随机组合及性状分离等现象，但具体如何进行杂交，在实际实验中是否能够出现这一比例，学生并没有太多体会。本案例将教材模拟实验转化为真实的杂交实验，让学生亲身体验和探究，实现对概念的理解和能力的培养，具有如下特点。

　　1.通过线虫杂交实验的开展，让学生亲历科学家探索过程

　　杂交实验存在难度较大，周期较长等问题，在开展的杂交实验中，用果蝇、豌豆作为材料较多，本案例用秀丽隐杆线虫这一模式生物，进行材料创新，充分调动学生学习兴趣，理解材料选择的重要性，同时指导学生亲历研究过程，体验科学家探索生物遗传奥秘的过程，加深对定律的理解。

2. 采用项目式学习，多方面、长链条实现核心素养提升

本案例中教师设计了一系列实验，包括对细胞分裂、分化、相对性状等的观察；一对、两对相对性状以及在性染色体上遗传的杂交、测交实验等，有计划、有步骤依据教学进度开展实验，体现项目式学习的特点，通过学习，多方面、长链条提升核心素养。如通过分裂、分化观察，理解结构功能观；通过对性状观察、杂交、测交实验开展形成信息观；且在实践中掌握研究方法，提升科学探究能力；通过数据统计、处理，实验方案分析、结果交流讨论等提升合作交流、数据分析、推理能力，发展学生科学思维，并在此过程中培养严谨求实的科学态度和勇于质疑、敢于创新的科学精神，促进学生生物学学科核心素养的全面提升。

3. 从现象到本质再到应用，课内外结合，促进学生深度思考

在学生亲历实践活动中，教师没有只是作为实践活动开展，而是在此过程中结合教材中孟德尔杂交实验内容通过问题、活动等层层递进引导学生，如课上通过问题引导，指导学生设计实验方案，课下进行秀丽隐杆线虫的杂交实验，课上讨论实验结果，将实验结果与教材分析相结合，分析原因，帮助学生理解假说—演绎法的研究思路，通过数据分析，运用规范的符号体系绘制遗传图解，从线虫实验现象到对本质原因的分析，从孟德尔遗传定律到新情境下线虫的实验分析，课内外结合。对学生后续的跟进，如论文的撰写等，促进学生深层次的思考，实现实验、思维的进阶，达成深度、有意义的学习。这一学习过程意义深远，并延伸到学生对生物学其他内容以及其他学科的学习，最终达成对科学本质的深刻认识和理解。

案例 15　性状分离比的模拟实验——基于 任务驱动问题导向模式的数字化实验教学

丹东市第四中学　牟思融

一　使用教材

人民教育出版社，普通高中教科书·生物学必修 2 遗传与进化，第 1 章遗传因子的发现，第 1 节孟德尔的豌豆杂交实验（一）。

二　实验器材

两个矿泉水桶、每个小组两种大小相同、颜色不同的彩球各 20 个（小组之间的彩球颜色不同）、计算机、胶带、马克笔、记录数据的纸和笔。

三　实验创新要点

1. 实验装置的改进

使用透明的矿泉水桶可以让学生清楚地看到小球在桶内的运动情况，直观性强。彩球直径刚好小于桶口直径，摇晃矿泉水桶后将其倒置，刚好仅有 1 个小球掉入桶口，此彩球即为从小桶中随机抓出。将矿泉水桶再正立，彩球又自然回落到桶底，相当于将抓取的彩球又放回矿泉水桶内，这样可以立刻进行下一次实验。而且实验者的双手并没有与彩球直接接触，可以排除主观因素可能对实验造成的干扰，更好地体现抓球过程中的随机性。同时，单位时间内可以抓取更多的次数。利用矿泉水桶可变废为宝、节能环保。

2.统计方法的创新

引用计算机编程语言，学生可以根据实验的具体情况多次改变实验参数，如不同配子的比例、抓取小球的次数等，而且能快速获得模拟实验的统计数据。这个方法比随机抽取彩球的方法更加节省时间，且更加保证实验的随机性。利于学生小组合作探究学习，经改进后统计数据的时间极大缩短，实验的原理、结果也更加清晰。

3.模拟实验的拓展

学生根据已有实验材料用具，小组讨论后模拟以下 3 个实验，学会解决新问题。

（1）模拟 DD 基因型致死对后代性状分离比的影响。

（2）模拟 50% d 雄配子不育对后代性状分离比的影响。

（3）模拟不同对遗传因子的自由组合。

4.任务驱动问题导向模式的小组合作实验

课标明确提出科学探究是生物学学科核心素养之一，在探究中还要乐于并善于团队合作，勇于创新。所以将实验过程设计为任务驱动问题导向模式的小组合作完成的探究实验，注重了对学生提出问题、进行探究和合作交流能力的培养。

四 实验原理

本实验用两个矿泉水桶分别代表雌雄生殖器官，桶内的彩球分别代表雌雄配子，用两个桶中不同彩球的随机组合，模拟雌雄配子的随机结合。通过计算机编程进行模拟实验，快速获得实验统计结果。

五 实验教学目标

1. 理解遗传因子的分离和配子的随机结合与性状之间的数量关系。

2. 借助计算机编程语言处理数据，初步学会利用计算机编程知识统计实验数据并进行分析。

3. 领悟生物学模拟实验中构建模型的具体方法和思路，以提升其解决实际问题的能力。

4. 根据遗传规律预测杂交后代的遗传性状、解决生产生活问题的能力，有利于关爱生命意识、健康生活方式的培养。

六 实验教学内容

学生回顾孟德尔的分离定律的基本内容，阅读教材实验，讨论相关问题，构建模拟实验装置。以小组为单位完成实验记录和结果讨论，发现模拟实验中，受到样本量数量的限制较大，从而引出模拟实验。

为解决教材模拟实验中样本量的限制问题，借助计算机编程语言模拟实验，感受更大数量级模拟结果，发现规律。进而通过类比的思路，理解模拟装置和模拟过程中精子、卵细胞的种类和比例，分析实验内涵，更加真实地模拟自然界中雌雄配子的随机结合。最后，通过模拟实验的拓展，利用计算机模拟验证自由组合定律。

七 实验教学过程

1. 任务一：回顾孟德尔的分离定律，阅读教材中的实验，构建模拟实验装置孟德尔的豌豆杂交实验中，F_1 产生比例相等的两种配子 D 和 d，且雌雄配子随机结合。小组讨论后，回答以下 5 个问题。

（1）甲、乙两个桶分别模拟什么？

（2）甲、乙两个桶内的小球分别模拟什么？

（3）每次抓取一个小球模拟什么？

（4）不同彩球的随机组合模拟什么？

（5）每次抓取的小球是否需要放回原来的桶内？为什么？

教师讲解对教材实验装置的改进（见图 1）。在实验过程中，教师要强调摇晃桶体的力度、方向和次数应该相同、适宜。

图 1　改进的实验装置

学生分小组进行模拟实验，重复 30 次，填写性状分离比的模拟实验记录表（见表 1）。同学们发现，并不是每组结果都符合 1：2：1。这是为什么呢？

表 1　性状分离比的模拟实验记录表

第＿＿＿＿组

次数	F_2 遗传因子组成		
	DD	Dd	dd
统计总数			
统计比例			

（6）教师将每个小组的实验结果与全班总的实验结果进行比较。学生发现统计的样本数量与统计结果准确性之间是有一定关系的，从而认识到增大统计样本数量可以减少实验误差。

2. 任务二：借助计算机编程语言模拟实验

教师讲解计算机编程语言的原理，设置两个集合分别代表雌雄生殖器官，集合中的元素代表雌雄配子（每个集合的 20 个 D、20 个 d），设置运行程序时均可随机从每个集合中各抽取 1 个 D 或 d 并进行随机组合，完整地模拟了随机抓取小球的过程。将模拟次数设定为 1000，利用编程系统计算出结果（见图 2）。同学们发现，借助计算机编程语言，可以迅速获得实验结果。

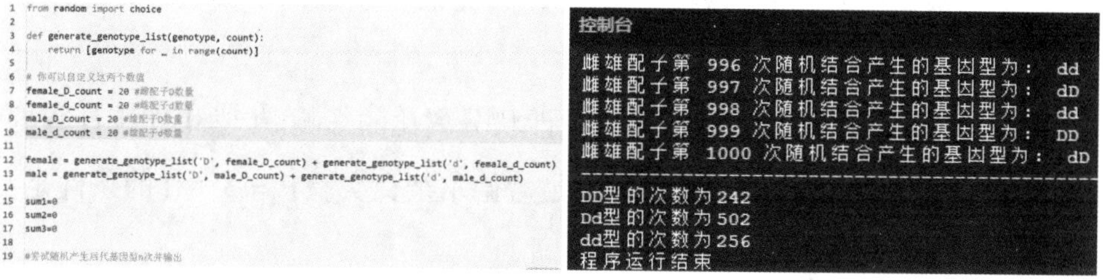

図 2　计算机编程语言运行及结果界面（任务二）

3. 任务三：分析实验内涵，更加真实地模拟自然界中雌雄配子的随机结合

每个小桶内的两种彩球比例是否一定满足 1 ∶ 1，两个桶内的彩球总数是否一定相等？

（对于自然界中绝大多数生物而言，为了保证雌配子能够完成受精作用，雄性个体产生的雄配子数量远大于雌性个体产生的雌配子数量。因此，为了更加真实地模拟，可以在代表雄性生殖器官的桶中加入更多的彩球，但是要保证两种彩球的数量相等）

修改编程的相关参数，代表雌性生殖器官的每个集合中的元素为 20 个 D、20 个 d；代表雄性生殖器官的每个集合中的元素为 100 个 D、100 个 d。运行结果显示 DD ∶ Dd ∶ dd 仍接近 1 ∶ 2 ∶ 1（见图 3）。由此验证了满

足孟德尔杂交实验 F_2=3∶1 的条件是：子一代雌性或雄性个体形成的两种配子 D∶d=1∶1，与雌雄配子之间的数量无关，并且雌雄配子结合的机会相等，观察的子代样本数量足够大。

```
1   from random import choice
2
3   def generate_genotype_list(genotype, count):
4       return [genotype for _ in range(count)]
5
6   # 你可以自定义这两个数值
7   female_D_count = 20  #雌配子D数量
8   female_d_count = 20  #雌配子d数量
9   male_D_count = 100  #雄配子D数量
10  male_d_count = 100  #雄配子d数量
```

图3　计算机编程语言运行及结果界面（任务三）

4.任务四：模拟实验的拓展

学生根据已有实验材料用具，小组讨论后，模拟以下实验，并运用编程程序统计实验结果。

（1）模拟 DD 基因型致死对后代性状分离比的影响。（学生在统计数据时，舍弃 DD 的数量。由此验证了满足孟德尔杂交实验 F_2=3∶1 的条件是：子二代不同遗传因子的个体存活率相同）

（2）模拟 50% d 雄配子不育对后代性状分离比的影响。

学生展示交流：一个桶代表雌性生殖器官，桶内两种彩球数量 D∶d=1∶1，另一个代表雄性生殖器官，桶内两种彩球比例为 D∶d=2∶1，两个桶内彩球总数可以不相等。

修改编程的相关参数，代表雌性生殖器官集合中的元素为 D∶d=1∶1；代表雌性生殖器官集合中的元素为 D∶d=2∶1。运行结果显示 DD∶Dd∶dd 接近 2∶3∶1（见图4），由此验证了满足孟德尔杂交实验 F_2=3∶1 的条件是：子一代个体形成的两种配子比例相等。

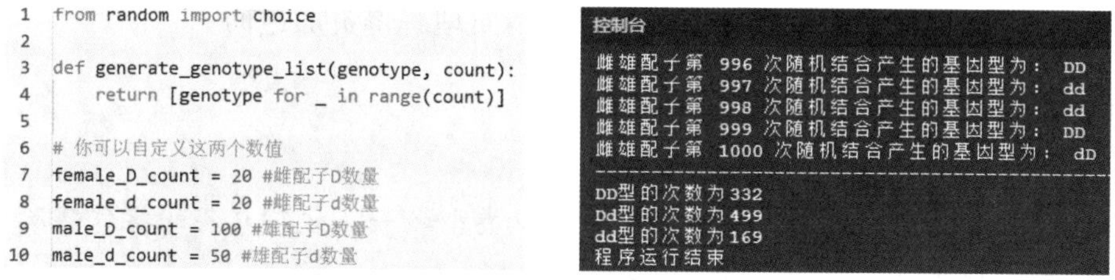

```
1   from random import choice
2
3   def generate_genotype_list(genotype, count):
4       return [genotype for _ in range(count)]
5
6   # 你可以自定义这两个数值
7   female_D_count = 20 #雌配子D数量
8   female_d_count = 20 #雌配子d数量
9   male_D_count = 100 #雄配子D数量
10  male_d_count = 50 #雄配子d数量
```

```
控制台
雌雄配子第 996 次随机结合产生的基因型为: DD
雌雄配子第 997 次随机结合产生的基因型为: dd
雌雄配子第 998 次随机结合产生的基因型为: dd
雌雄配子第 999 次随机结合产生的基因型为: DD
雌雄配子第 1000 次随机结合产生的基因型为: dD

DD型的次数为 332
Dd型的次数为 499
dd型的次数为 169
程序运行结束
```

图 4　计算机编程语言运行及结果界面

（3）模拟不同对遗传因子的自由组合。

学生展示交流：用胶带将两个矿泉水桶粘贴在一起，代表雌性生殖器官，每个桶中两种数量相等的彩球代表成对的遗传因子，即一个桶中的两种彩球分别代表 Y、y，另一个桶中的两种彩球分别代表 R、r。从双桶中分别抓取的彩球组合在一起模拟了 YyRr 产生四种雌配子 YR、Yr、yR、yr。

修改编程的相关参数，两个集合的元素分别是 Y ：y = 1 ：1，进行模拟实验，可以快速统计雌配子 YR、Yr、yR、yr 的比例。实验结果比例接近 1 ：1 ：1 ：1（见图 5）。同理，雄配子产生的种类及比例相同。

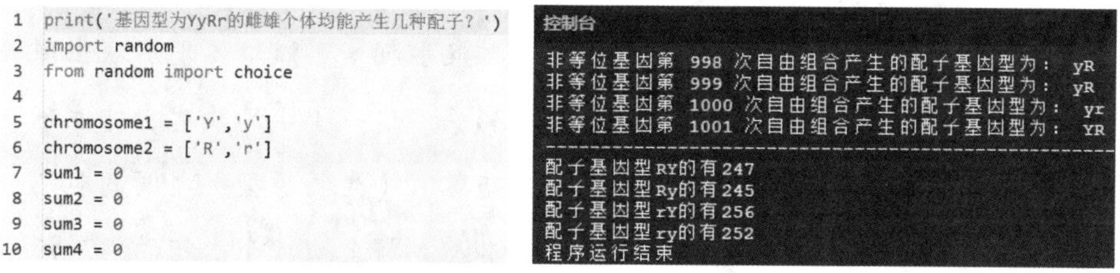

```
1   print('基因型为YyRr的雌雄个体均能产生几种配子？')
2   import random
3   from random import choice
4
5   chromosome1 = ['Y','y']
6   chromosome2 = ['R','r']
7   sum1 = 0
8   sum2 = 0
9   sum3 = 0
10  sum4 = 0
```

```
控制台
非等位基因第 998 次自由组合产生的配子基因型为: yR
非等位基因第 999 次自由组合产生的配子基因型为: yR
非等位基因第 1000 次自由组合产生的配子基因型为: yr
非等位基因第 1001 次自由组合产生的配子基因型为: YR

配子基因型RY的有 247
配子基因型Ry的有 245
配子基因型rY的有 256
配子基因型ry的有 252
程序运行结束
```

图 5　计算机编程语言运行及结果界面

八　实验效果评价

通过引进计算机编程模拟性状分离比实验，提高了实验数据的处理效率，让数字化实验模式走进高中课堂，任务驱动问题导向模式的模式让学生通过合作与探究，边操作边思考，引导学生在分析、讨论、归纳等过程中促进对概念的深度理解，并在解决问题时提升科学思维，实现了知识的有效迁移，使学生对微观的遗传规律及本质理解得更加透彻。

点评

模拟实验是高中生物学实验的基本类型之一，是对真实的操作实验和调查等实践类活动的补充。模拟实验的研究对象不是真实的生物材料，而是选用合适的模拟材料替代真实的研究对象，以揭示其运行机制或规律，帮助学生理解微观、不易直接观察或长时空范围内发生的生命现象，能够较为容易地改变实验参数，发挥学生学习的自主性。

受到实验条件和时间等因素的影响，课标中建议开展的教学活动为模拟植物或动物性状分离的杂交实验。本案例属于验证性实验，发展科学思维方面凸显"模型与建模"，模拟过程的主要亮点包括以下两个方面。

1. 关注模拟材料在操作过程中的科学内涵

在指导学生使用矿泉水桶和彩球完成的模拟实验中，改变随机抓取的操作，利用混合后倒置的方式，通过矿泉水桶窄小瓶口体现彩球出现的随机性，避免主观因素对实验结果的影响。这一小小的改变，建立不同彩球和矿泉水桶（模型）与基因和生殖器官（生物原型）之间的对应关系，有助于学生理解基因分离现象的本质。将全班 4 个小组的结果汇总后得到 120 次的统计结果，基因型的分离比接近于 3 ∶ 1。学生在模拟实验中，体验运用数学统计方法分析实验结果的必要性，认识性状分离的发生是概率事件，认同孟德尔提出的猜想和运用的研究方法具有超前性和跨学科的特征。

2. 关注编程模拟活动中修改参数的科学内涵

本案例设计的任务二使用简单的计算机编程系统，短时间内每小组获得 1000 个数据量。从学生认知路径分析，前后模拟任务的排序合理。以任务一建立的物理模型和原型关系为基础，降低抓取的时间和物料成本，避免简单的重复操作，直观感受到更多数据样本获得的数学模型更加稳健。

为模拟自然界雌配子和雄配子比例悬殊的真实情况，任务三采用修改计算机编程参数的操作。在雌配子：雄配子 =1 ∶ 5 时，运行结果仍然符合 3 ∶ 1 这一分离比。任务四通过修改参数，分别模拟显性致死、雄配子部分不育和非等位基因自由组合的情况，充分体现计算机编程系统在数学建模过程中操作的灵活性。为避免修改参数等待运行结果与生物学原理的割裂，明示参数改变的生物学意义是非常重要的构建概念的过程。

改进建议参考：教师逐步引导学生思考具体生物学现象如何通过修改参数获得实验结果的过程，有助于学生理解数学模型的建立过程，有效参与信息技术支持下的建模活动。如果基于遗传图解的分析先预测不同情况下子代的分离比，然后使用计算机编程系统完成验证，那么可能更符合"假说—演绎"的思路。

案例 16 基于项目式实验教学探究遗传规律
——以果蝇遗传杂交实验为例

成都石室中学 黄琴

一 使用教材

人民教育出版社，普通高中教科书·生物学必修 2 遗传与进化，第 1 章遗传因子的发现，第 1 节孟德尔的豌豆杂交实验（一）。

二 实验器材

果蝇饲养瓶（200 mL）、标签纸若干、棉球、毛笔、白瓷板、标记笔、培养皿、恒温培养箱、数码体视显微镜、电脑、电磁炉、不锈钢铁盆、玻璃棒、移液枪及枪头、玉米粉、蔗糖、琼脂、酵母粉、乙醚、丙酸、酒精。

三 实验创新要点

1. 实验设计思想的创新

教材中的"性状分离比的模拟实验"只能让学生体验生活中的概率问题，无法为学生学习分离定律提供生物学事实。因此，基于发展学生生物学学科核心素养的教学宗旨，设计项目式的探究性学生实验"果蝇遗传杂交实验"，替换教材中非常简单的模拟实验，真正体现生物学的学科特色。

目的是创设探究性学习的情境，给学生提供亲自参与实践性学习活动的机会，引导学生自主获取生物学事实，实现生物学概念的构建，同时，通过探究性的实验活动，促进学生"科学思维""科学探究"能力的提升，在此过程中，培养学生的创新精神和实践能力。

2. 实验探究方法的创新

（1）实验材料新颖、有效。

教材中呈现的是孟德尔杂交实验，使用的材料是豌豆，这种植物材料实验周期长、杂交技术复杂，不适合学生实验。而模拟实验使用的乒乓球，缺乏生物特征，不可能观察到真正的性状分离结果。采用果蝇作为遗传杂交实验材料，生长快、繁殖周期短，大约三周便可获得子二代果蝇，适宜作为中学生进行遗传学实验研究的材料，以解决学习时间紧的难题。同时，果蝇的相对性状比较明显，子代数量多，便于观察、统计实验结果。

（2）采用现代信息技术，保证实验结果的准确性。

学科深度融合进行观察，能运用数码显微镜和计算机软件融合，可以将在显微镜下观察的性状投屏到电脑界面，从而将微观性状放大，可准确呈现学生的实验结果及观察到的性状，便于生生之间、师生之间的交流，有利于提高学生的实验操作技能，使教学效果更好。

3. 实验教学方式的创新

（1）基于定量分析阐明遗传定律。

学生通过真实观察果蝇性状，进行结果统计、分析等，真正完成从定性到定量的分析，并运用统计与概率的方法，归纳出遗传性状的分离比，从而得出基因分离定律，实现从感性认识到理性分析，提高学生的高阶思维能力，进而达成知识和能力目标。

（2）让学生在自主实验中提高科学探究能力。

本实验是教师指导的学生自主探究实验，教师提供沉浸式实践学习机会，指导学生完成实际实验方案、实施方案、获取实验结果、分析结果得出结论的探究全过程，最终设置实验操作评价量表，对学生实施过程中的表现进行显性化评价，实现教、学、评一致，从而优化整个项目式实验教学，有效提高学生科学探究能力。

（3）基于生物学事实构建生物学概念及定律。

在本实验中，学生需要经过反复观察，才能辨别果蝇的不同眼色、不同翅型，从而将抽象的概念转化为具体的生物学特征，这样能够真正建立有关性状、相对性状的概念。通过杂交实验，获取真实的遗传杂交实验结果，经过分析、归纳、概括、推理等思维活动，得出性状分离的现象，进一步构建起"基因分离定律"。

四 实验原理

1. 果蝇是生物学研究中的模式生物，也是遗传学研究中的经典生物。果蝇为完全变态发育，可以通过培养、观察，了解果蝇的生活史。

2. 果蝇成虫具有一些可观察、易区分的性状，如眼色、体色、翅型等。

3. 可通过杂交实验来分析某性状的遗传规律，说明性状的遗传遵循基因分离定律及基因自由组合定律。

五 实验教学目标

1. 通过操作完成果蝇杂交实验，说明生物的有性生殖、亲代、子代、杂交等概念；使用数码显微镜观察果蝇的眼色、翅型、体色等，概述生物的性状、相对性状等概念。

2. 观察、记录杂交实验中子代的性状，统计相对性状的结果；运用归纳与概括，演绎与推理等思维方法，探讨性状分离的现象，并进一步阐释基因的分离规律。

3. 根据实验方案，操作完成果蝇杂交实验，提高实验操作能力；通过观察、辨别果蝇的相对性状，提高实验观察能力；通过对实验数据的统计、分析，提高定量分析、数学建模的能力。

六　实验教学内容

果蝇杂交实验是时间周期相对较长的探究性实践活动，针对本实验内容多、操作复杂的特点，将实验设计成项目式的探究实验，分为三个阶段完成，每个阶段又包含三个具体任务，最终达成实验教学目标。具体实验教学内容设计见表1。

表1　实验教学分阶段课时作业内容

实验内容	材料准备	杂交实验	数据分析
实验方法与步骤	配制培养基	设计杂交实验方案	数据的统计与分析
	培养果蝇及观察生活史	实施果蝇杂交实验	分析结果，得出结论
	观察果蝇的相对性状	分组统计实验结果	实验的拓展和展望

七　实验教学过程

1. 果蝇的扩大饲养与生活史观察

配制培养基、培养果蝇及观察生活史、观察果蝇的相对性状等。

（1）果蝇培养基配制。

实验前期理论培训：引导学生通过查阅资料收集果蝇培养基的配方及操作步骤，形成生命活动的正常进行离不开物质和能量的生命观念。具体的配置操作流程，依次为：称量培养基各组分→按照顺序加热融化→不断搅拌→冷却至55 ℃后分装→分装不同的果蝇饲养瓶，冷却待用。

（2）果蝇的扩大饲养和生活史观察。

①通过观看果蝇精子、卵细胞形成过程和受精作用的视频，说明进行有性生殖的生物体，其遗传信息通过配子传递给子代。观察果蝇的交配和产卵现象。

②概述果蝇的生活史，动态追踪观察果蝇交配及变态发育的全过程：受精卵→一龄幼虫→二龄幼虫→三龄幼虫→蛹→成虫。具体观察过程为：杂交（a）→排卵（b）→幼虫（c）→观察（d）（见图1）。说明果蝇具有生长迅速、生活史较短、繁殖快的特点，理解果蝇作为经典遗传学材料的原因。

图1 果蝇生活史的观察

（3）观察果蝇的相对性状。

①引导学生练习滴加"少量多次"的乙醚在棉花上，运用数码显微镜观察果蝇雌雄、相对性状，学会挑选活体雌雄果蝇。具体操作依次为：分离果蝇，等待麻醉→少量多次滴加乙醚→数码显微镜观察→电脑软件显示，清晰呈现观察结果。

②利用数码显微镜观察鉴别雌雄，能够从尾器形态、性疏有无等方面来判断雌雄（见图2），为杂交实验中亲本的挑选做好知识和技能储备。

判断的依据是果蝇有雌雄之分，幼虫期区别较难，成虫区别容易。雌性体型较大，腹部环纹5节，末端尖，颜色浅，跗节基部无黑色鬃毛流苏；雄性体型较小，腹部环纹7节，末端钝而圆，颜色深。第一对脚的跗节基部有黑色鬃毛流苏（被称为性梳）。

图 2　雌雄果蝇辨析（左雌，右雄）

③在数码显微镜下观察 4 个纯种品系果蝇相对性状（见图 3），并完成填表任务（见表 2），学会数据记录与处理，加深对"相对性状"等概念的理解，基于实验材料设计后续关于体色这一对相对性状的杂交实验。

图 3　果蝇相对性状的观察（数码显微镜借助电脑软件所拍照片）

表 2　实验室果蝇品系性状观察结果

品系	眼色	体色	翅型
18	红眼	灰体	卵圆
4	红眼	灰体	残翅
22	白眼	灰体	卵圆
e	红眼	黑檀体	卵圆

2. 果蝇遗传杂交实验

（1）实验方案的设计。

①分小组讨论设计出验证分离定律的可行性实验方案，并相互交流修正方案，最终确立具体实验步骤如图 4 所示。

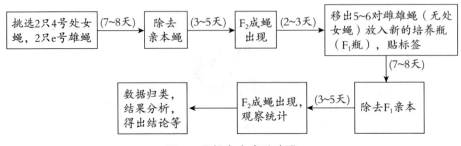

图4 果蝇杂交实验步骤

②基于实验设计，分析实验操作过程中的注意事项，小组成员间统筹安排，设计合理时间计划表。

（2）实施实验方案。

①分时段具体指导学生，按照小组分工开展果蝇杂交实验。

a. 对班级学生进行分组，依次编号为 1~10 小组；

b. 分组挑选亲本果蝇：学生通过数码显微镜对 4 号灰体果蝇和 e 号黑檀体果蝇中的雌雄个体进行辨析，然后每个小组挑选至少 4 对相对性状的雌雄果蝇制作成亲代杂交瓶，适宜条件下培养；

c. 待亲代瓶果蝇产卵后，除去亲代果蝇，继续适宜条件下培养至 F_1 成蝇出现；

d. 挑选 5 对 F_1 雌雄果蝇放入新的杂交瓶，适宜条件下培养；

e. 待 F_1 产卵后，除去 F_1 代果蝇，继续培养至 F_2 成蝇出现；

f. 每个小组分时段分批次观察和统计 F_2 代果蝇的体色性状，并做好相应的记录（见表3）；

g. 最后汇总数据，分组讨论各组实验数据，并将实验结果用数学模型即柱形图分析，以便得出实验结论。

表3　F$_2$代果蝇体色的性状观察与结果记录

杂交亲本（P）	4号品系	×	e号品系
杂交亲本表现型	灰体		黑檀体
F$_1$表现型	灰体（♀、♂均有）		
分组数据记录与统计	F$_2$表现型	灰体	黑檀体
	组别1	44	13
	组别2	51	19
	组别3	43	17
	组别4	47	15
	组别5	48	15
	组别6	53	24
	组别7	58	20
	组别8	49	15
	组别9	63	16
	组别10	59	20
	汇总	515	174

②对学生的过程性时间安排作进行指导，保证整个项目式实验流程有序开展。

在实验过程中，为保证数据的真实性和准确性，教师需要及时督促学生进行观察、跟进和协调实验中各项具体操作的时间规划，同时对存在的问题进行及时有效的指导和解决。

3.分析实验结果、得出结论

（1）实验数据统计与分析。

结合实验操作中观察的现象与数据统计构建数学模型（见图5）对果蝇杂交实验结果进行定性和定量分析。

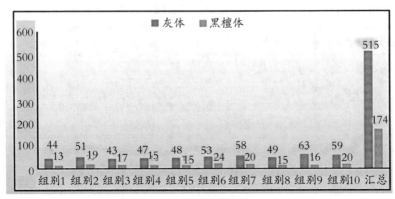

图 5　分组汇总 F_2 代果蝇体色的性状分离比

①定性分析：无论正反交，子一代都是灰体，说明灰体为显性性状；F_1 代雌雄果蝇杂交，子二代中都出现了灰体和黑檀体，这样的现象叫性状分离；

②定量分析：每个小组的 F_2 代性状分离比误差大，不能得出 3 ∶ 1 的性状分离比，但全班数据汇总后性状分离比接近 3 ∶ 1（实际分离比为 2.96 ∶ 1）；说明当子二代足够多时，果蝇的灰身∶黑檀体的分离比才接近理论比。运用统计学方法，分析数据事实规律，当子代数据足够多时更加接近理论比，体现学科融合在定量分析生物学规律中的应用价值。

（2）分析结果，得出结论。

①利用 4 号灰体和 e 号黑檀体品系果蝇杂交，单独分析体色相对性状，在子代数据足够多的情况下，F_2 代个体的性状分离比接近 3 ∶ 1，符合基因的分离定律。说明基因分离定律不仅适合豌豆中相对性状的遗传规律，在动物实验中仍然满足，说明其具有普遍性。

②在实验中部分小组的统计误差较大，且出现了一些性状异常的子代个体，学生讨论分析后推测可能是处女蝇的挑选时机出错；有的小组没有子代，推测可能是挑选雌性果蝇时性别辨析出错，选择了统一性别的亲本；还有的小组出现了一些新性状如卷翅，推测可能是基因突变或在羽化时受到环境影响导致等。

③学生在运用数学统计方法对结果进行分析后，领悟到了遗传现象从定性研究到定量研究过程中，学科融合的思想方法对于解决遗传规律的重要性。

（3）实验拓展和展望。

基于一对相对性状的果蝇杂交实验，学生还将 4 号灰体残翅和 e 号黑檀体卵圆翅品系杂交，研究两对相对性状的遗传规律，同时也用 18 号红眼品系和 22 号白眼品系的眼色这一相对性状探究摩尔根的果蝇杂交实验。

八　实验效果评价

学生沉浸式的参与果蝇杂交实验，在动手操作实践中加深对概念的理解，比如学生在选择亲本杂交时，更好地理解了相对性状概念；在观察 F_1 性状时，理解了显性性状的概念。设计实验中的评价量表（见表 4），通过自评、互评、教师评价相结合，对学生的实验操作水平进行综合评价。在定性和定量分析实验结果时，采用了数学建模的方式进行，有效地突破了教学难点。教学过程采用参与式、探究式和启发式的方式，鼓励学生认真观察，深度思考。在实验实施过程中，学生大胆地提出了很多生成性的问题，比如为何有的果蝇翅型为卷翅，提出假说：可能是基因突变的结果，也可能是环境引起的翅型变异等。整体实验教学开展顺利，时间安排合理高效，学生观察仔细，记录准确，实验教学整体体验和参与效果较好。

表 4　"果蝇杂交实验"评价量表

评价角度	质性评价描述	等级评分 （合格、良、优）		
		自评	互评	师评
实验原理	描述或者说明各个主题课时下的实验原理或目的			

续表

评价角度	质性评价描述	等级评分（合格、良、优）		
		自评	互评	师评
实验过程	准确利用生物技术完成实验过程，不断提出问题进行质疑和完善实验的不足；设计一个切实可行的实验观察时间安排表			
实验结果与分析	设计表格等规范记录实验结果，并对记录过程进行合理的汇总；运用事实和证据，结合理论学习等进行数据的处理、分析和阐明其中的联系和区别			
实验结论	运用归纳与概括、演绎与推理等科学思维方法，得出实验结论；与他人进行交流并合作开展探究活动，规范撰写实验报告；根据与他人交流所得结果和存在的问题，及时修正实验方案			
迁移应用	在给定的问题情境中，以生命观念为指导，分析生命现象，探讨生命规律，设计解决问题的方案			

学生逐渐在真实情境中解决问题，激发了对生物学的兴趣，更加培养了学生尊重事实和证据、崇尚严谨和务实的求知态度，养成敢于质疑、认真细致的科学品质，培养执着进取、善于合作的科学精神，有效地达成了学科核心素养的要求。

点评

本案例将教材及课标建议中的模拟实验设计成项目式的探究性学生实验，选取学生熟悉的模式生物——果蝇作为实验材料，让学生亲身体验和探究，实现对概念的理解和能力的培养，具有如下特点。

1.利用果蝇开展创新性实践研究，充分激发学生兴趣

孟德尔杂交实验以豌豆为材料，实验周期长、杂交技术较复杂，本

案例选取学生熟悉的模式生物——果蝇为实验材料，生长快、繁殖周期短，同时果蝇的相对性状比较明显，子代数量多，便于观察、统计实验结果，适于中学生进行遗传学实验。通过创设果蝇杂交实验，给学生提供亲自参与实践活动的机会，激发学生的探究热情，指导学生亲历研究过程，加深对定律的理解，也为后续的遗传实验研究打下基础。

2. 设计与果蝇相关的系列实验，全面落实核心素养

教师设计了一系列实验，包括果蝇的培养、生活史以及某些以相对性状的观察；一对相对性状遗传的杂交、测交实验等，有计划、有步骤地开展实验，体现项目式学习的特点，通过学习，多方面、长链条地提升核心素养。如通过对果蝇交配及变态发育的动态追踪观察、性状观察、杂交、测交实验开展形成信息观；通过在实践中亲历设计、实施、实验结果分析、结论得出等探究全过程，掌握研究方法，提升科学探究能力；通过实验设计、分析、数据统计、建模、结果交流讨论等提升合作交流、数据分析和推理能力，发展学生科学思维，并在此过程中培养严谨求实的科学态度和勇于质疑、创新的科学精神，全面落实生物学学科核心素养。

3. 采用多种评价工具，达成教、学、评一体化

本案例中通过学生实验报告的撰写，对包括原理、过程、结果、结论等实验全过程的评价量表的设计，自评、互评、教师评价相结合，对学生的实验操作水平进行综合评价，并结合提问、建模、学生问题的提出等情况对学生学习过程、态度等开展评价，评价方面多样、评价主体多元，从而达成教、学、评一体化的要求。

本案例可以进一步挖掘利用果蝇开展的实验项目，如位于性染色体上的果蝇性状的遗传研究、果蝇突变体、环境与性状关系研究等，拓展实验角度和深度，为相关概念的深入理解提供证据支撑，并在实验研究中进一步落实核心素养。

案例 17　性状分离比和遗传平衡定律的模拟实验

陕西省汉中市洋县中学　张珺

 **使用教材**

人民教育出版社，普通高中教科书·生物学必修2遗传与进化，第1章遗传因子的发现，第1节孟德尔的豌豆杂交实验（一）；第6章生物的进化，第3节种群基因组成的变化与物种的形成。

二 实验器材

小桶、两种颜色的乒乓球、矿泉水瓶、球形泡泡糖、标签纸、双面胶、丸棒、蜡烛。

三 实验创新要点

1. 化抽象为直观

由于客观条件（如实验设备、技术等）的限制，学生不能直接观察到形成配子时遗传因子的分离，通过选定遗传因子等的替代物，在构建模型的过程中，让学生直观地认识原型的变化，使学生更易理解分离定律和遗传平衡定律。

2. 改进实验装置：自制摇球器

学生以宠物的自动漏食器为灵感，用饮料瓶自制了漏球器（见图1）。

以两个矿泉水瓶模拟雌雄生殖器官，以两种颜色小球分别模拟 D、d 配子。优点：易保存、易搬运；易摇匀，减少了人为因素的干扰；不用放回，操作更加简单；废物利用，增强了学生的环保意识。

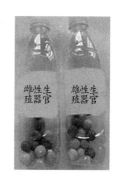

图1

3. 通过设计实验模拟遗传平衡定律，提高学生的探究能力与科学思维能力

学生在完成性状分离比模拟实验时，理解了亲代产生的配子与子代合子的关系，在此基础上，教师抛出问题：教材上"用数学方法讨论基因频率的变化"是用分离定律来计算子代基因型及比例的，能否用模拟实验模拟子代的基因型及比例呢？并引导学生设计模拟实验，改造实验模型，完成类似的实验。

4. 运用 MATLAB 的概率拟合，简化实验

学生在完成性状分离比的模拟实验时，发现一个小组的 30 组数据 D：d 远远偏离理论值 1：1；全班的实验数据与理论值 1：1 相比存在误差。学生经过讨论得出结论：实验次数较少，样本较少。但是大量的重复实验，数据统计较麻烦，浪费人力。有学生指出，该模拟实验是数学的古典概型；数学老师指出，可以用 MATLAB 进行概率拟合；在信息技术老师的指导下，设计了该模拟实验的蒙特卡洛抽样的程序，分别进行了 10 次、100 次、1000 次、10000 次和 100000 次抽样，当样本数量大于 10000 时，实验值和理论值几乎一致。

四 实验原理

实验一：性状分离比的模拟实验（见图2）。

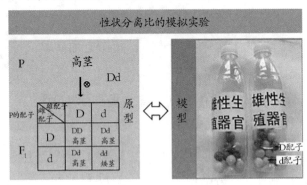

图2

实验二：性状分离比的模拟实验（雄配子50%败育，见图3）。

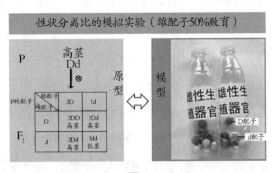

图3

实验三：遗传平衡定律的模拟实验（见图4）。

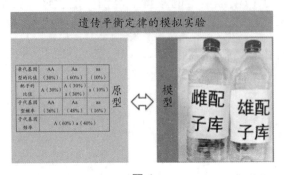

图4

实验四：遗传平衡定律的模拟实验（伴性遗传，见图 5）。

遗传平衡定律的模拟实验（伴性遗传）

亲本	X^AX^A	X^AX^a	X^aX^a	X^AY	X^aY
比例	$\frac{1}{8}$	$\frac{1}{4}$	$\frac{1}{8}$	$\frac{1}{4}$	$\frac{1}{4}$

雌配子＼雄配子	$1X^A$	$1X^a$	$2Y$
$1X^A$	$1X^AX^A$	$1X^AX^a$	$2X^AY$
$1X^a$	$1X^aX^A$	$1X^aX^a$	$2X^aY$

原型 ⟺ 模型

雌配子库　雄配子库

图 5

五　实验教学目标

1. 理解形成配子时遗传因子分离、雌雄配子随机结合与子代基因型和表型的数量关系。

2. 理解遗传平衡定律的前提条件，亲本基因型频率与子代基因型频率的关系。

3. 通过对实验装置的创新与改进，加深对分离定律的理解。

4. 通过小组合作完成实验，提高探究能力与团队协作能力。

5. 通过生物学、数学和信息技术等学科的交叉，体会学科交叉是如何推动科研的创新与发展，体验科学发展是如何促进人类生产生活的。

六　实验教学内容

1. 分离定律的实质和性状分离比的模拟实验（正常情况、D 纯合致死、d 花粉 50% 败育）。

2. 分离定律与遗传平衡定律的联系。

3. 遗传平衡定律的内容和模拟实验（常染色体遗传、伴性遗传）。

七 实验教学过程

（一）性状分离比的模拟实验

1. 实验前的准备

（1）实验员的准备工作：小组实验结果统计表、实验数据收集的 Excel 表格。

（2）教师的准备工作：设计任务单，引导学生提前了解实验相关内容（实验目的、实验原理、实验步骤等），并进行分组以及小组内成员的分工。

（3）学生的准备工作：制作摇球器并根据任务单在课前探究以下问题：

①该实验的实验原型是什么？

②该实验的实验模型是什么？分别模拟的是原型的什么？

③该实验的结果如何类推到实验原型上？

2. 实验步骤

（1）在甲、乙两个矿泉水瓶内各放入 6 个红色小球、6 个黄色小球；

（2）摇动矿泉水瓶，使小球均匀混合；

（3）分别从两个矿泉水瓶各抽取一个小球，记录小球的组合；

（4）重复（2）和（3）30 次。

3. 实验结果

学生实验后统计结果，用 Excel 进行计算（见图 6），并运用 MATLAB 进行概率拟合。

小组	雄配子 D	d	雌配子 D	d	子代基因型 DD	Dd	dd	子代表型 高茎	矮茎
1	13	17	14	16	6	15	9	21	9
2	16	14	17	13	9	15	6	24	6
3	12	18	14	16	5	16	9	21	9
4	19	11	16	14	12	11	7	23	7
5	18	12	17	13	11	13	6	24	6
6	17	13	20	10	12	15	3	27	3
7	20	10	20	10	16	12	2	28	2
8	20	10	18	12	11	16	3	27	3
9	14	16	15	15	9	10	11	19	11
10	14	16	14	16	7	15	8	22	8
合计	166	134	161	139	92	144	64	236	64
比例	0.553	0.447	0.537	0.463	0.307	0.48	0.213	0.787	0.213

图 6

4. 讨论与交流

Dd 自交，以下情况能否用性状分离比模拟实验模拟呢？

（1）若 D 纯合致死；

（2）若 D 对 d 不完全显性；

（3）若花粉中 d 50% 败育。

经学生讨论，（1）和（2）配子比例未改变，所以不需要重新设计实验。（1）子代 DD 致死，故基因型比与表型比改变；（2）基因型与表型关系对应改变，故基因型比不变，表型比改变。（3）由于配子比例改变，所以需要在性状分离比模拟实验的基础上进一步改造。

（二）性状分离比（配子致死）的模拟实验

1. 实验步骤

同（一），但需以下改造：雌配子比例不变，雄配子比例 D ∶ d = 2 ∶ 1。即从代表雄性生殖器官的矿泉水瓶中再取出 3 个黄色小球。

2. 实验结果

学生实验后统计结果，用 Excel 进行计算（见图 7），并运用 MATLAB 进行概率拟合。

	A	B	C	D	E	F	G	H	I	J
1		雄配子		雌配子		子代基因型			子代表型	
2	小组	D	d	D	d	DD	Dd	dd	高茎	矮茎
3	1	18	12	17	13	13	9	8	22	8
4	2	22	8	16	14	12	14	4	26	4
5	3	20	10	21	9	15	11	4	26	4
6	4	24	6	18	12	12	18	0	30	0
7	5	23	7	19	11	16	10	4	26	4
8	6	19	11	20	10	12	15	3	27	3
9	7	18	12	14	16	7	16	7	23	7
10	8	20	10	14	16	11	12	7	23	7
11	9	16	14	17	13	8	18	4	26	6
12	10	21	9	15	15	11	14	5	25	5
13	合计	201	99	171	129	117	137	46	253	47
14	比例	0.67	0.33	0.57	0.43	0.39	0.457	0.153	0.843	0.157

图 7

3. 讨论与交流

能否用这套装置模拟遗传平衡定律呢？

（三）遗传平衡定律的模拟实验

1. 实验前的准备

除实验材料更换为大矿泉水瓶，其余同（一）。

2. 实验步骤

（1）用红色小球模拟 A，黄色小球模拟 a，以两个小球的组合代表个体的基因型，分别向两个盒子中放入 3 个 AA、6 个 Aa、1 个 aa，模拟亲本的基因型频率的比值。

（2）不同个体繁衍的机会均等，则每个亲本产生的雄配子数量相同，则雄配子库中 A 的比例为 60%，a 的比例为 40%，由此也可推导出公式：A 的基因频率 =AA 的基因型频率 +1/2Aa 的基因型频率。

（3）摇动矿泉水瓶，使小球均匀混合，分别从两个矿泉水瓶各抽取一个小球，记录小球的组合，将小球放回。

（4）重复（3）30 次。

3. 实验结果

学生实验后统计结果，用 Excel 进行计算（见图 8），并运用 MATLAB进行概率拟合。

小组	雌配子 A	雌配子 a	雄配子 A	雄配子 a	子代基因型 AA	Aa	aa
1	28	8	21	9	14	15	1
2	20	10	17	13	12	13	5
3	16	14	19	11	9	17	4
4	17	13	19	11	14	11	5
5	17	13	20	10	11	14	5
6	16	14	11	19	4	19	7
7	14	16	23	7	10	17	3
8	13	17	16	14	13	13	4
9	22	8	17	13	14	13	4
10	20	10	21	9	13	15	2
合计	183	123	184	116	105	150	45
比例	0.61	0.41	0.613	0.387	0.35	0.5	0.15

图 8

4. 讨论与交流

能否模拟遗传平衡定律伴性遗传的情况？

（四）遗传平衡定律（伴性遗传）的模拟实验

1. 实验步骤

用两个不同的矿泉水瓶模拟雌雄配子库，用红色和黄色小球分别模拟 X^A 与 X^a 配子，蓝色小球模拟 Y 配子。代表雌配子库的矿泉水瓶中放入 3 个黄色小球和 3 个红色小球；代表雄配子库的矿泉水瓶中放入 3 个黄色小球、3 个红色小球和 6 个蓝色小球。随机从雌雄配子库中各抽取一个小球，模拟子代基因型。

其余实验步骤同（一）。

2. 实验结果

学生实验后统计结果，用 Excel 进行计算（见图 9），并运用 MATLAB 进行概率拟合。

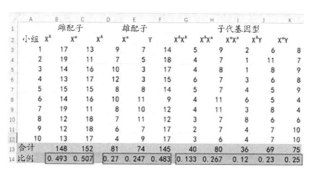

小组	雌配子		雄配子			子代基因型				
	X^A	X^a	X^A	X^a	Y	X^AX^A	X^AX^a	X^aX^a	X^AY	X^aY
1	17	13	9	7	14	5	9	2	6	8
2	19	11	7	5	18	4	7	1	11	7
3	14	16	10	3	14	4	8	1	8	9
4	13	17	12	3	15	6	7	3	6	8
5	15	15	8	8	14	5	7	4	5	9
6	14	16	10	11	9	4	11	6	5	4
7	19	11	8	4	11	3	8	3	8	4
8	12	18	7	11	12	3	7	8	6	6
9	12	18	6	7	17	2	7	4	7	10
10	13	17	4	9	17	3	4	4	7	10
合计	148	152	81	74	145	40	80	36	69	75
比例	0.493	0.507	0.27	0.247	0.483	0.133	0.267	0.12	0.23	0.25

图 9

八　实验效果评价

在本堂实验教学课中，改进实验装置有利于学生进一步认识分离定律的实质，引导学生认识分离定律与遗传平衡定律之间的联系。同时使实验从实验室走入生活中，让学生体会到生活中处处有实验。

在实验过程中学生多次重复，使实验值更加接近理论值；同时利用电脑编程，使实验结果误差更小。在此过程中，通过动手实践深刻理解遗传学实验原理，联系数学知识，编写出逻辑严谨的程序，代替重复的实验操作。让学生体会到科技改变实验方式、学习方式和生活方式。

点评

　　此案例将人教版必修 2 教材的探究实践活动"性状分离比的模拟实验"和思考讨论"用数学方法讨论基因频率的变化"进行整合，并结合生物学、数学、信息技术的知识对上述学习活动进行了创造性的改进。

　　科学实验的两个重要作用是实现"发现"和"发明"。本实验在高中生物学教学中，带领学生加深对遗传规律的理解、加深对遗传平衡现象的实现条件的理解及体会遗传平衡现象与遗传规律之间的紧密联系，用科学实验和数学模型促进学生"发现"生物学的基本规律。在模拟实验进行过程中，学生对实验装置进行改进，如自制摇球器，运用 MAT-LAB 对实验数据进行处理，简化实验的数据处理过程，用模拟实验进行中的问题解决引导学生进行"发明"等。

　　该模拟实验的实施，使学生能直观地感受微观的、不易观察的遗传因子传递过程。学生在实验推进过程中不断探索实验的使用范围，对实践中遇到的多种问题进行探讨和模拟，为理解遗传规律，形成进化的观念打下基础。在基于基本的遗传过程的基础上，探讨多种变式，对不同的情况进行模拟实验，再现遗传过程，运用演绎、模型与建模的思维方法，探讨遗传规律的内涵，认识遗传规律与遗传平衡定律间的内在关联。

　　两个模拟实验创造性的整合和改进为学生的学习提出了挑战，学生在模拟实验推进过程中通过解决问题，体会多学科内容在生物学问题中的运用，拓展思路，提高解决问题的能力。同时参与本实验的部分学生设计了蒙特卡洛抽样程序、用 MATLAB 处理数据等，学生采用的学习方法不囿于教材内容，体会到了把技术运用到科学实验中所带来的便捷。

案例 18　探究"抗生素药物"和"天然抗生素"的抑菌作用

武汉大学附属中学　徐海、陈思、王莹等

一　使用教材

人民教育出版社，普通高中教科书·生物学必修 2 遗传与进化，第 6 章生物的进化，第 3 节种群基因组成的变化与物种的形成。

二　实验器材

游标卡尺、接种环、玻璃涂布器、培养皿、锥形瓶、量筒、玻璃棒、研钵、纱布、微量移液器、移液器吸头、滤纸、称量纸、镊子、药匙、电子天平、超净工作台、恒温培养摇床、高压蒸汽灭菌锅、恒温培养箱、大肠杆菌和金黄色葡萄球菌（由大学实验室提供）、阿莫西林、头孢氨苄（自普通药店购买）、大蒜瓣、葱白、生姜、0.22 μm 混合纤维微孔滤膜、直径为 6 mm 的圆形滤纸纸片、LB 液体和固体培养基、无菌水。

三　实验创新要点

1.实验教学思路的创新。贯彻教、学、评一体化思想，基于核心素养的四个维度来设计微生物接种操作行为量规表（操作类评价）、实验设计方案评价表、学生探究活动结果评价表（过程性评价）和关于抗生素使用的调查表（态度责任评价）等评价量表来促进学生学习，对教学目标达成情况进行评价和反思。

2. 实验材料的创新。选择典型的革兰氏阳性菌金黄色葡萄球菌和革兰氏阴性菌大肠杆菌，可让学生初步了解两类细菌对不同抗生素敏感性的区别，提升学生研究兴趣和项目研究价值。选择 LB 培养基，比牛肉膏蛋白胨培养基配制起来更简易，降低学生实验操作难度。

3. 实验方法的改进。在实验材料的处理上，用二倍稀释法制备一系列浓度梯度的抗生素溶液，大大简化了学生的操作；在实验的观测工具上，将测量抑菌圈直径的直尺换成游标卡尺，使得测量更加准确。在实验结果的数据处理上，采用函数绘图软件进行制图，可将实验数据转变成更加直观的折线图，便于学生分析实验结果。

四 实验原理

1. 本实验使用的阿莫西林为半合成青霉素类中最为常用的广谱 β - 内酰胺类抗生素之一，头孢氨苄为第一代口服头孢菌素且其抗菌谱较广，二者均主要通过抑制细菌细胞壁合成去抑制细菌正常繁殖来实现抑菌效果。

2. 同一种细菌对不同浓度，以及不同类型抗生素药物的敏感性不同，而不同细菌对同一种抗生素的敏感性也可能不同，可以通过比较抑菌圈的直径大小来量化这种差异。

3. 常见的传统食材如葱、姜、蒜等，抑菌物质同样存在其中，其抑菌作用大小可通过抑菌圈直径大小来进行比较。

五 实验教学目标

1. 通过对教材实验的拓展，探究耐药菌的出现与抗生素滥用的关系，理解适应的普遍性。

2. 认同适宜浓度的抗生素能杀死细菌，但同时也会促进耐药菌的产生，树立进化与适应观念。

3. 从生活中滥用抗生素的现象出发，自主提出问题、设计实验方案，合作完成实验、分析实验结果并撰写实验报告，深入体验科学探究的一般过程。

4. 运用实验的方法来解释生活中的现象、认识事物，采用统计学方法对实验数据进行分析，发展学生科学思维。

5. 对生活中滥用抗生素的现象，基于证据运用生物学基本概念和原理，表明自己的观点，提出合理的建议。

六 实验教学内容

1. 探究不同种类、不同浓度的抗生素对两种细菌的抑菌效果

提前配制好不同浓度梯度的头孢氨苄和阿莫西林溶液（抗生素溶液浓度分别为① 2.5 mg /mL、② 1.25 mg /mL、③ 0.63 mg /mL 、④ 0.31 mg /mL、⑤ 0.16 mg /mL、⑥ 0.08 mg /mL、⑦ 0.04 mg /mL、⑧ 0.02 mg /mL ）。

学生制备相应浓度下的抗生素纸片，将纸片分别置于大肠杆菌、金黄色葡萄球菌的培养基上（每个浓度重复三组）；培养 16 h 后，用游标卡尺测量抑菌圈的直径并记录数据。

2. 探究葱白、大蒜、生姜提取液对两种细菌的抑菌效果

制备葱白、大蒜、生姜这三种食材的提取液，将直径为 6 mm 的圆形

滤纸片浸泡在提取液中。将滤纸片分别置于大肠杆菌、金黄色葡萄球菌的培养基上（每种提取液重复三组）；培养 16 h 后，观察是否出现抑菌圈。

七 实验教学过程

1. 教学流程图

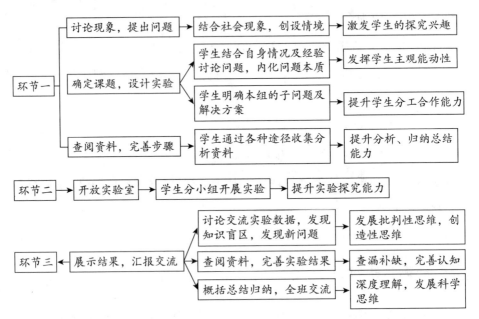

2. 教学过程

环节	教师活动	学生活动	设计意图
（1）讨论现象，提出问题	【导入】 教师提出生活中的一些现象： ①病快好了，就不用吃药了；病还没好，多吃几颗	学生回答并探讨这些现象的危害，进行假设并解释为什么这些做法不对 假设一：合适的抗生素浓度才有杀菌效果 假设二：对症下药，不同种类	用日常生活真实情境激发学生参与探究的动机 对相关资料的查阅后，基于进化与适应观和社会

续表

环节	教师活动	学生活动	设计意图
（1） 讨论现象，提出问题	②一不舒服，就吃消炎药 ③孕妇感冒期间，喝葱姜蒜水能否代替抗生素药物 【展示实验材料】 介绍常用的抗生素：阿莫西林、头孢氨苄。 介绍常见的致病菌：大肠杆菌、金黄色葡萄球菌	的抗生素对不同的细菌感染药效不一样 假设三：生活中的天然杀菌物质具有一定的抑菌作用 确定本小组想要研究的课题，讨论并选择合适的实验材料 课题一：探究不同浓度的抗生素对两种细菌的抑菌效果 课题二：探究不同种类的抗生素对两种细菌的抑菌效果 课题三：探究葱白、大蒜、生姜提取液对两种细菌是否具有抑菌作用	责任的意识寻找研究问题的思路，提出具体清晰的、有价值的、可探究的生命科学问题 （表述类评价：分析现象，提出问题）
（2） 确定课题，设计实验	【设问】 根据所提供的实验材料，如何设计实验？ 【实验准备】 准备好学生可能用到的试剂、培养皿等器材	全班共分成12个小组，每组选择一个课题进行探究 第1~4组：探究金黄色葡萄球菌对不同浓度的两种抗生素的敏感性差异 第5~8组：探究大肠杆菌对不同浓度的两种抗生素的敏感性差异 第9~12组：探究葱白、大蒜、生姜提取液对两种细菌是否具有抑菌作用 【讨论并分享实验思路】 通过明确自变量、因变量及观测指标，写出实验思路	针对问题，用科学思维提出合理可行的实验方案 （纸笔类评价：设计实验方案）

续表

环节	教师活动	学生活动	设计意图
（3）查阅资料，完善步骤	参与讨论，引导学生准备好实验相关资料	【查阅资料】 无菌操作步骤 超净工作台使用方法 LB 培养基配方 【完善步骤】 设计好需要多少块培养基，每块培养基可以放多少抗生素纸片、葱姜蒜提取液纸片。设计好实验记录表格	创新实验材料和改进实验步骤、观测工具方法、数据分析方法，细化实验步骤（纸笔类评价：详细写出实验步骤）
（4）进行实验，记录数据	教师鼓励学生按照自己的想法去设计实验、开展实验，并进行指导	各小组利用研究性学习时间完成实验 小组分工，进行实验 每组学生分工合作，按照本小组所设计的方案开展实验观察，记录现象及实验数据	分步讲解示范，评价促学，指导学生正确、规范、连贯运用无菌操作技术技能完成实验探究过程 （操作类评价：组员分工合作完成实验，提高实验技能） （纸笔类评价：记录实验现象、撰写实验报告）

环节	教师活动	学生活动	设计意图
（5）展示结果，汇报交流	教师运用投屏技术将学生的实验报告投影到屏幕上，各小组开展交流汇报 【提问】 当感染大肠杆菌时，更适合用哪一种抗生素？若感染大肠杆菌，使用哪一种抗生素药效更好？ 【提问】 细菌感染后，葱、姜、蒜能否代替抗生素药物？ 大蒜中含有什么物质能杀死细菌？	撰写实验报告，分析实验结果，汇报交流 探究一 实验结论： 随着抗生素浓度的增大，抑菌作用增强。在相同浓度下，金黄色葡萄球菌对头孢氨苄比阿莫西林更加敏感 探究二 实验结论： 随着阿莫西林浓度的增大，大肠杆菌的抑菌圈直径逐渐增大。头孢氨苄的浓度增大到一定值，抑菌作用不再继续增加。当浓度超过 0.08 mg/mL 后，在相同浓度下，大肠杆菌对阿莫西林更加敏感 探究三 实验结论： 三种提取液种对大肠杆菌都有杀菌作用，其中大蒜的抑菌作用最强，葱白、生姜较弱。对于金黄色葡萄球菌，只有大蒜有抑菌作用，另外两种无作用	在小组学习中能主动合作，运用多种方法如实记录，并创造性地运用数学方法分析实验结果，并用准确的语言表述结论 （表述类评价：培养语言表达能力、分析概括能力）

续表

环节	教师活动	学生活动	设计意图
（5）展示结果，汇报交流	【提问】 综合分析这3组实验，你还能得出什么结论？对我们日常生活有什么启发？	【思考并回答】 1. 金黄色葡萄球菌对头孢氨苄更加敏感。大肠杆菌对阿莫西林更加敏感 2. 葱姜蒜中，大蒜的杀菌效果最好，但是并不能替代抗生素药物的作用 生活中如果感染细菌，要谨遵医嘱，不能滥用抗生素，要注意抗生素的种类和剂量	

 实验效果评价

1.教学目标达成情况

（1）教学内容强调联系生活和社会实际，素材、问题来源于生活，实验目的服务于生活。比如实验得出结论葱姜蒜中大蒜的杀菌效果最好，为什么呢？学生查阅资料发现因为大蒜中含有的大蒜素是一种广谱抗菌物质。学生还知道了大蒜最好捣碎成泥，先放 10~15 min 后再吃，这样有利于大蒜素的生成。以生活中常见的抗生素药物及食材，结合生活中常见的现象创设情境，来设计实验教学，激发了学生的探究热情，学生动手实验的积极性大幅提高。通过实验探究，学生知道了该如何正确使用抗生素，从而养成健康的生活习惯。

（2）教学策略强调以学生为本，促进学生的发展。学生通过践行实验、数据处理、分析综合，并创造性地运用函数绘图软件处理实验数据，科学思维和科学探究能力得到发展；通过对微生物进行培养，学生掌握了无菌操作技术，也掌握了超净工作台、培养箱、灭菌锅等实验设备的使用方法，实验技能和动手能力得以大幅提高；对于不同的细菌对不同抗生素的敏感性不同的实验结论，一直激发着学生的探究欲，课后同学们通过查阅资料发现，金黄色葡萄球菌是革兰氏阳性菌，而大肠杆菌是革兰氏阴性菌，二者的类型不同；阿莫西林是青霉素类的抗生素，头孢氨苄是头孢菌素类的抗生素，二者的抑菌作用不同，学生这才恍然大悟。这在无形中培养了学生自主获取知识的能力和终身学习的能力。

（3）教学强调促进学生生命多方面的发展。本实验自变量设置比较复杂，指导学生正确处理数据，学会从单一变量分析到多因素分析，得出更严谨更丰富的结论，提高了学生的综合分析能力。教师引导学生进行项目式学习，激发出学生的创造力和潜能，在共同探究实践过程中师生形成学习的命运共同体，共同构建抑菌物的知识，形成不滥用抗生素、注意饮食卫生、关注生命健康的观念。在整个探究活动中，一部分学生领导小组成员顺利开展实验，表现出过人的组织协调能力；另一部分学生可以运用科学术语精确阐明实验结果并善于质疑，展现出较强的科研潜质。

2. 教学创新与课堂生成

（1）将教、学、评一体化融入实验教学，在完成实验活动的过程中，通过教师评价、学生自评互评、课堂检测等手段反馈了目标达成的效果，坚持了"所学即所评、所学即所教、所教即所评"的原则，把评价融于其中，让教、学、评一体化，围绕教学目标逐步走向融合一致。

（2）过程评价贯穿教学过程，教师及时了解学生的掌握情况，针对学生课堂生成的问题进行解答和指导，帮助学生巩固和拓展知识。培养学生的自主学习能力、创新能力和实践能力，为学生全面发展奠定基础。

3. 教学再思考

（1）学生在完成本项目后，有了许多新的思考。例如，有的学生提出除了本实验所选用两类抗生素，生活中其他的抑菌物质的抑菌作用如何。

这也是兴趣小组可自行研究的问题。

（2）在做调查问卷的过程中，学生发现在我国，抗生素使用误区非常多，研究表明有61%的人认为抗生素可治疗流感。大众对抗生素误用、滥用，不利于细菌耐药的控制。

（3）学生查阅资料发现，在包括中国在内的一些国家，为了让动物长肉更快，部分抗生素常被用作动物饲料的添加剂，结果导致耐药性细菌接连出现。抗生素耐药性是全世界面临的严峻问题之一。加强科普宣传，正确认识和科学使用抗生素刻不容缓。

点评

人教版教材中本实验为"探究抗生素对细菌的选择作用"，主要是结合教材内容从进化的角度分析变异与选择在生物进化中的作用以及细菌耐药性的产生等，通过讨论问题引导学生理解滥用抗生素的后果。在本案例中，教师从生活中滥用抗生素的现象出发，结合抗生素使用调查表引出对抗生素的实验研究，具有如下特点。

1. 关注生活和社会实际，充分体现育人价值

教师通过滥用抗生素现象、抗生素使用调查表、实验探究等帮助学生理解不同浓度、不同种类抗生素对细菌的抑菌作用，同时探究葱白、大蒜、生姜这些生活中常见杀菌食材的提取液对细菌是否具有抑菌作用。引导学生积极思考滥用抗生素这一社会问题，明确其带来的后果，认识到如何正确使用抗生素，关注饮食卫生，宣传健康的生活方式，培养学生的社会责任感，体现学科育人价值。

2. 实验材料、方法，有效达成教学目标

本案例探究了不同浓度抗生素、不同种类的抗生素，以及葱白、大蒜、生姜提取液对革兰氏阳性菌金黄色葡萄球菌和革兰氏阴性菌大肠杆菌两种细菌的抑菌效果，是对教材实验的极大丰富、拓展和创新。在教

学过程中，教师引导学生进行上述实验的设计，指导学生学会从单一变量到多因素分析，提升实验探究能力；在实验中，掌握了无菌操作技术以及超净工作台、灭菌锅等实验设备的使用方法，提高了实验技能和动手能力；在实验结果分析中，利用软件对实验数据的处理，对不同抗生素耐药机制以及细菌耐药性产生等原因的分析，学生综合分析和推理能力得以提升。整个过程学生学习探究兴趣浓厚，激发了自主探究热情，培养了学生的科学态度和科学精神，有效达成实验教学目标。而微生物培养实验也为后续发酵工程的学习打下了良好的基础。

3. 开展多样、多元评价，达成教、学、评一体化

教师设计了微生物接种操作行为量规表（操作类评价）、实验设计方案评价表、学生探究活动结果评价表（过程性评价）和关于抗生素使用的调查表（态度责任评价）等评价量表来进行量化评价，并通过教师评、学生自评互评、课堂检测等多样、多元评价，反馈目标达成效果，实现教、学、评一体化。

本案例素材、问题来源于生活，实验研究结论最终服务于生活。充分体现出学科价值，在教材试验基础上进行有效拓展和创新，提升学生素养。不过评价量表数量较多，个别内容也过于复杂，教师可以进一步思考如何进行整合，形成相对普适化的量表，更简洁、更有效地完成对学生的评价以及评价后的反馈和改进。

案例 19　神经兴奋的可视化探究及教学应用

绵阳市开元中学　董维

 使用教材

人民教育出版社，普通高中教科书·生物学选择性必修 1 稳态与调节，第 2 章神经调节。

二　实验器材

1. 生物材料：牛蛙（制作脊蛙、坐骨神经——腓肠肌标本、离体蛙心、血涂片等）。

2. 制作标本器具：玻璃分针、蛙板、蛙钉、解剖剪、解剖镊、骨剪、眼科剪、眼科镊、毁髓针、蛙心夹、烧杯、滴管、蜡盘、铁架台、滤纸片、废物缸。

3. 实验试剂：任氏液（用于模拟两栖动物内环境，维持离体组织、器官活性）、ATP 溶液、稀盐酸溶液。

4. 电源装置：锌铜弓（利用原电池原理产生微电流）、自制 3 V 直流电池组。

5. 兴奋检测：微电流传感器、数据采集器、电脑及相关软件。

三 实验创新要点

1. 开发了一系列探究实验

（1）通过牛蛙的搔扒反射实验，学生直观了解到神经调节的基本方式是反射，其结构基础是反射弧。这个过程培养了学生的质疑精神，渗透结构与功能观。

（2）完成坐骨神经——腓肠肌标本的一系列实验，学生进行实验探究，以小组为单位观察实验现象，分析得出兴奋在神经上双向传导，在神经肌肉之间单向传递的结论。培养了学生的动手操作、分析问题、归纳概括等能力。

（3）学生观察蛙心的在体和离体实验，并用同样的方法检测到了电流波形图，让学生认识到更多组织器官的生物电。

（4）学生刺激离体神经，在刺激点两侧均检测到电流波形图，直接得出兴奋在离体神经上是双向传导的结论。

2. 引入数字化实验设备

利用微电流传感器将微观抽象的电信号直观动态地呈现出来，通过这种处理，便于学生理解兴奋的概念。

3. 一蛙多用

以一只牛蛙为材料，可以完成牛蛙的搔扒反射实验，并观察蛙心的在体和离体收缩，同时可以观察蛙血液涂片。

4. 探究实验小论文

探究小组针对实验中发现的问题，合作完成了解释现象的实验探究小论文，并在实验课堂上与同学们分享。

5. 原创试题

根据实验数据，结合近几年高考题，编制了原创试题。培养学生的图文转化能力、逻辑推理与论证能力，以适应注重创设真实情境的新高考试题。

6. 自制神经兴奋可视化显示仪

学生课后自制了神经兴奋可视化显示仪器，准备利用自制装置探究兴奋的传导、传递方向。

四 实验原理

1. 兴奋可视化原理

通过分别刺激标本的神经和肌肉，利用微电流传感器、数据采集器及相关软件的处理便可动态地呈现标本的电流波形图。

2. 探究兴奋传导、传递方向原理

在坐骨神经——腓肠肌标本上设置 1、2、3 三个刺激位点，A、B 两个检测位点（见图 1）；刺激 2 位点，腓肠肌收缩，A、B 点均有电流波形图（见图 2），可以得出兴奋在神经上是双向传导的。刺激 3 位点，腓肠肌收缩，A 点有电流波形图，B 点没有电流波形图（见图 3），可以得出兴奋在神经肌肉之间是单向传递的。

只要出现图 2，便可反推刺激位点位于坐骨神经。只要出现图 3，便可反推刺激位点位于腓肠肌。

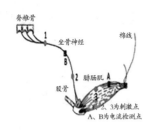 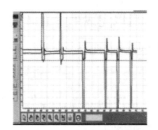 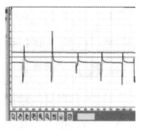

图 1　刺激、检测位点的设置　图 2　刺激 1、2 位点波形图　图 3　刺激 3 位点波形图

五　实验教学目标

1.通过观察牛蛙脊髓毁坏对搔扒反射活动的影响，理解生命的结构与功能观。

2.通过观察坐骨神经—腓肠肌上检测到的电流波形图，理解个体神经调节的本质及原理，发展生命的局部与整体观。

3.通过引入数字化设备，对检测出的波形图进行分析，归纳概括兴奋传导和传递的特点。

4.能针对坐骨神经—腓肠肌不同刺激位点进行结果预测、实验操作、现象观察、根据实验结果得出实验结论。

5.通过对标本的电流波形图的认识，理解生活中生物电的运用。

六　实验教学内容

1.牛蛙的搔扒反射实验：完整牛蛙、毁脑的牛蛙、毁髓的牛蛙。

2.坐骨神经—腓肠肌标本的系列实验。

（1）学生连接数字化设备后，分别刺激标本的肌肉和神经，观察电流波形图。

（2）学生刺激不同位点，观察电流波形图，以小组为单位讨论实验结果，得出实验结论。

3.观察蛙心的自主节律性收缩，检测电流波形图。

4.刺激牛蛙的坐骨神经，检测电流波形图。

5.制作蛙血液涂片，用显微镜观察牛蛙的红细胞。

七 实验教学过程

1.探究活动 1：学生将沾有稀盐酸的滤纸放置在牛蛙的腹部皮肤上，观察到牛蛙的搔扒反射活动。引出神经调节的基本方式是反射，其结构基础是反射弧这一次位概念。引导学生说出牛蛙的神经中枢包括脑和脊髓，接着毁坏牛蛙的脑和脊髓，先后刺激牛蛙的腹部皮肤，观察牛蛙的反应，学生对现象感到好奇，并提出问题。这个过程培养学生的质疑精神，渗透结构与功能观。

2.探究活动 2：展示课前制备好的坐骨神经—腓肠肌标本，学生刺激腓肠肌，直观体会到兴奋的概念，再刺激坐骨神经，观察到腓肠肌收缩。学生对坐骨神经如何产生兴奋，并使腓肠肌收缩的过程感到十分好奇。在连接好数字化设备后，再次刺激腓肠肌，观察到肌肉的电信号波形图；学生刺激坐骨神经，不仅看到腓肠肌收缩，还看到坐骨神经的电信号波形图。这个活动让学生直观了解到兴奋产生后，是以电信号的形式传导的。探究小组分享解释现象的探究实验报告。学生都很激动，对接下来的探究兴趣更足。

3.探究活动 3：结合探究学案，学生积极讨论，预测刺激 1、2、3 位点，能否在检测点检测到电流波形图。学生进行实验操作（见图 4、图 6），观察实验结果（见图 5、图 7）与预测是否一致，并以小组为单位讨论实验结果，分析得出兴奋在神经上双向传导，在神经肌肉处单向传递的结论。培养学生实验设计、动手操作、分析问题、归纳概括等能力，落实了生物学学科核心素养。

图 4　刺激 2 位点

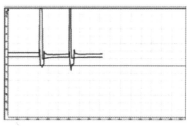

图 5　刺激 2 位点的电流波形图

图 6　刺激 3 位点

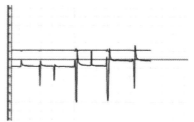

图 7　刺激 3 位点的电流波形图

4. 探究活动 4：学生观察在体蛙心的自主节律性收缩，用传感器的电极轻靠在蛙心上，电脑上出现电流波形曲线图。先将蛙心脏的一侧动脉用棉线扎紧，再将蛙心离体，最后将棉线缠绕在玻璃分针上，放置在盛满任氏液的烧杯中。学生观察到离体蛙心的自主节律性收缩，用同样的方法检测到了电流波形图。学生对离体蛙心持续节律性收缩的现象感到好奇，探究小组成员在这时分享解释现象的探究实验报告。

5. 探究活动 5：将坐骨神经两头用棉线系起来，在棉线处剪断，学生将牛蛙的坐骨神经搭在电极上，用锌铜弓刺激，出现两个电流波形图。学生由此得出兴奋在离体神经上是双向传导的结论。与此同时，在教师指导下，学生利用新鲜蛙血制作蛙血临时装片，并通过显微镜下观察得知蛙的红细胞是具有细胞核的。

6. 学生课上完成实验探究学案，并完成实验评价量规表；课后完成大单元知识框架图，构建整个单元的整体概念模型，从而培养学生的思维建模能力。

八 实验效果评价

本实验基于神经调节大单元教学开发了一系列探究实验，是一次大胆的尝试，通过这种处理，学生对本单元知识有一个整体直观的认识，为后续进一步关联性学习，突破一些难点内容奠定基础，具有一定前瞻性，且不受教材版本的限制。从宏观到微观，从现象到本质，深刻地理解神经调节的原理，最终形成抽象概念，符合学生的认知规律。

本实验两次课堂教学实践均取得了良好的效果，为普通中学开展这个实验提供一个可行的案例参考。通过这节实验探究课，学生课上完成实验探究学案、实验评价量规表，课后完成大单元知识框架图。对神经调节的知识有了一定的概括性认识。

点评

教师进行了单元整体设计，利用牛蛙为实验材料，开发了教材中没有的一系列探究性实验。其中包括：通过比较完整牛蛙、毁脑的牛蛙和毁髓牛蛙的搔扒反射，直观了解到神经调节的基本方式是反射，反射的结构基础是反射弧。制作坐骨神经—腓肠肌标本，利用标本进行实验探究，分别电刺激了坐骨神经监测点两侧的两个位点和腓肠肌上的一个位点，并用微电流传感器和数据采集器在坐骨神经监测点和腓肠肌上监测点进行检测，学生观察刺激不同位点形成的波形图，分析得出兴奋在神经纤维上进行双向传导，在神经肌肉之间单向传递的结论。解剖牛蛙得到离体蛙心，观察在体和离体蛙心的自主节律性收缩，并检测得到电流波形图。利用新鲜蛙血制作临时装片，观察到具有细胞核的蛙红细胞。

这一系列实验从宏观到微观，从现象到本质，深刻地理解神经调节的原理，最终形成抽象概念，符合学生的认知规律。通过这一系列的实验探究，学生产生了浓厚的兴趣，尝试提出假设、描述并分析实验现象，概括实验结论，积极参与到实验探究各个环节的过程中，很好地落实了生物学学科核心素养。

在系列实验教学过程中，教师进行了多种形式的评价。学生课上完成实验探究学案，撰写实验报告，并完成了实验评价量表的填写。在课后学生绘制了单元知识框架图。在实验教学后，教师还引导学生利用实验所得真实数据，尝试进行了原创试题的编制，培养了学生的图文转化能力、逻辑推理与论证能力，与注重创设真实情境的新高考要求相契合。

建议教师进一步优化单元教学的设计，使系列实验更好地为单元学习提供一手素材和资源。例如，可以利用现有材料（离体蛙心、任氏液等），补充进行蛙心灌流实验的相关内容，有助于学生理解细胞间兴奋的传递信号可能是化学物质，进而对兴奋在神经和肌肉之间的传递方向进行解释。同时可对与本单元内容相关度较低的内容进行删减，如观察蛙血细胞涂片的内容。在教学过程中，也可以给学生提供更大的自由度，依据自己的假设进行实验设计。如利用坐骨神经—腓肠肌标本进行探究实验前，先请学生对兴奋在神经纤维和神经—肌肉之间的传递是单向还是双向提出假设，进而自主选择刺激和检测位点，预期实验结果，再通过实验进行验证。进一步训练和提升学生的创新能力。

案例 20　探索生长素类调节剂促进插条生根的最适浓度

哈尔滨市第六中学校　曹立波

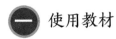　使用教材

人民教育出版社，普通高中教科书·生物学选择性必修 1 稳态与调节，第 5 章植物生命活动的调节，第 3 节植物生长调节剂的应用。

二　实验器材

滤纸、pH 试纸、量筒、滴管、烧杯、电子天平、烧水壶、药匙、玻璃棒、移液枪、剪刀、电脑、恒温光照培养箱、NAA、2，4-D、蒸馏水、无水乙醇、0.1 mol/L 的 NaOH 溶液、0.1% 高锰酸钾溶液、绿萝、薄荷。

三　实验创新要点

1. 教学模式和学习方式创新

受"教学过程重实践""核心素养为宗旨"的新课程理念和 OBE 教育理念的启发，本节课采用先行组织教学模式、参与式教学模式、研究性教学模式，充分让学生进行自主学习、合作学习和探究式学习，以学生为主体，教师为主导。

2. 实验细节的创新

（1）实验材料和试剂选择的多样化。

学生通过在花卉市场调研询价、查阅资料，最终选择绿萝和薄荷。

学生们通过文献查阅，发现不同生长素类调节剂作用效果存在差异，最终选择了 NAA 和 2，4-D 两种生长素类调节剂。

（2）计量单位的实用化。

教材采用的生长素浓度单位是 mol/L，学生动手操作的过程中发现此单位的使用不便于该实验的开展，结合文献将配制浓度单位调整为 mg/mL，方便又实用。

（3）NAA 溶液配制方法的改进。

在实际配制过程中，学生发现当 NAA 浓度大于 0.4 mg/mL 时，极易产生沉淀或结晶，而一旦产生沉淀或结晶，难以再度溶解，导致实验浓度不准确。

经过查阅资料，根据 NAA 的弱酸性，用少量 0.1 mol/L 的 NaOH 溶液替代无水乙醇溶解 NAA，调整溶液 pH 为 6~7，再加水配制，可以使 NAA 充分溶解。

（4）实验器材的优化升级。

①称量工具

经过计算发现该实验所需的 NAA 和 2，4-D 的量很少，使用托盘天平可能会严重影响所配制溶液浓度的精准度，改用电子天平使实验结果和结论更可靠。

②温度和光照的控制

学生依据控制变量和设计对照实验的科学方法，使用恒温光照培养箱不仅能够很好地控制温度和光照这两个无关变量，还大幅缩短了本实验的时间。

（5）操作程序科学化。

培养生根过程中，发现一些插条被污染。学生通过查阅资料，优化了实验操作。插条基部用0.1%的高锰酸钾溶液消毒处理30 s后立即用蒸馏水冲洗3遍以上，之后再用生长素类调节剂处理，实验效果明显得以改善。

3. 提高课堂效率的创新

课前：采用预实验科学方法，任务驱动，分组实验，使学生完成自主学习、合作学习与探究学习。

课中：需要迅速统计实验数据，构建数学模型，因此使用共享编辑文件取代效率较低的传统纸笔计算方式来分析数据，更加快捷、多样、直观，生物学实验与信息技术的融合使解决问题的方式多元立体。

4. 基于数学模型的数据分析的创新

学生依据自己所构建的数学模型进行数据分析，体会更深刻，批判性思维、辩证性思维和逻辑思维发展更高阶。

5. 教学反思与评价的创新

"学业评价促发展"是高中生物学新课程的基本理念之一，评价有利于帮助学生认识自我、建立自信，改进学习方式，促进学科核心素养的形成。

（1）作为实验的亲历者，学生进行深刻又富有哲理的反思总结，影响将是更为深远的。

（2）"学业质量评价"从"感性"走向"理性"。本实验课制订了两个学业质量评价表（"课堂教学评价量规表"和"学科核心素养评价表"），对评价结果科学分析和及时反馈，提高评价的时效性。

四　实验原理

NAA或2，4-D浓度不同，插条生根的情况不同。在最适浓度下，插条生根的情况最好，生根数最多，高浓度会抑制生根，甚至杀死植物。

五　实验教学目标

1.尝试运用预实验方法开展探究，了解预实验和正式实验的关系。

2.通过记录数据、构建数学模型、分析数据得出结论，发展批判性思维、辩证性思维和逻辑思维。

3.体验科学探究的严谨性与复杂性，形成严谨的科学探究态度。

4.尝试对当地农林业生产中使用生长素类调节剂的情况提出一些建议，增强社会责任意识。

六　实验教学内容

（1）设计并进行预实验，自主探究。

（2）统计预实验结果，构建数学模型，分析数据，得出结论。

（3）开展正式实验。

（4）课题研讨，学以致用。

（5）总结与评价。

七　实验教学过程

1.课前：预习教材，观看视频，查阅资料，确定实验题日，设计实验方案，开展预实验，自主学习、合作学习和探究学习。

2.课中：授课教师为主导，学生为主体，实验教师为辅助。

环节一　创设情境实现导入

教师活动　展示"预实验"快闪视频，PPT展示文字和图片（见图1）

有意栽花花不发，无心插柳柳成荫。

摘自《增广贤文·上集》

图 1　垂柳

环节二　预实验成果汇报和分享交流（以下仅展示 NAA 绿萝组的研究）

学生活动 1　分析实验变量（见表 1）。

表 1　实验变量分析表

自变量	
因变量	
因变量检测指标	
无关变量	
控制无关变量	

学生活动 2　阐述实验原理

NAA 浓度不同绿萝插条生根的情况不同。在最适浓度下，绿萝插条生根的情况最好，生根数最多，高浓度会抑制生根，甚至杀死绿萝。

学生活动 3　学生设计实验步骤，并进行修正改进。

学生活动 4　观看预实验活动视频。

学生活动 5　预实验反思与分享。

环节三　统计预实验结果→构建数学模型→分析实验数据→得出预实验结论

师生活动 1　预实验提供 7 份材料，每小组一份，分工合作，在共享编辑文件中，统计预实验结果，汇总全班数据→构建数学模型→分析实验数据→得出预实验结论：NAA 促进绿萝插条生根的最适浓度范围→讨论实验结论的可靠性。

学生活动 6　自主阅读，什么是预实验?

学生活动 7　分享实验操作注意事项，助力正式实验规范操作。

环节四　开展正式实验

师生活动 2　预实验小组同学是每小组的实验骨干，示范引领正式实验的开展。

环节五　课题研讨，学以致用

师生活动 3　结合本实验研究，讨论交流以下问题。

（1）在施用生长素类调节剂促进插条生根时，要考虑的因素有哪些?

（2）尝试对当地农林业生产中使用生长素类调节剂的情况提出一些建议。

环节六　课堂小结

师生活动 4　总结科学探究一般流程（见图 2）。

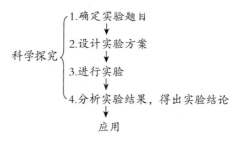

图 2　科学探究一般流程

3. 课后：填写实验评价表（见表 2、表 3）和实验报告

通过量规表进行课堂行为观察，关注学生参与热情、情感体验和探究、思考的过程，在课堂上师生互动、自主学习、同伴合作中的行为表现等，包括自评、他评和师评。通过实验报告进行知识回顾与落实，思维重温与升华。

表 2 "探索生长素类调节剂促进插条生根的最适浓度"课堂教学评价量规表
（学生和教师共同完成）

教学过程	序号	学生活动	分值	自评	他评	师评	总分
课前准备（10分）	1	参加了兴趣小组	3				
	2	积极参与了预实验操作	5				
	3	阅读教材，提前预习	2				
分享后的收获（35分）	4	领会了选材、溶液配制的技巧与创新	5				
	5	分析实验变量	5				
	6	掌握探究实验设计遵循的一般原则	5				
	7	阐述实验原理	5				
	8	设计对照实验的基本思路	5				
	9	利用电脑构建数学模型	5				
	10	掌握本实验数据分析的思路	5				
实施正式实验（30分）	11	参与操作	10				
	12	操作科学规范	10				
	13	与同学合作探究	10				

续表

教学过程	序号	学生活动	分值	自评	他评	师评	总分
交流展示 （25分）	14	参与了交流展示	5				
	15	认真听取他人意见，反思和修改	5				
	16	利用证据和逻辑为自己的观点辩护	5				
	17	了解了预实验与正式实验的关系	5				
	18	意识到生物学与生产生活实践密切相关	5				
总得分							

表3 学科核心素养评价表（教师完成）

核心素养	素养水平（划√）			
	一级	二级	三级	四级
生命观念				
科学思维				
科学探究				
社会责任				

八 实验效果评价

1. 教学目标落实情况

（1）基本学会了科学探究的一般过程，了解了预实验和正式实验的关系。

（2）能够尊重实验数据，构建数学模型，分析数据得出结论，较好地发展了批判性思维、辩证性思维和逻辑思维。

（3）体验到了科学探究的严谨性与复杂性。

（4）在尝试对当地农林业生产中使用生长素类调节剂的情况提出建议过程中，能够根据所学积极思考，社会责任意识有所提高。

2.教学反思

（1）学生的反思。

①实验是系统工程。

②理论和实际应用差距很大。

③实验室安全是第一要务。

（2）教师的反思。

①学业质量评价没有充分认真地进行。

②面对新课标、新教材以及新高考，教学目标的制订应以"核心素养为宗旨"，绝不是设计几个教学环节那么简单；它不能大而空，应现实而具体。制订教学目标时"主体性"原则尤为重要，因为制订教学目标是"以教师为主导，学生为主体"由理念到实践的开始。

点评

"探索生长素类调节剂促进插条生根的最适浓度"实验探究活动的每一环节的时间和间隔均较长，需要统筹学生课内外的时间。在温度适宜的条件下，生根后连续统计数量并发现规律，需要3周左右的时间。不同的生物材料和培养条件下，不确定性因素更多，为节约时间和物料成本，本实验介绍了预实验的重要作用。

在预实验基础上，仍然需要设计多浓度梯度、多组别的平行实验，所以适于采用小组合作的方式完成。在小组工作中提高成员的责任感和参与度，是探究活动质量的保证。小组的成功依赖于每一位组员的共享共建，也标志着每一位成员的成功。从这个角度看，本案例符合OBE

理念，即强调所有学习者均成功，主张学习应基于合作而不是竞争。

1.改进是为了提高教材实验的可操作性

本案例在长程实验组织方面带来一些启发。一是通过市场调研和查阅文献确定实验材料的选择，引导学生关注实验成本和实验材料的性价比。二是学生参与实验准备和实验实施的全过程，发展综合素养。如药品配制浓度的换算、称量工具的使用、培养条件的控制和防止污染的处理等，通过实践，解决了其他学科相关学习内容后置和实验成功率低等真实问题。从教材实验到实验室工作，学生和教师将会不断面临新问题，在解决每一个问题的过程中均可以习得一定的方法和思路，感悟"纸上得来终觉浅，绝知此事要躬行"的道理。

2.让预实验发挥真正的作用

从本案例的实验教学过程看，预实验的交流、汇报和结果分析属于环节二和环节三，发生在开展正式实验之前，能够发挥预实验的真正作用。预实验的完成采用自主学习、合作学习和探究学习的方式，打通课内外资源，整合线上和线下资源。尊重学生小组提出的问题，为学生开展研究提供学习支架和实验室开放空间，让学生亲历实验研究的过程。通过全班展示和交流，对实验方案进行修改和迭代升级。预实验为开展正式实验时生物材料的选择、研究问题的确定以及植物生长调节剂可用浓度的参考范围等提供了直接证据。

改进建议参考：在开放的实验室条件下，学生以研究者的身份参与预实验和正式实验，获得像科学家一样思考和工作的经历。按照"实验教学实施的教学理论依据"中提出的"科学实践教学模型"，在争论、质疑这一评价实践活动方面还有改进空间。评价量规的"交流展示"维度下设计了关于"听取他人意见"和"为自己的观点辩护"的条目。但是，说课稿中对绿萝组展示的实验结果呈现后，没有汇报小组提出的主张和其他小组提出的质疑，无从考证目前评价量规的评价结果。

案例21　种群密度的调查与教学实践

湖南省娄底市第五中学　刘宇

一　使用教材

人民教育出版社，普通高中教科书·生物学选择性必修2生物与环境，第1章种群及其动态，第1节种群的数量特征。

二　实验器材

田螺、福寿螺、蒲草杆、棕榈杆。

三　实验创新要点

1. 教法创新

教学结合生活、结合公共事务（河道治理）；野外实验结合模拟实验。

2. 实验创新

（1）实验方法创新：网格随机取样法。

（2）引入信息技术：Excel处理数据；Photoshop处理图像。

（3）实验工具创新：样方框架、样方网。

四 实验原理

样方法是指在被调查种群的生存环境内随机选取若干个样方，通过计数每个样方内的个体数，求得每个样方的种群密度，以所有样方种群密度的平均值作为该种群的种群密度。常用的有五点取样法和等距取样法。

五 实验教学目标

1. 通过对福寿螺种群密度及分布的分析，了解生物入侵现象，进而理解进化与适应观、稳态与平衡观等生命观念。

2. 学会用样方法统计福寿螺的种群密度，并能对数据进行归纳和概括，训练学生具体问题具体分析以及处理复杂问题的能力。

3. 针对福寿螺的分布特点制订合理的科学探究过程，并在探究中做到团队合作，勇于创新。

4. 关注福寿螺生物入侵问题，形成生态意识，并提出相关的防范措施，参与环境保护实践。

六 实验教学内容

本实验的主要内容为调查学校附近某一区域福寿螺的种群密度。通过比较不同调查方法的可行性与准确性确定调查福寿螺种群密度的具体方法，选择合理的实验数据处理工具，最后结合调查数据得出实验结论，为调查区域福寿螺的防治提供可借鉴的措施。

七 实验教学过程

1.实验方案设计及可行性分析

（1）调查对象的选择。

教材实验为调查双子叶植物的种群密度，但是学校的周边植被结构单一，秋季草木凋零。因此，以植物作为研究对象意义不大且不便。

福寿螺是一种外来入侵生物（见图1）。它食量大，食谱广，咬食水稻，危害农业，粪便严重污染水质，易对淡水生态系统造成毁灭性灾害。同时，福寿螺是广州管圆线虫的中间宿主，可能引起广州管圆线虫病在人群中的暴发。

因此，选择福寿螺作为本次课程的调查对象。

图1　田螺（左）与福寿螺（右）

（2）调查区域的选择。

经查阅资料显示福寿螺可分布在河流（水渠）、水田、旱地3种环境中。因此，在学校附近选择水深不超过1米的柳家湾河石井镇楂林村段及其流域周边作为调查区域。根据具体条件的不同，又将每种环境分为2~3个区域。

①河道：A为河道，有鸭；B为特殊区域，堤坝下水流冲击带；C为河道，无鸭。

②水田：D 为荷花水田，无鸭；E 为荷花水田，有鸭。

③旱地：F 为旱地，种植绿叶蔬菜，无鸭；G 为旱地，河岸堤坝，无绿色植物，无鸭。

但是在实地观测中，旱地并没有活的福寿螺，仅仅偶见有福寿螺空壳。同时，在有鸭的河道内，仅仅发现一枚活的福寿螺；而有鸭的荷花水田中，也没有发现活的福寿螺，仅仅偶见福寿螺的空壳。因此，最终选定的调查区域为 B、C、D 三处。

（3）调查方法的选择。

教材中提供的调查种群密度的方法如表1所示。

表 1　教材中提供的调查种群密度的方法

调查方法	生物类别
逐一计数法	活动范围小、个体大的动物
样方法	植物或活动范围小的动物
标记重捕法	活动能力强，活动范围广的动物
黑光灯诱捕法	趋光性昆虫

经过观察分析，福寿螺的活动能力弱，在 C、D 区域分布较均匀，适用于样方法。其中，荷花水田的形状多为矩形，故采用五点取样法；河道为长条形，采用等距取样法；而 B 区域为 3.2 m×1 m 的水坝下水泥平台，则采用逐个计数法。

（4）样方大小的选择。

经过查阅资料，显然 1 m×1 m×15 cm 的样方最能反映福寿螺的种群密度，但操作难度大。在调查当日，天气晴好，温度适宜（17~27℃），故福寿螺或浮于水底泥沙表面，或吸附在水生植物上，肉眼可见。于是，分别以边长为 30 cm、40 cm、50 cm、60 cm、100 cm 的正方形区域为样方做了预实验，如表2所示。

表 2 不同样方面积下福寿螺的个体数量、种群密度

样方标号	样方面积 cm×cm				
	30×30	40×40	50×50	60×60	100×100
1	2 只	8 只	12 只	18 只	47 只
2	1 只	3 只	8 只	9 只	27 只
3	0 只	4 只	7 只	13 只	36 只
4	4 只	3 只	9 只	9 只	27 只
5	2 只	2 只	6 只	12 只	34 只
种群密度（只/m²）	20	25	33.6	33.8	34.2

用 Excel 方差分析表 2 中的数据，边长为 50 cm 的样方与边长为 100 cm 的样方种群密度显著差异 P 值大于 0.05，即差异不明显。因此，最终选择 50 cm×50 cm 作为实际测量样方面积。

（5）辅助工具的准备。

在预实验中，学生发现在水中行走过程中，极易搅起水底泥沙，引起水体浑浊，故而学生用当地易见且能够沉水的蒲草杆和棕榈杆制作了样方框架，这样既加快了野外作业的速度，又便于在距样方较远的地方计数。

2.学生分组野外实验

（1）学生分组。

（2）确定样方位置和数量。

（3）计数。

①B 区域共 445 只福寿螺。

②C 区域内福寿螺个体数量如表 3 所示。

表 3 河道内不同样方福寿螺个体数量

样方标号	1	2	3	4	5	6	7	8	9	10	11	12	13
福寿螺数量/只	6	9	9	8	5	3	13	19	26	18	19	31	26

续表

样方标号	1	2	3	4	5	6	7	8	9	10	11	12	13
卵块数量/块	3	0	0	0	0	0	0	0	2	0	1	0	0
空螺壳数量/个	0	0	0	0	0	0	0	2	1	0	2	0	4

（4）D区域内福寿螺个体数量如表4所示。

表4 荷花水田内不同样方福寿螺个体数量

样方标号	1	2	3	4	5
福寿螺数量/只	7	13	5	4	15
卵块数量/块	0	2	1	3	0
空螺壳数量/个	1	0	2	0	2

（5）计算种群密度。

3.实验方法

（1）实验中遇到的问题：样地形状不规则；福寿螺空间分布不均匀。

（2）解决方法：网格随机取样法。

① Photoshop 网格视图。

②样方网。

（3）两种方法的比较：河道中受到水流冲击的影响，与等距取样法的结果差异较明显；荷田中福寿螺分布较均匀，与五点取样法的结果差异不明显。这与学生初步观察到的结果一致。

4.实验结果及分析

（1）实验结果：B区域的种群密度为139只/m²，C区域的种群密度为59只/m²，D区域的种群密度35只/m²。

（2）实验结果分析。

①福寿螺虽然能在空气中存活，但其活动能力会受到极大限制，在河

道和荷花水田的福寿螺数量远超其在旱地的数量。

②荷花水田福寿螺较河道内少，可能有两方面的原因：其一，水田受农药、人工拾取、农机耕耙作业等人为活动干扰，对福寿螺的生长和繁殖产生一定的抑制作用；其二，水田冬季缺乏水层，保温性差，不利于福寿螺越冬。通过观察分析，水田周边的水沟、河道中存在的高密度的福寿螺可能成为次年福寿螺的主要来源。

③对河道内样方对比发现，样方 1~5 内的福寿螺数量明显少于样方 9~13 内的福寿螺数量，样方 9~13 区域对比样方 1~6 区域相对水位较浅（水深不超过 50 cm），且生长有较多的挺水植物。

5. 防治措施

综上所述，土地利用与管理得当是控制福寿螺危害的主要措施：①水旱轮作；②养鸭、养鹅；③加深蓄水；④修剪植物。

6. 课后拓展

（1）教师鼓励学生进行课后拓展研究。

在调查 C 区域时，学生做了统计表并拍下了福寿螺捕食本地田螺图片，如图 2 所示，其中图 3 中浮在水面的为被捕食后的田螺空壳。

图 2　福寿螺捕食田螺

图 3　福寿螺与田螺混养

（浮在水面的为田螺空壳）

C 区域河道内福寿螺与田螺个体数量对比如表 5 所示，经计算，在样方 1~5 所在的区域内，福寿螺与田螺的种群密度之比为 37：64。该组同学据此初步推测，在水深超过 50 cm，河中和河岸无挺水植物的环境中，田螺对环境的适应力比福寿螺更强。

表5　C区域河道内福寿螺与田螺个体数量对比

样方标号	1	2	3	4	5	6	7	8	9	10	11	12	13
福寿螺数量/只	6	9	9	8	5	3	13	19	26	18	19	31	26
田螺数量/只	14	15	9	16	10	4	1	0	0	0	0	0	0

（2）课外活动：宣传防治福寿螺。

八　实验效果评价

　　本节实验教学将新课标要求、教材内容、学情与学校周围实际环境等多个方面相结合，构建出一个实验探究的情境，在该情境下设计调查任务，借助任务带领学生积极思考、交流探讨、动手实践、解决问题，很好地激发了学生的探究热情，学生通过实验过程深刻理解并掌握了样方法调查种群密度的多种注意事项。在实际操作中遇到各种实际困难时，教师启发学生不断思考，制订相应的解决方案，如利用Photoshop网格视图、样方网解决了样地形状不规则、福寿螺空间分布不均匀等问题，这些都对提升学生的创造性思维具有重要价值。本实验教学从始至终都渗透着科学思维、科学探究、社会责任的理念，使学生在现实中实际问题的引导下主动学习，极大促进了学生核心素养的发展。

点评

　　本实验凸显对学生学科核心素养的全面培养，设计思路清晰，目标定位准确。在构建概念的基础上，提升学生的实践能力，并学以致用，体现学科的价值。本案例的特点如下。

　　1.从教材出发，充分挖掘资源开展实验探究

　　教师依据教材而又不拘泥于教材，为学生搭建在真实情境中探究真实问题的实验场景，在调查本地生物资源以及评估开展实验活动可行性

的基础上，以当地福寿螺种群密度的调查为课题组织学生开展实地调查研究，实现学生真实、丰富、精彩的体验。开展此类实验探究活动，不仅能够极大调动学生的兴趣，还能够增强学生对社会事务的关注。在教师引导与帮助下完成本实验探究并得出结论的过程中，学生掌握了样方法的相关知识，提升了探索与发现的能力，强化了严谨、合作等科学精神与品质。

2. 从实际出发，充分结合实践改进调查方法

在带领学生进行野外实际调查的过程中，教师引导学生解决实验中遇到的各类问题，特别是在面对样地形状不规则、空间分布形式多样等现实问题时，启发学生不断调整、改进调查方法或调查用具，促进学生创新思维的提升。学生通过小组合作讨论，最终形成了利用全景拍摄图片结合 Photoshop 网格取样和实物网格随机取样两种调查方法，前者将信息技术手段与传统调查手段巧妙结合，后者则增加了样方法调查种群密度时操作的便利性，教师借助数据论证调查方法的科学性，在此过程中学生能够切实体会到实践的重要性。

3. 从素养出发，充分拓展思路推进研究

教师在引导学生亲身实践开展探究的过程中，敏锐捕捉学生的思维闪光点，进行实验拓展。例如，某组学生还调查了样地中田螺的种群密度，教师则引导其查阅资料分析两种螺种间关系，结合二者种群密度的数据进行分析并得出相应结论，不仅提升学生分析与综合的科学思维，还体现了学生的主体地位。通过开展防治福寿螺的校园及社区宣讲活动回应主题，增强学生主动参与生态文明建设的积极性，培养运用科学知识解决实际问题的社会责任感。

本案例设计了结合区域动物资源特点开展的调查活动，密切联系实际，在关注实践的基础上，重视思维的培养并树立正确的生态意识，积极参与相关社会事务的宣传与讨论，使学生获得全面发展。

案例 22　探究影响酵母菌种群数量变化的因素

石家庄市第十七中学　常智敏

一　使用教材

人民教育出版社，普通高中教科书·生物学选择性必修 2 生物与环境，第 1 章种群及其动态，第 2 节种群数量的变化。

二　实验器材

数码显微镜、数显恒温水浴锅、多轨道摇床、溶解氧传感器、二氧化碳传感器、酒精检测仪、电子天平、酒精灯、锥形瓶、血细胞计数板、滴管、移液管、烧杯、封口膜、皮筋、干酵母、5% 葡萄糖注射液、马铃薯、0.2% 亚甲基蓝染液。

三　实验创新要点

1. 创新一：综合利用实验设备，搭建新的探究平台

运用数码显微镜成像，学生观察更直观。数显恒温水浴锅、多轨道摇床、溶解氧传感器、酒精检测仪、二氧化碳传感器等仪器的运用使结果数字化呈现，搭建了微观生物学教学的平台。

2.创新二：缩短实验周期，提高探究效率

由教材中连续 7 天的实验观察、数据整理，缩短到 10 h 实验观察、数据整理，使实验更便捷，有利于学生更好地进行科学探究。

3.创新三：多角度探究，形成整体性思维

在教材实验的单一因素之外，进一步探究温度、溶解氧、营养条件、代谢产物等因素对种群数量变化的影响，构建数学模型，形成整体性思维。

四 实验原理

用液体培养基培养酵母菌，种群的增长受培养液的成分、空间、pH、温度等因素的影响。在理想的环境条件下，酵母菌种群的增长呈"J"形增长；在有环境阻力的条件下，酵母菌种群的增长呈"S"形增长；计算酵母菌数量可用抽样检测的方法。

五 实验教学目标

1.在初步科学探究的基础上，进一步设计探究方案并动手实践完成实验。

2.学生分析实验数据，构建数学模型，阐释数量变化规律，形成整体性思维。

3.运用数学模型，解释种群数量变化规律，形成生物与环境相适应的生态观。

4.通过科学实践，解决日常生活中的食品发酵问题，认同工业发酵的重要性。

六 实验教学内容

本实验通过综合利用多种数字化实验设备，搭建了探究温度、溶解氧、营养条件、代谢产物等的实验平台，为学生综合理解影响种群数量变化的因素提供了事实和证据，使学生形成严谨的科学思维，构建生物与环境相适应的生命观念。

七 实验教学过程

1. 教材实验

开放实验室，各小组进行教材实验，用 5% 葡萄糖溶液作为底物培养酵母菌，每天同一时间观察，连续 7 天，记录数据，绘制曲线。在实验中，学生利用两个酒精灯火焰间形成的无菌区域进行无菌接种；彻底清洁血细胞计数板，用吹风机烘干；用 0.2% 亚甲基蓝染色，区分活细胞和死细胞；用数码显微镜观察，五点取样求平均值，使结果更准确。

通过实验改进、关注细节、规范操作、重复实验，尽可能减小误差。

2. 发现问题

（1）问题 1：由酵母菌 7 天种群数量变化趋势图（见图 1）可知，酵母菌在 1 天时达到峰值，后面 6 天保持相对稳定，没有出现典型"S"形增长曲线。

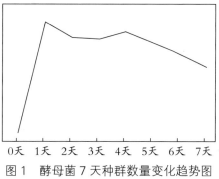

图 1　酵母菌 7 天种群数量变化趋势图

（2）问题2：各组之间的数据有明显差异。

学生在实践中发现问题，不囿于定论，提出质疑，敢于批判，形成严谨的科学思维。

3. 深入探究

（1）针对问题1，学生从网上查阅相关资料：适宜条件下，不同种类的酵母菌大约2h增殖一代，10h左右达到稳定期。基于此，学生设计实验，以5%葡萄糖溶液作为底物培养酵母菌，每2h观察计数1次，观察12h，实验进行10h后可以观察到酵母菌种群数量的增长趋势和峰值。问题1的解决为问题2的突破奠定了基础。

（2）针对问题2学生作出假设：营养条件、温度、氧气、代谢产物等因素会影响酵母菌种群数量变化，每组选择一个变量设计实验。

①营养条件：增加底物种类，增设无菌水组、5%葡萄糖溶液、马铃薯培养液组和马铃薯培养液混合组，如图2所示。

图2 不同营养条件的培养液

②温度：学生首先想到的是恒温培养箱，一台恒温培养箱只能设置一个温度，实验周期长。学校有多台数显恒温水浴锅可以设置多组实验，但只能设置高于室温的温度，对于低于室温的温度，加入瓶装冰水调节，上、下温度误差不超过0.5℃。

③氧气：用过氧化氢分解制造氧气，用注射器向培养瓶中注入不同体

积的氧气，得到高氧组、低氧组和无氧组。但这一装置不能持续供氧，且在对酵母菌种群计数时不易控制氧气量，予以否定。

④溶解氧：通过改变摇床的转速，改变溶液中溶解氧的浓度。为了避免计数时对装置中溶解氧产生影响，同时设置6组进行实验，每2h取1个进行测量计数。

如何测定溶解氧呢？利用溶解氧传感器。学生首先进行调零校正，再进行数据测量。对未接种的5%葡萄糖溶液在不同转速下进行溶解氧测定，测量后发现在一定范围内，溶解氧随转速的增加而增加。

⑤代谢产物：利用二氧化碳传感器和酒精传感器测量二氧化碳和酒精的含量，由于实验条件限制，只是将其作为因变量进行检测，没有作为自变量。通过检测发现，在一定时间内，随着酵母菌种群数量的增加，二氧化碳和酒精逐渐积累。

各组按照实验方案完成实验并展示交流。学生通过践行实验，进行数据处理，分析与综合、构建数学模型，提升了动手和科学探究能力。

4.实践建模

学生对不同营养条件、温度、溶解氧条件下的数学模型进行汇总，如图3~图5所示。发现在一定空间内，酵母菌种群数量增长不是单一环境因素作用的结果，而是综合性的，受多种环境因素的共同作用。学生深刻理解了环境容纳量的概念，形成概念模型。

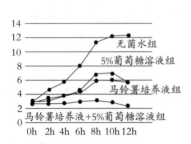

图 3 不同营养下酵母菌
种群数量变化曲线

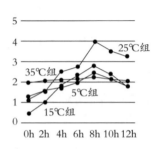

图 4 不同温度下酵母菌
种群数量变化曲线

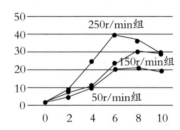

图 5 不同溶解氧下酵母菌种群数量变化曲线

本实验中，学生综合利用实验设备，搭建新的探究平台，改造教材传统实验的单一因素，多视角进行科学探究，结合科学事实与证据，运用科学思维，理解影响酵母菌种群数量变化的多个因素。学生对数学模型进行归纳与综合，构建概念模型，实现模型的转化，发展认知水平，确立正确的生态观，形成整体性思维。

5. 关注生活

将知识迁移到日常生活中的食品发酵。学生进行面粉发酵，通过对比未发酵面团和发酵 1 h 面团的大小，发现 29℃组比 26℃组、加白糖组比加牛奶组面团发酵得更大。

教师还带领学生还走访了某药品研发中心，了解了他们的研究方向，参观了某酒厂，看到了拌粮与装甑的过程，拓宽了学生的视野，在他们心中埋下了科研的种子。

八 实验效果评价

1. 学生反思

（1）学生一：严谨的生物学实验需要无菌操作，应该多次重复实验，取平均值。可以利用图像分析数据，直观判断数据变化。

（2）学生二：小小细节也有可能导致实验失败，在实验过程中体会到了寻找原因的发散性思维、探究时的专注、实验时的严谨，感受到了生物学实验的科学性。

（3）学生三：生物学实验不是简单的动手操作，需要极大的细心和耐心。实验也不是一个人的实验，需要团结协作、分工配合。

学生通过践行实验，深刻地感受到了严谨、重复、专注、团结、耐心在科学探究中的重要性。

2. 教师感悟

（1）溶解氧传感器使结果数字化呈现，数码显微镜便于微观世界的生物准确计数，多种数字化设备综合运用，使定性实验转化为定量实验。

（2）由教材连续 7 天的实验观察缩短到 10 h 的实验，优化实验进程，缩短了实验周期，有效地提高了学生的探究效率。

（3）在教材实验的基础上，增加了对温度、溶解氧、营养条件、代谢产物等多因素的探究，学生对影响种群数量变化的因素有了综合性的认识，把数字化的数学模型及时转化为生物学概念模型，形成生物与环境相适应的整体性思维。

点评

本实验在教材实验的基础上，合理进行拓展，教学设计思路流畅，以落实学生核心素养为宗旨设计实验教学环节，为学生提供丰富的实践活动机会，促进学生主动参与问题的解决，有效提高核心素养水平。

1. 依托真实研究创设问题，开展探究实验

教师基于教材实验，尊重实验事实，从组织学生开展教材实验出现的与预期不一致的结果入手，提出问题，引导学生围绕该问题开展一系列横向的探究实验，帮助学生认识"多因一果"生物学现象的研究思路，强化证据意识，逐步养成科学性、整体性思维。再经过教师组织与引导，学生进行分组汇报，助力全体学生多角度、较全面地认识影响酵母菌种群数量变化的因素，提升学生的综合分析能力及创新思维，强化学生解决实际问题的思路和方法，落实了科学探究核心素养的培养。

2. 注重模型建构，发展科学思维

教师为学生提供多种数字化实验设备，如传感器、数码显微镜、多轨道摇床等，便于学生控制实验的自变量、快速获取实验数据并通过数据构建模型以阐述酵母菌种群数量变化的规律，强化对概念的深入理解，并有效提升学生的模型建构能力。通过分析不同小组模型之间的差异，也进一步启发学生思考是实验材料的问题、实验操作的问题抑或是实验设计的问题，使构建的模型不断完善，提升其尊重实验证据、科学严谨的科学思维。

3. 建立课堂内外联系，突出学科价值

教师高度关注学生学习过程中的实践经历，努力为学生的课堂内与课堂外的学习创建关联，不仅将实验中的相关知识迁移至生活中，让学生探究发酵的最适条件，将所学的知识及时迁移应用于解决生活中的实际问题，还组织学生对酒厂、药品研发中心等地的实地参观活动，了解与本实验所涉及知识相关的实践生产流程，不仅能够促进学生学习生物学的兴趣及热情，还能够拓展学生对生物学价值的认识。

案例 23　探究环境因素对草履虫
种群数量变化的影响

北京市密云区第二中学　王美霞

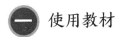 **使用教材**

人民教育出版社，普通高中教科书·生物学选择性必修 2 生物与环境，第 1 章种群及其动态，第 2 节种群数量的变化、第 3 节影响种群数量变化的因素。

二　实验器材

光学显微镜、凹玻片、移液器（1000 μL、10~100 μL）、电子天平、封口膜、20 mL 小烧杯若干、干枯稻草 10 g、pH 试纸、滴管若干、0.05% 卢戈氏固定液、草履虫原液（密度约 400 个 /mL）、纯水、酸奶、轮虫培养液。

三　实验创新要点

1. 创建以大草履虫为主要实验材料研究种群动态等问题的实验平台

（1）大草履虫易培养、易观察、易纯化、繁殖速度适中，实验可实施性强。

教材所用实验材料酵母菌增殖较快，约 20 min 繁殖一次，需要在 1 天内连续多次计数。

大草履虫是一种较为常见的单细胞原生动物，主要生活在池塘等水体中，容易获取。体长 0.1~0.3 mm，容易观察（见图 1、图 2、图 3）。它主要以细菌和有机质为食，容易饲养。在显微镜下直接用吸管吸取单个草履虫就可以纯化。草履虫在环境条件良好、20~30℃时每天分裂 1~3 次，种群增长速度适中，每天计数 1~2 次，约 5~7 天即可得到典型的数学模型，在日常教学中具有更强的可实施性。

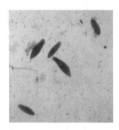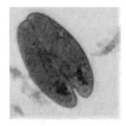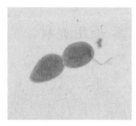

图 1　4×10 倍镜下的草履虫　　图 2　横二分裂的草履虫　　图 3　接合生殖的草履虫

（2）实验用具材料比较简单。

（3）优化了草履虫的培养、计数等操作流程，可推广。

①稻草培养液的制备流程。

称取干稻草 5 g，放入 50 mL 水，煮沸至煎出液呈淡黄色，通过纱布过滤入 1000 mL 烧杯中。烧杯口要用双层纱布包严，然后放置变凉备用。实验探究发现无须放置 1~2 天，变凉即可利用，培养效果很好。

②较大密度草履虫培养液的配置步骤。

配制初始密度 10~20 个 /mL 的培养液 10 mL。

计数原液中草履虫种群密度（400 只 /mL）→ 计算培养液中所需草履虫总数（200 只）→计算所需体积→摇匀→移液器吸取 500 μL 至小烧杯中→加入稻草培养液至 10 mL →摇匀后再次计数，确认种群初始数量 N_0=100~200 个，初始密度 10~20 个 /mL。

③草履虫的计数方法。

将培养液摇匀，分别在培养液上中下三个位置各吸取 50 μL 培养液滴加到凹玻片的凹槽中，然后滴加 1 滴 0.05% 卢戈氏固定液杀死固定草履虫，在低倍镜下计数，按照从上到下，或者从左到右的顺序移动视野，直到整个液滴中的草履虫被计数完成。将三次计数结果填入表中，求平均值，并计算 10 mL 培养液中草履虫种群数量。注意：前 3 天每次取样 50 μL 计数，4 天以后每次取 10 μL 计数。种群数量增长速度较快时，每天计数 2 次，初期和后期稳定时每天计数 1 次。

（4）减少实验误差的方法。

①培养液为 10 mL：整个实验过程每组经历约 11 次计数，每次都要随机取样 3 次，每次取样 5~50 μL，计数时需要杀死草履虫，最后实验结束损耗约 200~400 μL 培养液，为减小损耗带来的影响，选用 10 mL 培养液。

②每个实验做至少 2 个平行重复。

③计算种群密度时要在培养液的上、中、下三个位置取样，然后求平均值。

④草履虫培养液不用纱布封口，改用封口膜封口，既透气又减少水分蒸发，减小实验误差。

2. 实验平台具有很好的开放性和可拓展性

（1）定性和定量研究草履虫的种群密度。

侧光照射下肉眼观察到培养液中有游动的白色小点，即草履虫，可以直观感受种群密度。

准确计算种群密度：1 mL 培养液种群密度计算方法（多次取样求平均值）：

$(n_1+n_2+n_3)/3 \times 20$（$n_1$、$n_2$、$n_3$ 是 50 μL 培养液中草履虫数目，适用于密度较低时）；

$(n_1+n_2+n_3)/3 \times 100$（$n_1$、$n_2$、$n_3$ 是 10 μL 培养液中草履虫数目，适用

于密度较高时）。

（2）研究草履虫种群数量的动态变化。

连续 5~7 天对培养液中草履虫进行计数即可得到典型的"S"形增长模型。

（3）探究多种环境因素对草履虫种群数量变化的影响。

调节草履虫培养液的温度、pH、空间、溶解氧、光照强度、培养液浓度等就可以研究非生物因素对草履虫种群数量变化的影响；在草履虫培养液中分别加入绿藻、轮虫等可以研究食物、天敌等生物因素对种群数量变化的影响。

（4）研究生态系统结构和功能的相关问题。

将草履虫与轮虫、绿藻、涡虫、水螅等水生生物混养，构建微型淡水生态系统，可进一步研究生态系统中各种群的动态变化、群落的种间关系、生态系统的结构功能等相关问题。

四 实验原理

1. 种群数量在无限环境中呈现"J"形增长。但在现实生态环境中，种群不会长期连续地呈指数增长，往往受到有限的环境资源、空间和其他生物等的限制。随着种群密度的上升，种内竞争加剧，必然会影响种群的出生率和死亡率，使种群瞬时增长率随着密度上升而下降，一直到种群停止增长，甚至使种群数量下降，种群数量的增长呈现为"S"形。

2. 凹玻片：中间有一个凹槽，直径 15 mm，起到聚集液滴的作用。使用时将草履虫培养液滴加到凹槽中，并轻轻涂开，布满凹槽。

3. 0.05% 卢戈氏固定液：主要成分是 I-KI，起到杀死固定草履虫的作用。草履虫在液滴中移动很快，杀死固定便于观察计数。

五 实验教学目标

1. 通过探究环境因素对草履虫种群数量变化的影响，形成一定的科学探究能力，掌握抽样检测的科学方法，体悟坚持、严谨、实事求是的科学精神。

2. 利用实验数据建立种群数量变化的数学模型，分析综合实验结果，得出实验结论，归纳概括环境因素对草履虫种群数量变化的影响。

3. 在探究过程中，逐渐形成生物适应改变环境，环境影响生物种群发展的生态观、进化与适应观，以及种群数量随环境因素动态变化的稳态与平衡观。

4. 利用实验结论解决社会问题，分析建立自然保护区的意义，树立环境保护意识。

六 实验教学内容

1. 培养草履虫，每天计数 1~2 次培养液中草履虫种群数量，建立种群数量"S"形增长模型。

2. 探究环境因素（营养物质、空间、天敌、pH）对草履虫种群数量变化的影响。

七 实验教学过程

环节一：建立种群数量的"S"形增长模型

教师：在食物空间充足、没有天敌、气候适宜等条件下种群数量呈现"J"形增长，但是在自然环境中，不能满足上述理想条件，资源空间都会受到限制，种群数量会如何变化呢？

引导学生提出猜想和假设，并出示兴趣小组的实验结果（见表1、图4）。

表1　10 mL 培养液中草履虫数量变化

时间	第1天	第2天	第3天（13:00）	第3天（18:00）	第4天（13:00）	第4天（18:00）	第5天（13:00）	第5天（18:00）	第6天（13:00）	第6天（18:00）	第7天
10 mL 培养液中草履虫数量（只）	133	333	4733	7467	17600	29933	137333	114666	123666	119333	122000

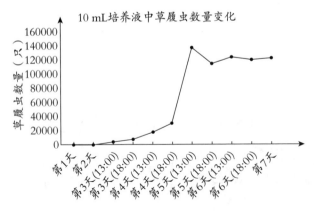

图4　10 mL 培养液中草履虫数量变化

提问：1. 培养液中草履虫种群数量的变化趋势是怎样的？

学生：开始增长缓慢，然后快速增长，最后趋于相对稳定，呈现"S"形增长。

提问：2. 尝试从种群数量特征的角度分析草履虫种群数量出现"S"形增长的原因。

学生：初始阶段，食物空间充裕，种内斗争弱，出生率很高，死亡率很低，种群数量不断增长但是食物空间是有限的，随着种群密度的增加，种内斗争加剧，出生率降低，死亡率升高，种群增长变缓慢，最后出生率等于死亡率，种群数量不再增长，稳定在某一水平。

提问：3.同学们的实验与高斯的实验结果（见图5）有何异同？

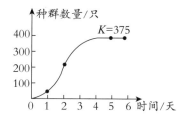

图5　高斯实验结果 0.5 mL 培养液中草履虫种群数量变化

学生："S"形增长，但是 K 值不同，我们的实验 $K=12000$，高斯实验 $K=375$。

提问：4.为什么两个种群 K 值相差这么大？什么因素影响种群环境容纳量 K 值？

学生：营养物质、空间、pH 值等环境因素会影响环境容纳量。

教师阐述：兴趣小组的同学发现一瓶草履虫培养液中出现轮虫，同时培养液中草履虫密度越来越小。某同学将同时含有草履虫和轮虫的培养液放到显微镜下观察，惊喜地拍到了轮虫捕食草履虫的过程，证实轮虫确实是草履虫的天敌，所以天敌也可能会降低草履虫的环境容纳量。

环节二：探究影响草履虫种群数量变化的环境因素

设计思路：对照组培养液为 10 mL 稻草液，草履虫初始数量为 200 只，pH 为 6。实验组 1 增加了 5 mL 稻草液，同时增加了食物和空间；实验组 2 只增加了 5 mL 纯水，没有增加食物，相当于稀释了稻草液，降低了单位空间中的资源密度；实验组 3 加入 50 μL 酸奶，只增加了食物，没有增加空间；实验组 4 中加入 30 只轮虫，其余处理和对照组相同；实验组 5 和实验组 6 的 pH 分别为 5 和 9，其余处理和对照组相同。

任务：用草履虫作为实验材料设计实验验证推测。

要求：说明实验目的并设计实验记录表格。

学生展示自己的实验设计，教师点评并指出表格中应注意的内容：组别、自变量、无关变量的控制、检测指标等。

出示学生实验数据（见表 2、图 6、图 7、图 8）

表 2　对照组与各实验组草履虫种群数量

（单位：只）

组别	第1天	第2天	第3天（13:00）	第3天（18:00）	第4天（13:00）	第4天（18:00）	第5天（13:00）	第5天（18:00）	第6天（13:00）	第6天（18:00）	第7天
对照组	200	1000	10400	13467	29000	75333	98000	101000	95666	71000	71000
实验组1	200	700	14500	62750	264000	285000	314500	172000	184000	138000	136000
实验组2	200	1000	5299	7200	16800	21600	22400	32700	39000	56000	53200
实验组3	200	433	32400	155334	207000	195000	112000	174000	148666	170000	180000
实验组4	180	1600	3133	5800	13200	11200	33666	33666	15333	21333	20000
实验组5	200	266	12467	17400	37134	47334	57334	55600	25600	53334	57067
实验组6	166	320	520	780	1560	2470	3185	8905	9100	9100	9000

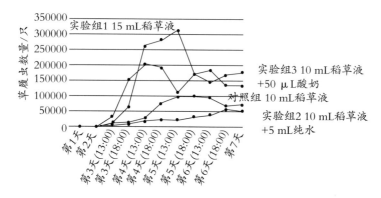

图 6 营养物质和空间对草履虫种群数量的影响

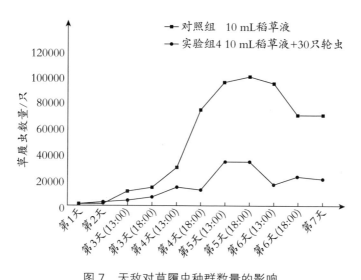

图 7 天敌对草履虫种群数量的影响

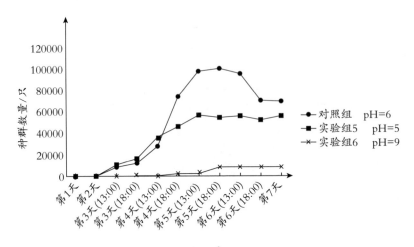

图8 pH 对草履虫种群数量的影响

问题串引导学生深入思考：

1. 对照组与实验组 1、3 比较，对照组与实验组 2 比较，对照组与实验组 4 比较，各说明什么？

与对照组相比，实验组 1、3 的 K 值更高，到达 K 值时间变短。说明增加食物和空间会显著提高环境容纳量，缩短到达环境容纳量的时间。

与对照组相比，实验组 2 种群数量增长缓慢，K 值略低。说明低密度的食物资源会降低种群增长速度，一定程度降低 K 值。

与对照组相比，实验组 4 环境容纳量显著降低，说明天敌会显著降低环境容纳量。

2. 实验组 5、实验组 6 与对照组相比，你能得到什么结论呢？

与对照组 pH=6 相比，pH=5 的实验组 5 的 K 值略低，pH=9 的实验组 6 的 K 值显著降低。说明 pH 影响环境容纳量，草履虫在接近中性的环境中增长更快，过酸过碱都降低环境容纳量。

3. 综合上述实验，哪些因素会限制草履虫种群的环境容纳量，种群数量会一直稳定在 K 值吗？

营养物质、空间、天敌、pH 等会影响环境容纳量，达到稳定状态时种

群数量会在 K 值上下波动，在环境恶劣时甚至会急剧下降。

4.依据实验结果，你认为建立自然保护区对于保护野生动物有什么意义？

增加野生动物的栖息空间和食物资源，减少人类干扰，从而增加环境容纳量。

八　实验效果评价

1.亮点

（1）学生科学探究能力和科学思维得到有效的锻炼与提升。

围绕核心问题展开层层深入的探究，建立了种群"S"形增长模型，分析概括了营养物质、空间、天敌、pH 对草履虫种群数量变化的影响。在这个过程中落实了科学思维、科学探究能力的培养，学生掌握了变量控制、平行实验、随机取样等科学研究方法。实验历时 2 周，记录了几千组数据。学生由一开始的兴奋，到疲倦，再到坚持，最后为得到实验结果欢呼，提升了知识和技能，磨炼了个人毅力，切身体悟到了科学研究的不易，以及科学研究过程的严谨和实事求是的科学精神。

（2）学生生命观念得到深刻领悟，社会责任得到有效落实。

pH=9 的实验组，前 4 次发现一个有趣的现象：每次计数时培养液的 pH 都会由之前的 9 下降到 7 或者 8，后面两个平行重复实验都出现了这种现象，学生讨论一致认为草履虫代谢产物会改变环境的 pH 值，从而有利于自己的生存，同时环境因素也会制约种群的发展，达到稳定状态时种群数量会在 K 值上下波动，深刻体会到了种群的稳态与平衡观，生物与环境相互影响的生态观，进一步明白了保护栖息地、减少人类干扰从而提高环境容纳量对于野生动物保护的重要性，树立了生态环保意识。

学生在早期培养液中观察到如图 2 所示横二分裂的草履虫，第 4 天开始在视野中观察到大量如图 3 所示的草履虫。学生查阅了文献，发现草履虫开始进行如图 2 所示的无性繁殖，在无性繁殖达到 90 次，且由饱食转入饥饿状态后通过如图 3 所示的接合生殖进行有性生殖，饱食或过度饥饿的虫体都不能接合生殖。年轻的大草履虫每天分裂次数为 1~3 次，有性生殖的草履虫，通过一次接合生殖两个亲代细胞可以分裂为 8 个子代细胞，历时 3~5 天。结合有性生殖的知识，学生体悟到草履虫在营养充足时通过无性生殖快速增加种群数量；在营养不足时，通过有性生殖增加种群数量可以增加遗传多样性，有利于草履虫适应环境。草履虫的这种增殖机制是生物进化中自然选择的结果，学生深刻领悟了进化与适应观。

2. 展望

实验平台的建立、轮虫的捕食与消化、草履虫的生殖方式等发现激发了学生的研究热情，学生纷纷提出了新的想法，如探究营养物质、生殖方式和种群数量之间的关系；探究溶解氧、光照等对草履虫种群数量变化的影响；探究氮、磷、重金属等对草履虫种群数量变化的影响；构建微型淡水生态系统研究生态系统的结构和功能，探究不同因素对草履虫生殖方式的影响；探究溶解氧和光照对草履虫数量变化的影响等，这也是本实验下一步的研究方向。

点评

关于种群数量动态变化的实验研究，人教版教材及课标中都是利用酵母菌作为材料进行实验操作和观察。本案例选取大草履虫这种较为常见的单细胞原生动物为实验材料开展实验探究，具有如下特点。

1. 创新实验材料，优化流程，实验推广性、可实施性强

酵母菌增殖较快，实验中需在 1 天内连续多次计数，但酵母菌个体较小，需采用血细胞计数板在显微镜下进行计数，操作比较麻烦。本案

例选取大草履虫为实验材料，易培养、易观察、易纯化、繁殖速度适中，且通过肉眼观察、将培养液滴加入凹玻片进行显微镜观察，定性和定量研究草履虫的种群密度，操作上比较简单，因此在教学中具有一定的推广性和可实施性。

2. 注重研究方法的引导分析，有效提升学生科学探究能力

在本案例中，教师有效引导学生关注对照组和实验组的设计；在数据统计中注重随机取样、平行重复等原则，分析如何避免实验误差，使数据统计真实有效；以及如何利用直方图、曲线图对实验数据进行处理，构建模型，最终达到对环境因素如何影响种群变化的深入理解，形成稳态平衡观。

3. 构建围绕以大草履虫为材料的实验研究，实现单元整体教学

本案例涉及了一系列实验研究以及多个相关概念，如对大草履虫的培养和观察、对培养液中草履虫种群数量变化的研究、探究多种培养液的温度、pH、空间等非生物因素以及绿藻、轮虫等生物因素对种群数量变化的影响。涉及种群、种群数量特征、种群数量变化、种内和种间关系等概念，围绕大草履虫的实验研究不仅构建单个概念、模型，还将相关概念联系起来构建概念体系。并通过将草履虫与轮虫、绿藻等水生生物混养，构建微型淡水生态系统，为继续研究群落、生态系统打下基础，进一步研究各种群的动态变化、群落种间关系、生态系统的结构功能、稳定性等相关问题，有效地实现了单元整体教学，深入理解稳态平衡观。

案例 24　蛾类丰富度的调查

重庆市巴蜀中学校　冉国栋

 一　使用教材

人民教育出版社，普通高中教科书·生物学选择性必修 2 生物与环境，第 1 章种群及其动态，第 1 节种群的数量特征；第 2 章群落及其演替，第 1 节群落的结构。

 二　实验器材

白炽灯、黑光灯、毒瓶、蚊帐、手电筒、雨具、镊子、放大镜、培养皿、实体镜、显微镜、电脑、计算器、《昆虫志》等工具书。

三　实验创新要点

1.贴近当地生活

在暴雨前后的夜晚，学生观察到有很多小飞蛾聚集在路灯下面，甚至飞进教室。人们称为"涨水蛾"，学生通过查阅资料得知，"涨水蛾"其实是白蚁的一种形态，在灯下聚集是因为它们具有趋光性。

2.学生主动参与研究选题过程

学生联想到生物学教材提示可以用黑光灯诱捕法调查趋光性昆虫的种

群密度，但教材并没有要求掌握趋光性昆虫种群密度的计算方法。同时，教材中还设置了"研究土壤中小动物类群丰富度"的探究实践活动，于是，教师提出能否用黑光灯诱捕法去调查趋光性昆虫的丰富度，学生觉得可以实现且表现出极大的兴趣。我们在生活中接触较多的趋光性昆虫主要是蛾类，所以，本次实验确定调查黑光灯诱捕法调查蛾类的丰富度。

四　实验原理

昆虫具有趋光性，利用白炽灯和黑光灯可以在夜间诱捕蛾类。经过观察定种和数量统计，可以完成对当地雨后蛾的种类和数量的估算，调查特定季节雨后蛾类的丰富度。在调查统计的基础上，利用 Menhinick 丰富度指数计算蛾类的丰富度。初步确定林下、灌丛等处的基本诱捕情况，进而提出当地防治蛾类的科学措施。

五　实验教学目标

1.通过对蛾类多样性的调查，理解进化与适应观、稳态与平衡观等生命观念。

2.学会用黑光灯诱捕法调查蛾类的多样性。学习分类、统计等科学方法。

3.根据蛾类的趋光性特点，设计科学合理的调查计划并进行科学的探究过程。

4.辩证地看待蛾类的防治以及蛾类多样性的保护。形成正确的生态意识，参与环境的保护。

六 实验教学内容

重庆夏季雨后，"涨水蛾"暴发并飞入教室，引起学生关注。教师根据学生观察到的这一现象，提出在当地照母山森林公园开展调查，研究林下和灌丛中蛾类的丰富度。引导学生迁移教材内容，利用白炽灯和黑光灯设计实验，明确研究问题和实验设计方案。

在环境条件达到标准后实施实验，统计不同条件诱捕的蚊帐上，收集到的蛾类的种类和数量，利用 Menhinick 丰富度指数进行估算。在此基础上，提出蛾类防治和公园环境治理的措施，让学生感悟关注生活，解决实际问题的快乐。

七 实验教学过程

1. 按照教材的提示，首先确定调查地点。通过查阅资料，学生了解了蛾类的生活习性，综合安全性等问题考虑，最终选择了照母山森林公园。

2. 学生对收集方式进行改进。由于教材中黑光灯诱捕法是用毒瓶收集昆虫，考虑到毒瓶的毒性不好把握，收集效果未知，学生改进了收集方式，即将黑光灯挂在树枝上，然后在黑光灯前面搭好蚊帐，收集停落在蚊帐上全部的蛾类。

3. 学生提出问题：（1）平常生活中观察到白炽灯也能吸引趋光性昆虫，白炽灯和黑光灯对蛾类吸引力谁更大呢？（2）在实地考察时，发现照母山森林公园不同区域的植被类型有差异，于是提出，林下区域和灌丛区域蛾类丰富度哪里更大呢？带着这两个问题学生将本次调查分为了四个组：林下白炽灯组、林下黑光灯组、灌丛白炽灯组、灌丛黑光灯组。

4. 诱捕蛾类。等到天黑后，打开灯源，然后观察蛾类的趋光性运动。

等到蚊帐上蛾类数量较多时，进行捕捉。

5. 回到学校，对捕捉到的蛾类样本进行形态学鉴定，然后分类统计。

6. 学生查阅相关文献，对数据进行处理，引入了丰富度指数这一指标去反映丰富度大小，然后形成报告。

调查报告

（1）本次调查采用了 Menhinick 丰富度指数对蛾类种类丰富度进行分析，Menhinick 丰富度指数以物种的数目和全部物种的个体总数很好地表示了物种的多样性，其计算公式为：

$$D=S/\sqrt{N}$$

公式中 D 为物种丰富度指数，S 为各科的科内物种数，N 为各科的科内个体总数。本次共采集蛾类样本 60 只，通过形态学鉴定，它们属于 4 个科，12 个种。以下是这次调查的结果，该数据通过 Excel 公式处理得出（见表 1）。

表 1

科	S	N	D
夜蛾科	3	15	0.774597
天蛾科	3	18	0.707107
灯蛾科	4	20	0.894427
螟蛾科	2	7	0.755929

（2）各组诱捕到的物种数和个体数（见表 2）。

表 2

组别	物种数 / 种	个体数 / 只
A 组（林下白炽灯）	3	6
B 组（林下黑光灯）	5	18
C 组（灌丛白炽灯）	4	9
D 组（灌丛黑光灯）	8	27

7. 分析讨论。

（1）同等环境下，黑光灯诱捕的数量明显多于白炽灯诱捕的数量。

学生通过查阅相关文献得知，黑光灯之所以叫黑光灯是因为它能发出波长 330~400 nm 的紫外光，该波长的光是人眼看不见的紫外线，所以叫黑光灯。趋光性昆虫的视网膜上有一种色素，这种色素能吸收该特殊波长的光，且喜好这一特殊的光。

（2）相同灯源条件下，灌丛诱捕的物种数目和个体数均多于林下。通过讨论学生认为可能的原因有以下几点：

①由于灌丛附近有水池，水池的存在可能会导致蛾类物种数和个体数较多。

②由于灌丛附近没有遮挡，光线传播较远，吸引更多的蛾类。

③灌丛下面草地植被好于林下草地，这可能为更多的蛾类提供了食物。

（3）学生认为本次调查获得的样本总数较少，不能很好地反映照母山蛾类的丰富度。通过讨论，学生认为获得样本少的原因有以下几点：

①取样区域较少，诱捕时间短。

②调查过程中，突然下雨，影响了蛾类的活动。

③在一定程度上还是受到城市灯光的影响，导致蛾类集中度不高。

④这次所使用的灯源功率较低，光线传播不远。

8. 活动延伸。

教师鼓励同学们去发现生活中黑光灯诱捕昆虫的实例，有学生提出，为什么龙头寺公园、农田周围都安置黑光灯去防治昆虫，而照母山森林公园没有安装黑光灯去防治呢？教师引导学生从群落的物种组成和群落的种间关系去思考，最终，学生明白了，因为照母山森林公园群落的物种组成较为丰富，群落的种间关系较为复杂，其自我调节能力强，各种生物的数量可以维持相对稳定的状态，而不至于泛滥成灾，由此，学生明白了最好的防治措施就是保护好生物多样性。

八 实验效果评价

学生能从生活中的生命现象出发，提出相关的问题，说明学生具有一定的科学探究意识，能感受到科学探究其实并不遥远，科学探究可以就在大家身边。学生通过本次调查活动，能够辩证地看待生活中的蛾类防治和蛾类多样性保护，因为两者并不矛盾，需要防治的地方，往往群落结构单一，而需要保护的地方，往往群落结构复杂。所以学生明白了最好的防治，其实就是对生物多样性的保护，通过生态系统本身的调节作用，起到防治作用。

点评

调查类活动是高中生物学实验实践的基本类型之一，如人群中的遗传病调查、生态学调查等。调查类活动的设计与组织，通常围绕生产生活中的真实生物学问题或研究对象展开，用以揭示其现状、分布规律或进行预测等，大多包括提出问题、现有资料分析、调查实施和结果分析等步骤。在选择性必修 2 模块中，课标建议的调查类学习活动比较集中。

受到调查对象、观察条件和时间等因素的影响，调查类活动大多以课内外结合的方式组织实施。引导学生走进真实的生产生活情境中，收集一手资料，结合相关的生物学原理进行统计和分析。本案例属于生态学调查，利用昆虫的趋光性，使用黑光灯诱捕的方式，调查当地雨季不同环境条件下常见的蛾类丰富度，实践过程的主要亮点包括以下两个方面。

1. 落实学以致用的理念

受到当地暴雨后激增的"涨水蛾"聚集在路灯下这一现象的启发，

迁移黑光灯诱捕法和土壤小动物丰富度的研究思路，提出调查照母山森林公园蛾类丰富度这一调查任务，并在最后讨论森林公园是否需要采用黑光灯防治昆虫的问题，体现出生物学原理和方法在生活中的真实应用，落实学以致用的理念。结合调查样地的实际情况，将黑光灯使用毒瓶诱捕昆虫的方式改良为蚊帐，提高学生实践活动的安全性。设置的调查组别为4组，关注了林下和灌丛、白炽灯和黑光灯的单一变量控制，实践的可操作性较强。借助文献和书籍等进行蛾类的样本鉴定和分类统计，实施过程清晰合理。

2. 引入丰富度指数定量分析实验结果

在收集到的蛾类进行分类鉴定的基础上，引入 Menhinick 指数测算蛾类丰富度，该指数为物种多样性研究中反映丰富度的常用指数，计算过程比较简洁，便于学生理解。这样处理实验结果，可将记名计算法和目测估计法改进为定量分析的方式，更接近于现代生态学调查中对实验结果的处理方式，对学生是一种有挑战性的、新鲜的体验。

改进建议参考：考虑到生态学调查数据的可靠性，实验结果偏低可能确实受到一些不确定性因素的影响，如诱捕中途下雨。但同时还需考虑取样面积、样方数量、诱捕时长和收集方式等调查设计方案本身对结果的影响。另外，Menhinick 指数对更小尺度的样方单元丰富度的变化更为敏感，在调查中可与香农—威纳指数结合使用。对农林害虫的监测和预报是生态学调查的重要目的之一，若本调查任务能更加聚焦于"涨水蛾"等昆虫与当地暴雨发生之间的关联研究，则能更有效地指向课标中相关概念的学习。

案例 25　研究土壤中小动物类群的丰富度

新疆农业大学附属中学　王俊瑶

一　使用教材

人民教育出版社，普通高中教科书·生物学选择性必修2生物与环境，第2章群落及其演替，第1节群落的结构。

二　实验器材

光学显微镜、体视显微镜、自制取样器、自制露底采集器、密封袋、铲子、标签纸、记号笔、橡胶吸球、一次性塑料滴管、瓷盘、解剖针、镊子、包着纱布的镊子、放大镜、载玻片、盖玻片、培养皿、昆虫图谱、诱虫器、试管、烧杯、漏斗、金属网、灯、70%酒精、清水、洗衣粉。

三　实验创新要点

1.改进实验装置

本着科学合理、简单易行、节约成本等原则，学生利用生活中常见的废弃物对主要装置——土壤取样器、诱虫器、吸虫器进行自主制作及改进，小组分工合作动手完成，以激发学生的想象力和创造力。

（1）取样器的改进。

教材实验中取样器材料为易拉罐，易拉罐质地较软、易变形、不耐用，采集土壤时，无着力点，容易变形，不易旋转钻入土壤。

学生选择了材质比较坚硬的易拉罐，请家长用电锯进行切割，作为取样器。或是在易拉罐内层再封上一层余下的铁皮以增加刚性。改进后的取样器整体较为锋利，便于旋转施力，更容易钻入土中，体积精准，高度适宜，在取土样时更加方便快捷（见图1）。

图 1 改进后的土壤取样器

（2）诱虫器装置的改进。

教材中所建议的诱虫器装置选用无底花盆作为材料，学生在实践的过程中发现花盆材质过厚，不易剪裁，且较重，放置于漏斗上容易倾倒，很难固定，使得装置不稳定。同时，金属网不易在花盆上固定，容易侧翻；光（热）源灯泡处于开放空间，不易聚光聚热，诱虫效率低。

不同小组对诱虫器都进行了改进，有的小组用油桶代替漏斗和无底花盆，直接将金属网放到油桶中；有的小组用泡面桶代替无底花盆和金属网，将泡面桶扎洞放到漏斗中。最后经过激烈讨论，采用大矿泉水瓶代替无底花盆，将倒置的矿泉水瓶做小切口用以固定镂空金属架，用废弃石棉网改装金属网，再放到金属架上。将装置置于漏斗上，在漏斗底部连接盛有 70% 酒精的锥形瓶。最后用铁架台固定暖光灯，用废弃纸壳卷成锥形桶并用锡箔纸包裹，用作聚光灯罩，减少散热。整套装置（见图 2）既环保简单，又保证了稳定性和使用效果。

图2 a.土壤动物分离装置部分组装材料 b.组装好的土壤动物分离装置

（3）吸虫器的改进。

教材中建议的吸虫器未指明具体的吸气工具，为此，学生进行了多种尝试：口吸或借助注射器、一次性塑料滴管、大号洗耳球等。发现简易采集时将装置右侧吸气口连接大号洗耳球的效果较好，也可以将塑料瓶口稍做修剪直接用于采集，更加方便；诱虫器采集时选用一次性塑料滴管吸取液体中体型较小的动物时效果更好。

2. 优化实验方案

教材中的土壤动物是指经常或暂时栖息在土壤环境中，且对土壤有一定影响的动物。但教材对研究内容没有具体要求，教学自由度较大。由于在活动过程中，实验方案不确定，能够设计的实验变量比较多，且采样完毕后还需要对物种进行鉴定、统计和分析数据，实验持续时间较长，所以利用校本课程和课外兴趣小组的形式完成前期工作。

（1）取样方案改进。

研究不同土质土壤小动物类群丰富度的差异，首先要确定取哪里的土壤进行研究。通过讨论，结合校园文化建设，最后确定研究校内土壤。既能提起学生对身边生物学问题的探索兴趣，同时又能激发学生关注生态、保护环境的社会责任感，为环境保护做出贡献。

①研究方案一：探究不同的土质中土壤小动物类群丰富度是否存在差异。

研究不同的土质土壤小动物类群丰富度的差异，首先要确定在哪里取样进行研究。学生经过讨论和考察，最终选定在校内花坛、校园菜园、教学楼楼道内大型盆景三处完成土样采集，并在实验室，利用放大镜、显微镜等工具多次观察收集并记录相关数据。

②研究方案二：探究污水处理是否会改变土壤小动物丰富度。

研究污水处理是否会改变土壤小动物丰富度，学生计划通过对相邻花坛进行一定时间的污水和清水处理，比较处理组和对照组花坛土壤中动物丰富度情况来进行研究。

③研究方案三：探究不同深度的土壤中小动物类群丰富度是否存在差异。

确定取样土壤深度按照土壤分层理论，取表土层的 0~15 cm 耕作层和15~30 cm 犁底层两层土样进行预实验，确定土壤小动物主要分布在 0~15 cm 表土层，再进一步确定取浅表层（0~5 cm）、中表层（5~10 cm）和深表层（10~15 cm）进行正式实验。

（2）丰富衡量标准。

本次实验采用记名计算法统计观察到的小动物。在对小动物进行分类统计前，把目测估计法中多个等级进行量化，明确每个等级的数量范围，每个等级又分别对应不同土壤小动物的丰富度。数据量化有利于学生进行统计分析（见表1），得出实验结论。

表 1　丰富度等级量化

序号	数量范围	对应丰富度
1	大于 10	很高
2	8~10	高
3	6~8	较高

续表

序号	数量范围	对应丰富度
4	2~4	较低
5	1~2	低
6	0~1	很低

也可以从体型大小上对土壤动物进行分类，目前国际上通用的分类标准为：大型土壤动物：体长超过 2 mm，一般指肉眼可见的各类动物，如蜈蚣、马陆、蜘蛛、蚯蚓、大中型昆虫等；中型土壤动物：体长在 0.2~2 mm 范围内，如螨类、弹尾虫等；小型土壤动物：体长小于 0.2 mm 的微小动物，如原生动物、线虫等。

（3）多渠道小动物鉴别方法。

教师提供一份简明的分类图谱，降低学生的鉴定难度。以《中国土壤动物检索图鉴》为蓝本，利用 Excel 制作常见土壤小动物参考图鉴，描述动物的形态特征并提供示例图片。或是使用多种昆虫识别软件，拍照识别或者通过勾选特征识别，将收集到的土壤小动物进行分类并做好记录，无法记名的小动物，记为"待鉴定"，依托大学资源向专业的分类学教师进行求助。学生利用笔记本电脑、手机等设备快速轻松鉴别小动物，拓展其知识面。

四 实验原理

许多土壤动物（如蜘蛛、鼠妇、蜈蚣、蚯蚓、各种昆虫）有较强的活动能力，而且身体微小，因此不适于用样方法或标志重捕法进行调查。在进行这类研究时，常用取样器取样的方法进行采集、调查。即用一定规格的捕捉器（采集罐、吸虫器）进行取样，通过调查样本中小动物的种类和数量来推测某一区域内土壤动物的丰富度。

五　实验教学目标

1.通过对实验现象的观察、实验结果的分析，从科学的角度说明土壤环境、人类活动对土壤动物丰富度的影响，提高对生命系统与环境关系的认识，树立稳态与平衡观。

2.通过实验数据分析，进一步认识与我们息息相关的实际问题，能够对实验事实进行合理的分析与解释。

3.发现现实世界中的生物学问题，掌握进行科学探究的基本思路和方法，培养观察、提问、改进实验、严谨设计实验方案与合作探究的能力。

4.关注环境污染等全球性环境问题对生物圈稳态造成的威胁，对人类的生存和可持续发展造成的影响。认同人类的活动对环境产生重大的影响，环境保护已成为全人类共同关心的问题。树立人与自然和谐共生的观念，形成生态意识、环保意识。

六　实验教学内容

土壤中小动物类群丰富度的研究，是很吸引学生的一个探究实验，旨在使学生能从种群的组成上描述群落的结构特征，对于"环境能够影响生物，生物能够改变环境"有切身的感受。本节课充分利用自主化项目式学习策略，通过小组合作研究，开展实验探究活动。实验过程设计如图 3 所示。

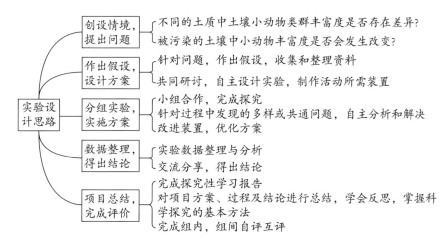

图 3　实验过程设计

七　实验教学过程

1. 实验准备

（1）制作取样器：可选择直径为 5 cm 的硬质金属饮料罐，在距离顶端 5 cm 处剪断，这样的取样器容积约为 100 mL。

（2）制作诱虫器：利用日常生活中常见的材料实现废物利用，进行诱虫器的制作。将倒置的大矿泉水瓶做小切口用以固定镂空金属架，用废弃石棉网改装金属网，再放到金属架上。将装置置于漏斗上，在漏斗底部连接盛有 70% 酒精试管的锥形瓶。最后用铁架台固定暖光灯，用废弃纸壳卷成锥形桶并用锡箔纸包裹，用作聚光灯罩，减少散热。

（3）进行环境考察，确定好采样地点，注意观察和记录好周围的环境状况，提出安全注意事项。

2. 分组取样

将全班分成 5 个大组：（1）校园花坛；（2）校园菜园；（3）室内盆景；（4）污水处理的花坛土壤；（5）清水处理的花坛土壤。每大组又分成 3 小分组进行平行重复试验，分别到对应地块取土样。

各小组到达取样点，在样方内随机选择地点，将表土上的落叶等杂质轻轻拨开，用手来回旋转取样器，将取样器按入土中至罐底与地表平齐，再用铲子将取样器内的土连同取样器一起挖出，将取样器中的土壤倒入密封袋中，贴上标签，做好记号。

3. 采集小动物

（1）简易采集法：将取到的土样放在瓷盘中，注意防止小动物逃走，用解剖针拨找小动物，同时用放大镜观察。发现的体型较大的小动物，用包裹着纱布的镊子轻轻取出来，体型较小的小动物用吸虫器采集。

（2）诱虫器采集法：将剩余的土样倒入改进后的诱虫器的金属网上。为了使空气流通，土壤与诱虫器侧壁之间要留一定的空隙，然后打开电灯，等待 30~40 min。利用土壤小动物避光、避热、趋湿的特点，使小动物下移，落入盛有酒精的锥形瓶中，使用显微镜进行观察。

4. 观察和分类

参阅《中国土壤动物检索图鉴》、自制的常见土壤小动物参考图鉴或是使用昆虫识别工具，借助放大镜、显微镜等进行观察并分类。用提前设计好的数据统计表（见表 2）做好记录，无法记名的小动物，记为"待鉴定"，向专业的分类学教师进行求助。

表 2 数据统计表

小动物名称	分类学范围	图片示意	取样地点	取样时间	记录人
××					
……					

5. 统计和分析

利用记名计数法统计观察到的土壤小动物，记录并汇总、比较各小组实验数据。

6. 实验结果

在了解一定土壤动物鉴定分类的基础知识后，学生自主设计最终的取样结果统计表（见表3）。

表3　取样结果统计表（单位：个）

取样地点	校园花坛	校园菜园	室内盆景	污水处理的花坛土壤	清水处理的花坛土壤
蚂蚁	2	1	0	0	1
鼠妇	1	0	1	0	0
蚯蚓	0	0	0	0	1
蜈蚣	0	0	0	0	0
鞘翅目昆虫	3	1	0	0	0
甲虫	0	2	0	0	1
蜘蛛	1	0	1	0	1
蜻	2	2	1	1	0
蜗牛	0	0	0	0	1
合计数量	9	6	3	1	5
丰富度	高	较高	较低	很低	较高

7. 数据处理，得出结论

各土壤样本中都出现多种动物种类，但只有少数物种个体较多，为优势种。用污水处理过的盆景土壤中动物种类和数量明显减少，可见土壤环境条件与土壤动物类群丰富度有直接关系。

8. 重要环节及注意事项

（1）实验有一定的季节、气候限制：基于早期预实验的实验数据发现，按照教学进度选择的取样时间在10月底时，实验捕捉到的小动物极少。乌鲁木齐这个季节室外温度低，在下过雪之后，地表浅层土壤已经冻住，室外植物基本已经死亡，所以这是造成土壤中小动物种类变少的直接原因。因此，最好在惊蛰之后，天气变暖后开展实验。

（2）如果实验结果不理想，采集、观察到土壤小动物数量较少，且物种较为单一，可能与气温、降水、当地物种丰富度本身较低有着直接的关系，因此采样时间和地点的选择变得尤为重要。

（3）利用诱虫器对土壤中小动物进行收集时，能够观察到有一部分小动物受到光照之后，很长时间也并未进入酒精溶液。针对该现象，直接使用吸虫器对其进行采集。

通过上述改进及优化，后续还能进一步引导学生深入探讨不同生境群落丰富度水平分布差异形成的原因，同一生境群落丰富度垂直分布差异的原因，与取样的时间、植被类型、土壤的含水量是否有关，人为因素是否会对群落丰富度造成影响等，进而培养学生的科学探究、科学思维素养，让学生建立环保、爱护环境等意识。

八 实验效果评价

普通高中课程标准的核心环节就是课程的实施，而教学方式的改变是课程实施的重要保证。本探究活动设计旨在以学生为主体，促进学生的主动学习，以任务驱动为原则、兴趣为动力，通过小组成员的充分讨论，自主设计个性化的实验方案，保证学生有充分的动手实践机会。其次，通过小组合作探究，分享交流探究过程和结果，资源共享，发现组间实验的共性与差异并通过资料查阅、组内讨论、组间交流，培养自主分析和解决问题能力。

在教学中，教师既要使用讲授演示的方式进行教学，更要为学生提供实验条件及必要的参考资料，指导其设计和进行实验。在实验过程中，教师以组织者、合作者、参与者、引导者的身份参与，同时需注意实验过程中出现的一些问题，引导学生合理利用资源，培养自主探究精神，落实学科核心素养。

但实验仍然存在一些不足，"研究土壤中小动物类群丰富度"一节实验在一线教学中的实操率相对较低，因此在前期实验方案设计的过程中可参考的资料相对较少，初步的实验方案在当地的实践中仍然存在一定的优化空间。

在今后的教学当中可以对以下几个方面进行进一步改进：①虽然实验有较严格的季节限制，但也可以设计实验探究不同季节同一区域土壤中小动物的丰富度的变化情况。②可以增设实验，探究不同深度土壤中小动物类群丰富度。③进一步改进实验装置，使实验更加快捷准确。

点评

本案例研究的是校园内土壤小动物的丰富度，结合校园文化建设，充分利用学生身边的资源，设计系列实验，具有以下特点。

1. 充分开发校本资源，树立生态环保意识

通过对校园土壤小动物丰富度的调查研究，学生能够更加了解自己的学校，丰富了校园文化建设，激发学生的探究兴趣，同时培养学生爱护校园环境、保护学校生态的责任感。教师依据学情，在高一原有校本研究课程的基础上又开发和设计了系列实验，包括探究不同土质、不同深度的土壤中小动物类群丰富度是否存在差异；污水处理是否会改变土壤小动物丰富度等，并结合后续的深入探究引导学生关注环境污染等全球性环境问题对人类的生存和可持续发展造成的影响，进一步形成生态环保意识。

2. 利用生活中常见物品改进实验装置，实现装置环保、成本节约

本案例中教师对教材实验中出现的问题进行分析，并指导学生利用

生活中常见的废弃物对主要装置——土壤取样器、诱虫器、吸虫器进行自主制作及改进，如选择材质比较坚硬的易拉罐制作取样器，采用大矿泉水瓶代替无底花盆，用废弃石棉网改装金属网等，装置制作和改进既科学合理、操作简单，又保护环境、节约成本，且实验效果较好。在改进过程中，各组学生讨论，分工合作动手完成，有效激发学生的想象力和创造力。

3. 统筹安排、精心设计，有效达成实验效果

本实验开展难度较大，一方面带领学生到室外进行调查研究，需要教师的指导、组织和安排，需要注意实验开展的时间、实验地点的选取等，在实验分组、各组实验方案的设计、实施的全过程中，如何保证实验既具有统一性，又能够体现一定的开放性等，都需要教师的指导和统筹安排；另一方面物种鉴定是确定小动物类群丰富度的前提，但物种鉴定对学生较困难，因此此实验很多学校不能开展或开展后效果不佳。本案例教师有序进行实验安排、确定实验地点、分组，并在教学中指导学生设计实验、制作改进实验装置；通过提供简明的分类图谱，利用昆虫识别软件，依托大学资源向专业的分类学教师进行求助等多种途径进行种鉴定，降低学生的鉴定难度；同时进行实验创新，利用数据统计表统计数据，并将丰富度进行等级量化，利于学生进一步分析得出结论，有效达到理想的实验效果。

案例 26　探究不同果蔬中 DNA 的含量及分子量大小 ——《DNA 的粗提取与鉴定》实验创新和改进

绍兴鲁迅中学　潘柯莉

一　使用教材

浙江科学技术出版社，普通高中教科书·生物学选择性必修 3 生物技术与工程，第四章基因工程，第一节基因工程赋予生物新的遗传特性。

二　实验器材

培养皿、烧杯、量筒、玻璃棒、试管、试管架、天平、离心管、离心机、研磨过滤改良装置、水浴锅、微量移液器及枪头、琼脂糖凝胶电泳设备（含有梳子、胶盒、水平电泳槽和电泳仪）、新鲜香蕉、菜花、洋葱、白菜、DNA 研磨液（含有 Tris-HCl 缓冲液、EDTA、SDS、2 mol/L 的 NaCl 溶液）、95% 冷酒精、二苯胺试剂、琼脂糖、电泳缓冲液、上样缓冲液、荧光染料。

三　实验创新要点

1.本实验的教学过程充分遵循"核心素养为宗旨""教学过程重实践"

新课标理念，学生自主设计并合作完成探究实验，提高学生的科学探究、科学思维能力。

2. 基于原有实验方案的不足之处，创新设计改良实验工具，改进实验方案，自制实验仪器，提高学生发现问题并解决问题以及动手实践操作的能力。同时基于真实问题的学习过程，让学生体验真实科学研究的一般过程。

3. 本节课以学生提出的问题"核酸保健品是不是'智商税'？"出发，整个探究过程学生保持解决问题的浓厚兴趣，教师作为组织者，为学生提供技术支持和引导。学生为主，教师为辅，师生共同完成实验方案的制订并实施实验，充分发挥学生的主体地位，发展生物学学科核心素养。

四 实验原理

1. DNA、RNA、蛋白质和脂质等在物理和化学性质方面存在差异，可以利用这些差异，选用适当的物理或化学方法对它们进行提取。例如，DNA 不溶于酒精，但某些蛋白质溶于酒精，利用这一原理，可以初步分离 DNA 与蛋白质。DNA 在不同浓度的 NaCl 溶液中溶解度不同，它能溶于 2 mol/LNaCl 溶液。

2. 在一定温度下，DNA 遇二苯胺试剂会呈现蓝色，因此二苯胺试剂可以作为鉴定 DNA 的试剂。

五 实验教学目标

1. 通过不同果蔬均能提取到 DNA，但其含量及分子量存在差异，认识生物的统一性和多样性，形成科学的自然观。

2. 基于生物学实验结果论证是否有必要服用核酸保健品，发展利用生物学事实和证据解决实际问题的科学思维。

3. 通过改进实验方案和方法，自制"凝胶电泳仪"和"凝胶成像仪"，发展自主设计实验并实施的科学探究能力。

4. 通过分析日常果蔬的 DNA 认识到保健品的虚假宣传，保持合理均衡的饮食习惯，践行健康生活的社会责任。

六 实验教学内容

利用社会生活中老年人购买核酸保健品的热点话题，引发学生思考，并利用所学原理进行实验探究，基于实证判断核酸保健品的成分，用证据进行客观公正的判断。将学生置身真实的生活场景中，达到学以致用的目的。渗透对事物进行判断需要有批判性思维的能力，同时需要基于证据论证个人的观点，以说服他人，落实利用生物学原理辨别真伪、解决社会生活中的真实问题的社会责任。

本实验依据的原理就是 DNA 的粗提取和鉴定，但基于本校学情和以往的实验效果，对过滤装置和检测装置进行改良，充分发挥学生的主观能动性，参与仪器改良，以期提高实验成功率，达到良好效果。

七 教学过程

1. 问题提出：创设现实情境，激发学生科学思维

通过"老年人喜欢购买核酸保健品"这一现实问题引入，引发学生思考问题：核酸保健品是不是"智商税"？正常人是否需要额外补充外源性核酸？日常食用果蔬能否满足人体对核酸的需求？

通过现实的真实生活情境和一系列的问题，让学生基于已有的理论知识和实验技能思考：选择哪些果蔬作为本探究实验的实验材料能使其结果在很大程度上反映日常食用果蔬的核酸情况？基于现有的实验方案如何在

研磨和过滤过程中减少各果蔬样品 DNA 的损失？如何进行实验创新和改进以达成 DNA 含量测定和 DNA 分子量大小的比较？

2. 课前初探：设置系列问题，引导完成实验设计

教学过程中通过引导学生分析并初步操作教材中"DNA 的粗提取和鉴定"实验方案，发现：（1）实验中选取材料为香蕉果肉或菜花，材料选择单一，同时该实验是一个比较简单的鉴定实验，不利于学生自主探究和实验设计能力的培养；（2）在研磨过程中，因研钵和研杵摩擦力过小，无法充分研磨，且后续还需过滤操作，实验操作复杂，容易造成 DNA 损失；（3）二苯胺试剂只能鉴定 DNA 的有无，无法确定不同种植物的 DNA 的含量和分子量的大小。

对于教材现状，本实验设置系列问题，引导学生对教材实验进行改进和创新。针对上述提及的第 1 点内容，本实验选择多种果蔬作为实验材料进行实验，包括香蕉、菜花、洋葱和白菜，涉及多种常见果蔬，同时选取的果蔬涉及的食用部位各不相同，包括营养器官和生殖器官，便于研究人体日常饮食摄入的核酸含量是否满足自身需求。把原有的普通的鉴定实验设计成探究性实验，更有利于学生的实验设计思维、实验操作技能、数据分析能力以及团队合作能力的提升。

本实验针对上述第 2 点内容，改良了研磨工具，使用底部镂空并包裹有尼龙纱布的中空塑料棒作为研磨棒（见图 1），不仅有利于充分研磨，而且兼备了过滤的功能，从研磨棒的中空部分可以直接吸取到过滤液，优化了实验操作，减少 DNA 在提取过程中的损失。

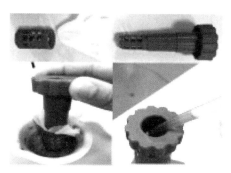

图 1　改良后的研磨棒

针对上述第 3 点内容，在原有基础上补充二苯胺显色法测 DNA 含量，使用琼脂糖凝胶电泳方法测 DNA 分子量，实现对不同果蔬组织的 DNA 含量和分子量大小的定量检测。该实验设计的内容更加丰富，更能充分锻炼学生的实验设计、实验操作能力，培养了团队合作、科学探究精神。

本实验在实验仪器的选择上，选择使用自制的实验仪器（见图 2、图 3）。通过自制仪器，可以极大地增加学生的学习兴趣，也可以突破部分学校仪器设备不足的限制。

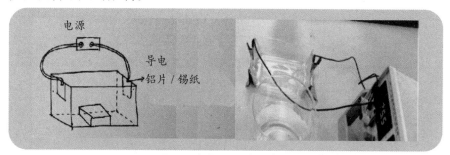

图 2　自制的凝胶电泳仪

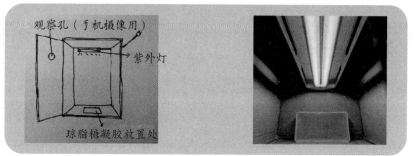

图 3　自制的凝胶成像仪

3.课堂实施：分组完成实验，合作体验科学探究

探究性的定量实验工作量较大，需要团队合作共同完成，以小组为单位，学生自主讨论完善优化实验方案并实施实验，对学生的实验设计思维、实验操作技能、数据分析能力以及团队合作提出了更高水平的要求。实验步骤如下所示。① DNA 的提取：使用改良装置对不同果蔬样品进行研磨和过滤；对过滤液进行离心取上清液；在上清液加入冷酒精析出 DNA 絮状物，并获得 DNA 样品。② DNA 的鉴定：使用二苯胺在沸水浴条件下鉴定 DNA。③ DNA 的含量测定：使用分光光度计测定不同样品显色液的吸光度，根据标准曲线测定 DNA 的含量。④ DNA 的大小检测：制作琼脂糖凝胶，进行琼脂糖凝胶电泳检测分子量大小。

4.课后延伸：生成全新问题，持续引发思考探索

学生完成课堂探究实验后，根据实验结果思考生成新的问题，针对这些问题，引导学生结合所学知识，查阅相关文献资料等方式进行解决，不断拓展知识的深度和广度。例如，提取得到的不同植物样品的 DNA 是否混有蛋白质，DNA 纯度如何？学生结合二苯胺与 DNA 显色后的蓝色物质在特定波长下的吸光度可反映 DNA 含量，联想到可以使用双缩脲试剂检测蛋白质，并根据紫色深浅确定 DNA 样品中的蛋白质的含量，从而确定不同植物组织提取到的 DNA 纯度。针对"影响 DNA 在琼脂糖凝胶中迁移速度的因素有哪些？"这个问题可以引出"基因工程"这一章节中的后续内容，为后续的学习进行铺垫。

八 实验效果评价

1.学生在思考问题和解决问题的过程中，不断头脑风暴进行合理的设计，学生的逻辑思维能力和科学探究能力得以充分发展。

2.及时的学习成果反馈，多元的评价方式，可以进一步巩固课堂教学

成果。以小组为单位呈现实验结果，各小组之间相互讨论评价，培养了学生处理分析实验数据并用准确的术语展示实验结果的能力。组间相互交流评价，并对有差异的实验现象展开思考讨论，引导学生进一步思考完善，最终得出结论，发展了学生的学科核心素养。

点评

提取鉴定类实验是从生物材料中提取物质，并通过特定方法进行鉴定的一类实验。通常可分为不需要提纯和需要纯化两类，"DNA 的粗提取和鉴定"实验需要去除蛋白质后再鉴定 DNA，因此属于后一类。这类实验的原理非常明确，为保证鉴定结果可靠，一般会选取待测物质含量相对较高的生物材料。在教学组织方面，可以处理为验证性实验，也可以处理为探究性实验。

提取鉴定类实验成功的关键有两点，一是要优化提取方法以期得到较高浓度的待测物质，二是要考虑提取过程中如何避免待测物质被破坏。本案例属于提取鉴定类实验，实验设计指向核心素养的发展，主要亮点包括以下两个方面。

1. 因陋就简自制设备完成定量实验

基于教材原有实验，确定待改进的内容包括三个方面，一是实验材料的种类不够丰富，二是研磨设备待改进，三是二苯胺显色仅为定性实验。针对以上三点，增加生物材料种类和改用研磨器研磨都是比较容易实现的，对不同生物材料中 DNA 含量和分子量大小的定量检测是最大的改进亮点。本案例采用自制设备，因陋就简地完成这一定量实验，做法可圈可点。利用电源、导线、电极和废旧塑料盒制作电泳槽，利用紫外灯和废旧材料制作凝胶成像仪，解决电泳设备不足的问题。依据 DNA 紫外吸收峰鉴定 DNA，并利用凝胶电泳条带在紫外灯照射下的深浅差异，实现了区分不同生物材料的 DNA 粗提物的含量的目标。

2.聚焦社会议题挖掘实验的现实意义

物质鉴定类实验的原理是固定的，挖掘其与现实生活密切联系，有助于学生理解生物学原理和鉴定方法的应用价值。案例以"老年人喜欢购买核酸保健品，核酸保健品是否为'智商税'？"这一社会议题引入，引导学生依据本实验原理和结果参与个人与社会事务的讨论，进行理性解释和判断，从而提升有理有据地向他人宣传和辨别伪科学的信心和欲望，让学生的核心素养在生物学课程学习的过程中逐渐发展起来。

改进建议参考：本案例的生物材料扩展为 4 种，包括常见的香蕉和菜花，补充了洋葱和白菜。虽然考虑到了营养器官和生殖器官的种类，但仍然局限于植物材料，如果从论证全面性的角度考虑，可以增加适合的动物材料进行粗提取和鉴定。另外，这些实验研究材料与"核酸保健品"本身还是剥离的，如何建立两者的关联，使实验证据与讨论的社会议题更加贴合，有待进一步思考。

除此以外，自制的凝胶成像仪中使用了紫外灯，观察箱设置了手机观察孔，这个自制装置在使用中对学生的皮肤、眼睛等是否有安全隐患是值得关注的。

案例 27　地衣内生菌的分离、纯化和培养

青岛西海岸新区第二高级中学　高微

一　使用教材

人民教育出版社，普通高中教科书·生物学选择性必修 3 生物技术与工程，第 1 章发酵工程，第 2 节微生物的培养技术及应用。

二　实验器材：

电热锅、漏斗、铁架台、量筒、锥形瓶、试管、试管塞、天平、纱布、培养皿、酒精灯、牛皮纸、高压蒸汽灭菌锅、镊子、刀片、无菌操作台、解剖显微镜、恒温培养箱、葡萄糖、琼脂粉、70% 酒精。

三　实验创新要点

1. 实验内容上将"酵母菌的纯培养"改为"地衣内生菌的分离、纯化和培养"。

2. 将单纯的"平板划线"改为"斜面、平板培养基的适当选择"。

3. 由学生和产品的特点决定实验课题的多方向衍生。例如：（1）表型微生物鉴定；（2）基因型微生物鉴定；（3）代谢产物的活性初筛；（4）天然药物化学。

四　实验原理

地衣是真菌和藻类的复合共生体，其髓层结构中定殖大量内生菌，可通过一定的方法将内生菌分离出来。传统方法为研磨并过滤整个地衣体获得内生菌；因地衣的上皮层与藻胞层连接紧密，也可在解剖镜视野下剖去地衣体的上皮层或下皮层，暴露出髓层部分，制备组织块，获得内生菌。

分散的内生菌在适宜的固体培养基表面或内部可以繁殖形成肉眼可见的、有一定形态结构的子细胞群体，即菌落。采用平板划线法能将单个内生菌分散在固体培养基上，之后经培养得到的单菌落一般是由单个微生物繁殖形成的纯培养物。

五　实验教学目标

1. 本实验在分析地衣内生菌一些特殊的生长现象中发展学生结构与功能观、进化与适应观，并且应用之前几个模块建立的生命观念来解决地衣内生菌分离及培养方面的实践问题。

2. 本实验是以获得产品为目的的活动，有利于培养学生的实践创新能力，学生可以迁移、借鉴相关实验原理、设计方案，完成自主探究。

3. 本实验通过应用改进后的方法分离和培养地衣内生菌，引导学生尝试建立技术思维、工程性思维以及基于论据进行批判性思维的技能。

4. 本实验引导学生深刻理解生物科学、技术与社会的关系，关注发酵原理如何转化为生产实践，发酵技术如何为美好生活添彩。

六 实验教学内容

本节课通过生活实际问题导入，发现真实科研问题，在分析讨论和查找文献中确定实验探究题目。以传统技术为基点，进行对新技术过程的设计、练习、操作、统计结果、讨论分析。比较两种技术在分离培养微生物中的分离率和污染率，并对实验现象进行解释和评价，解决实际问题，发展核心素养，提升高阶思维。

七 实验教学过程

1. 问题驱动

（1）播放视频，介绍日常熟悉的，用于治疗急慢性肠炎、腹泻的药物，以及它的活性成分——地衣芽孢杆菌。

（2）提供资料，主题分别为：地衣的结构、地衣内生菌与髓层、传统分离地衣内生菌的方法。

以真实情境的问题正式驱动探究活动，问题一：请推测传统方法致污染率高的原因是什么？问题二：你是否能够就提高地衣内生菌分离效率的方法提出一些设想？

2. 探究活动

（1）分组讨论，生成课题。

就问题一和问题二分组讨论，整合思路。形成对问题一的初步猜测：传统方法污染率高，有可能因地衣表面皮层长期暴露在自然界而附着大量杂菌，导致研磨整个地衣时表面皮层杂菌混入，造成污染。进一步生成设想：既然内生菌着生于髓层，能不能单独培养髓层呢？

本环节鼓励学生为他们的设想寻找文献支撑，为将来实验的工程学设计提供佐证。最终确定实验题目为：两种方法分离和培养地衣内生真菌过程中的污染率比较（传统方法与"髓层刮离法"）。

（2）实验准备，工程设计。

准备一：选择地衣标本。本次实验所采取的标本均由学生采集于本地自然风景区。学生经过选择，确定生物材料为叶状地衣。

准备二：练习制备髓层组织块。学生提前摸索实验条件，攻克技术难关。

准备三："髓层刮离法"的具体流程设计，如图 1 所示。

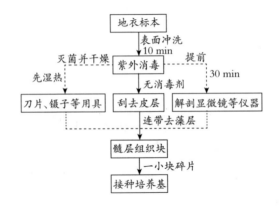

图 1 学生对于"髓层刮离法"的具体流程设计

（3）实验操作，获得产品。

操作一：制备培养基。按照教材配方配制马铃薯培养基，灌装试管，剩余的分装于锥形瓶。均置于高压蒸汽灭菌锅中进行灭菌，然后倒平板和摆斜面，冷却后得到平板、斜面两种培养基。

操作二：分离地衣内生菌。利用传统方法和"髓层刮离法"。

操作三：培养地衣内生菌。恒温培养箱中 28℃培养 14 天，每隔两天观察菌落生长情况。

（4）统计结果，量规评价。

将菌株利用平板划线法进一步纯化培养，对接种数、污染数、菌株数进行统计，计算污染率和分离率。学生填写实验量规评价表，并在教师的指导下针对本次实验的内容撰写综述性报告。最后，在实验结果、量规评价、综述报告三大要素支撑下，师生之间以"学术报告会"的形式开展理性探讨。

3. 概念建构

在实验设计操作和结果分析讨论中进行匹配层级的概念建构。

4. 问题解决

提出生活实际问题：家庭自制酸奶的发酵如何防止杂菌污染？以及真实科研问题：对产紫杉醇的红豆杉内生菌的分离过程进行优化工程设计并加以说明。

（八）实验效果评价

传统方法和"髓层刮离法"均分离得到地衣内生菌，通过观察，学生一致认同"髓层刮离法"在分离率和降低污染上均优于传统方法。

其次，在解释如传统方法分离率低、污染率高、假杯点衣内生菌分离率明显高于猫耳衣等实验现象时，均提出了不同见解，体现了学生深度理解了消毒与灭菌的范围，领会了无菌操作的核心要义以及对无菌操作的理解、认同和内化。

学生在整个实验环节都积极主动查找文献，特别是针对实验结果，对照文献中的步骤逐步分析了分离过程中为防止杂菌污染还可以有哪些改进，体现了主动学习、深度学习的进步。

学生评价了传统方法并不能舍弃，还可以应用于枝状、壳状地衣的研究；学生还发现培养过程中没有放线菌这一实验现象与文献报道不符，课下主动查阅资料解决了这一问题。上述内容均体现了批判性思维的发展。

在培养微生物的过程中，学生惊喜地观察到了"菌藻共生的现象"，直观地理解了互利共生这一种间关系；而在主动尝试解释地衣内生菌在培养时生长速度缓慢的原因时，也体现了进化与适应观的发展。

总之，本节课达到了培养生物学学科核心素养的目标，这也说明生物学这门实验科学，必须立足于实验。而赋予实验更多的创造性，教师给予有效的指导，留给学生充足的思维空间，都将使实验发挥更大的育人价值。

点评

教师以从地衣中分离共生菌为主要任务，引导学生查阅资料，设计方案，应用微生物培养和分离技术手段，达成实验目标。教师以真实情境和任务问题驱动探究活动。首先从生活实际问题导入，通过视频等资料介绍了常见治疗急慢性肠炎、腹泻的药物，以及其主要活性成分——地衣芽孢杆菌。并通过系列资料帮助学生学习地衣的结构、地衣内生菌与髓层、传统分离地衣内生菌的方法。进而引出本节课的主线问题，推测传统分离方法导致污染率高的原因，就提高地衣内生菌分离效率的方法提出一些设想。在探究活动过程中，通过分组讨论形成初步猜想，即传统方法污染率高，可能因地衣表面皮层长期暴露在自然界而附着大量杂菌，导致研磨整个地衣时表面皮层杂菌混入，造成污染。进一步生成设想：通过单独培养髓层降低污染情况。教师鼓励学生通过查找文献支撑，为猜想和后续实验设计提供佐证。通过比较传统方法与"髓层刮离法"两种分离和培养地衣内生真菌过程中的污染率验证猜想。

在实验过程中，所用标本均由学生采集自本地自然风景区。学生经过选择，确定生物材料为叶状地衣。在解剖镜视野下将髓层刮离出来，制备组织块，获得内生菌。分散的内生菌在适宜的固体培养基表面或内部可以繁殖形成肉眼可见的、有一定形态结构的菌落。进而采用平板划线法将单个内生菌分散在固体培养基上，即得到由单个微生物繁殖形成的纯培养物。在实验过程中，学生通过体验，熟悉微生物培养过程中的培养基配置、灭菌和消毒等无菌操作技术以及微生物分离纯培养的技术。将教材实验的内容从"酵母菌的纯培养"进阶为"地衣内生菌的分离、纯化与培养"，将单一的重复实验进阶为真实任务情境下的探究实验。加深了对各种微生物培养操作的理解、认同和内化。学生在整个实验环节能积极主动查找文献，对照文献中的步骤逐步分析了分离过程为防止杂菌污染还可以有哪些改进，体现了主动学习和深度学习。

在实验教学中教师通过多种途径进行评价。如学生填写实验量规评价表，并在教师的指导下针对本次实验的内容撰写综述性报告。在实验结果、量规评价、综述报告三大要素支撑下，师生之间以"学术报告会"的形式开展理性探讨。

建议教师在实验教学后补充药物在生产过程中地衣芽孢杆菌的纯化和大规模培养的技术，联系发酵工程的工程学思维，同时回扣情境，帮助更深入地体会科学技术为生产生活服务。

案例 28　探究利用废纸生产酒精

西宁市第四高级中学　陈永娇

一　使用教材

人民教育出版社，普通高中教科书·生物学选择性必修 3 生物技术与工程，第 1 章发酵工程，第 2 节微生物的培养技术及应用。

二　实验器材

榨汁机、酒精计、pH 试纸、微量移液器、酒精传感器、培养皿、烧杯、输液瓶、标签纸、恒温培养箱、纸张、2% NaOH 溶液、盐酸、纤维素酶、酵母菌。

三　实验创新要点

1.实验材料

由于进行本实验时还没有到本地农收季节，作物秸秆很难获取，学生提出可以利用成分相近的纸张替代秸秆，考虑到目前我国大力提倡无纸化办公，但还是会产生大量废纸造成资源浪费、环境污染等问题这一现状，所以改为探究利用废纸生产酒精。

学生通过查阅资料了解到，纸张的主要成分包括纤维素、半纤维素、木质素，而纤维素被包围会影响纤维素的降解效率，所以在水解纤维素之前必须对纸张进行预处理，将纤维素和半纤维素及木质素分离开，学生查阅资料后选择用快速、污染小的物理—化学结合方法预处理纸张。

2. 水解纤维素

经过预处理后，纸张中的纤维素需要水解形成葡萄糖后才可进行酒精发酵。学生根据教材实验相关知识提出设想，可以从土壤中筛选出分解纤维素的微生物，由纤维素分解菌产生纤维素酶催化纤维素水解。

而这时学生提出疑问：（1）微生物的培养需要严格的无菌条件，目前实验室条件能满足吗？（2）纤维素分解菌能不能产生足够量的纤维素酶？如产量很低会影响纤维素的水解及后续酒精的产生。

考虑到这些问题，本实验采取直接添加纤维素酶水解纤维素的方法，简化实验流程，降低了实验难度。

3. 反应装置

学生根据实验原理设计装置，设想将纤维素水解和酒精发酵分开进行，为了方便加料和及时检测产物，学生提议将吊瓶输液器作为反应装置，用流量调节器作为控制开关。

学生查资料了解到，目前利用纤维素产生酒精有两种常用方法：一是先用纤维素水解糖化，再进行酒精发酵，即"先糖化再发酵"；二是把纤维素水解和酒精发酵在同一个反应装置中同步进行，即"同步糖化发酵法"。

4. 检测酒精

学生尝试利用气态酒精传感器实时监测酒精含量变化，利用酒精计检测酒精度数。

四 实验原理

1. 纸张的主要成分为纤维素，纤维素在纤维素酶的作用下产生葡萄糖。酵母菌在无氧条件下可以将葡萄糖转化为酒精，而酒精可以作为工业燃料，提供清洁能源，符合物质循环利用的原理，将废纸变废为宝。

2. 酵母菌可以在适宜条件下活化；固定化可以控制酵母菌的用量，也可以在反应体系结束后将酵母菌回收，十分方便。

五 实验教学目标

1. 能说出利用废纸生产酒精的生物学原理。

2. 尝试自主设计实验方案并进行实验操作，培养科学探究能力。

3. 通过查阅可再生资源生产燃料乙醇的相关资料，形成保护环境的生态意识。

4. 利用废渣制作再生纸，体验我国古法造纸术的独特魅力，弘扬中华传统文化。

六 实验教学内容

秸秆和废纸中有大量的纤维素，纤维素在纤维素酶的分解下产生酒精，这样可以获得工业燃料。引导学生在网上查找废纸制造酒精的流程，利用实验室设施和药品，将再生纸粉碎后，依赖于固定化的酵母菌发酵，产生酒精。探索利用废纸生产酒精的工艺流程，设计连续发酵装置，监测酒精度和 pH 传感器。

通过学生自主确定问题、优化实验方案、阶段性小组交流等过程，让学生成为项目实验的主人，不断反思和调整工艺流程。

七 实验教学过程

1. 课前探究

生物兴趣小组同学第一次碰头会议就以下问题进行讨论：

（1）实验目的是什么？

（2）实验需要哪些物品？

（3）上网查阅关于"利用秸秆（或废纸）生产酒精"的相关研究资料（分组分工）。

学生在查阅相关资料后再次讨论，进行可行性分析，优化实验方案并展示。形成较为成熟的实验方案后教师负责提供实验场地、器材和药品并进行指导，学生开始尝试进行实验探究。

实验方案：

①将纸张撕碎，放入体积分数为 2% 的 NaOH 溶液中浸泡 2 h；

②将废纸片捞出过滤，用清水冲洗 2 遍，放入榨汁机中搅拌粉碎；

③将纸糊装入输液瓶，加入纤维素酶和活化的酵母菌；

④定时从下端出口取料，用酒精计检测酒精度的变化。

结果：反应 20 min 后，检测到酒精度为 1 度，持续监测 24 h 后酒精度没有发生变化。

学生分析实验结果：可能是由于纸糊中的 NaOH 未冲洗干净，经 pH 试纸检测显示酸碱度在 10~11，而纤维素酶的最适 pH 为 4~5，可能是强碱环境导致纤维素酶活性丧失。

改进办法：利用盐酸调整纸糊 pH 至 5 左右。

2. 课堂展示交流

兴趣小组的学生展示实验过程，和同学们分享实验中遇到的问题、改进办法，以及他们此次实验的感想，并对自己、小组成员其他人的表现进行评价。

3. 课后拓展

（1）固定化技术。

学生在实验中发现，直接添加酶和酵母菌，会导致酶和酵母菌难以回收、无法重复利用、增加成本，学生提出可以利用固定化技术将酵母细胞和纤维素酶进行固定。

固定化酵母细胞是学生学习过的内容，所以操作基本没问题，但是关于固定化酶的方法课本却没有提及，学生查阅文献资料，最终在专利网站找到了一些可参考的信息，但最终没能实现。

（2）体验古法造纸。

在完成课堂实验后，学生提出问题：产生的废渣能否再次利用？学生想到可以用来制作再生纸，他们利用生活中的物品进行尝试，学生在此过程中感受到了我国传统造纸术的独特魅力。

八　实验效果评价

1. 遵循"核心素养为宗旨""教学过程重实践"的新课程理念，本课中学生自主设计实验方案、进行实验操作、分析实验结果，提高了学生的科学探究能力、科学思维能力，落实和发展了学生的生物学学科核心素养。

2. 引导学生合理整合已学的生物学理论知识自主创新教材以外的实验，通过解决真实的、复杂的问题，培养学生的创新意识，体验将生物学知识应用于社会生产实践的艰辛和成就感。

3. 利用秸秆、废纸等废料进行酒精生产的技术尚未成熟，依然面临技术难、成本高、无人做的艰难处境，随着世界粮食危机、环境污染等问题的日益严峻和人们对可持续发展认识的不断深入，这项技术发展前景十分乐观。

点评

生产生活应用类实验在选择性必修 3 模块中比较集中，这类实验需要综合运用相关生物技术，用以解决真实问题，以小组合作的形式推进项目实施或完成产品研发等学习活动。这类实验可以引导学生迁移应用教材知识，在实践中思考和解决问题，锻炼学生收集资料、获取证据并不断调整方案的能力，发展交流合作和创新能力，落实 STS 理念，提升学生学以致用、关注生活、服务社会的能力和意识。

受到任务可行性、实验条件和监测时间等因素的影响，课标中建议开展的教学活动为微生物纯化和计数，泡菜和果酒等食品制作。本案例摸索利用废纸生产清洁燃料——酒精的工艺流程，主要亮点包括以下两个方面。

1. 工艺流程的优化体现"做中学"

生物技术与工程模块的教学有助于渗透 STS 理念和 STEM 理念。工程学与科学发现的本质区别在于，前者指向于更好地服务人类的生活。清洁能源再生问题是人类社会生活中必须面对的问题，与我国"双碳目标"的落实密切相关，能用微生物分解特点和工程技术实现秸秆再生、废纸再生是与国家生态文明建设的目标相一致的。

本实验的原料没有采用工业生产中常用的秸秆，一是因为未遇秸秆盛产的季节，二是学生对废纸的熟悉程度高于秸秆，且废纸易得。学生迁移酵母细胞固定化技术，解决纤维素糖化中酶的回收再利用等问题。面对酒精产量低的问题，学生通过查阅资料发现 pH 对纤维素酶的活性影响很大，通过改变反应体系中的 pH 提高产物产量。所有这些操作细节的优化，都体现了学生在学习活动中迸发的智慧，也离不开教师的鼓励，真正实现了"做中学"的教育理念，非常值得借鉴。

2.尝试项目式学习的教学组织方式

生产生活应用类实验适合使用小组合作学习、项目式学习等开放的教学组织方式，学生在项目完成过程中，感受团队合作的乐趣，分享同伴的智慧或产生思想碰撞，共同讨论和攻克难关，实现共同的项目目标。另外，实验装置采用吊瓶输液器和流量调节器，巧妙地实现了同步糖化发酵和实时监测酒精产量的目的，这个废物利用的实验装置是一个微缩的工业生产装置的雏形，在应用生物技术的同时，产生了实验装置创新改造这一物化成果，具有项目式学习的一些典型特征。

改进建议参考：说课稿全部用文字表达，缺乏实验装置和关键步骤、实验结果等直接支撑材料，在共享和借鉴方面可能会造成一定的障碍。建议适当补充体现本实验改进创新的亮点内容，如连续发酵的实验装置图、古法造纸的关键步骤图以及工艺流程迭代优化过程中酒精检测值的变化数据等。

第 三 部 分

结 语

本书展示的案例均是在课标、教材基础上，一线教师对实验教学的优化、完善与创新。实验教学的设计与实施各具特色，精彩纷呈，由衷地敬佩一线教师和相关教研指导团队的教育智慧。

从实验教学的设计层面分析，案例或以项目化学习的方式呈现，或围绕某一实验材料设计系列相关实验，或是某一内容的延伸、拓展。从实验教学的实施层面分析，案例注重引导学生进行小组合作探究、自主设计个性化的实验方案，并进行深度分析，如针对实验设计，进行对照设计、单因素、多因素变量分析、讨论无关变量的控制；针对实验数据的统计、处理，探讨如何避免实验误差，如何直观呈现实验数据、实验结果、实验结论等。从实验教学的评价层面分析，案例注重对学生学习过程的评价和反馈，通过评价量规，以及提问、观察、检测等多种形式，教师评价、学生自评和互评等多元评价有效实现教、学、评一体化。综上所述，实验教学案例充分体现生物学作为科学领域课程的鲜明特色和学科育人价值，对学生的科学探究、科学思维、科学态度等均产生深远的影响，同时有的案例充分联系生产生活实际，引导学生积极思考与生物学有关的社会问题，宣传生物学知识和健康的生活方式，培养学生的社会责任感。各案例在实验教学过程中教师都十分注重发展学生的批判性和创新性思维，深入理解科学本质，促进核心素养的全面提升。

实验教学作为高中生物学教学体系的重要组成部分，具有其独特的育人价值。在新课程改革不断推进下，教师应当不断优化、完善、创新实验教学，以彰显生命科学教育在发展学生核心素养中的重要而独特的作用。

1. 从单元整体设计角度，探索实验教学与学习理论的深度融合

高度重视与践行实验教学与单元教学，基于实验教学与深度学习、基于项目学习、基于问题学习等学习理论进行深度融合的途径与方法，更好

地服务于生物学概念的构建与学科核心素养的发展。

2. 从单维度创新到多维度创新，渗透科学本质

所有案例的创新点都不止一个条目，涉及实验材料、实验仪器、实验原理综合应用、实验组织形式等多个维度，从中不难体会一线教师对实验教学的认真执着，对实验改进的无限创意。

3. 从学科本位到学科交叉融合，探索技术赋能

随着义务教育阶段和高中学段课程标准的相继使用，一线教师正在将科学本质观、跨学科概念、项目式学习和 STEM 等理念内化于心，外化于行，本书所选案例有近三分之一的案例不是局限于生物学科本位的创新，而是从原理到设备等方面都进行了多学科交叉的探索，相信模糊的学科边界正是育人的广阔迭代空间。

4. 将教学内容转化为具体任务，实现迁移应用

实验教学过程中，进一步深化对教材观、课程观和学生观的理解。"用教材教"表现在书内，学习情境和问题解决在书外；课程观表现在所有案例的撰写中，教师从核心素养的不同维度考量教学目标；学生观表现在学习任务的问题化、活动化，教师正在成为学生学习的帮助者、促进者。

5. 将结果评判转化为过程反馈，实现以评促学

实验教学是否达成了预期目标，如何通过表现性学习任务评估学生的素养发展水平，需要教师关注持续性的过程性评价。实验教学过程中，通过设计多元化的评价方式，或通过易操作、评价指标客观的实验量表，或通过实验探究学案、实验报告册、实验报告、物化成果等多种方式评估学生状况。

6. 优化实验选题，尽可能减少某些实验主题"扎堆"的现象

课标、教材中不同模块的实验数量差异大，发现必修模块明显多于选择性必修，必修 1 明显多于必修 2，选择性必修 1 的实验相对较少等。使近年来选送的实验教学作品在某些实验主题出现非常明显的"扎堆"现象，

如与光合作用、呼吸作用、酶相关的实验占比很大，探究"影响光合作用速率的环境因素"又在光合作用实验中占比很大等实验教学"不均衡"的现象。

本书是对第八届、第九届实验教学比赛成果的汇总和梳理，是高中生物学实验教学的重要成果。本书不仅汇集了丰富的实验教学案例，还提供了详细的指导、点评和创新改进思路，相信这些创新案例和教学指导意见，将普惠全国各地的高中生物学教师和生物学课堂。教师们可以根据自身学校的实际情况，灵活地采用和改进这些案例，使之更贴近学生的学习需求和实际水平。同时，本书的出版也有助于推动实验教学的规范化和科学化，促进教师专业水平的提升，培养更多具有创新精神和实践能力的优秀学生。

未来，随着科技的不断进步和教育理念的更新，高中生物学实验教学也将迎来更多的发展机遇和挑战。信息技术、虚拟现实和人工智能等新兴技术的应用，将为实验教学带来全新的模式和体验。教师们可以利用这些先进技术，设计更加生动、高效的实验教学活动，让学生在实验过程中不仅能掌握知识，还能培养解决实际问题的能力和创新思维。

希望本书能够成为高中生物学教师和实验员的重要教学工具和伙伴，让我们共同推动高中生物学实验教学的进步与创新，为培养新时代的科学人才贡献力量！为新时代科学教育贡献力量！